Wilhelm Müller

Briefe der Brüder Jacob und Wilhelm Grimm

an Georg Friedrich Benecke aus den Jahren 1808 bis 1829

Wilhelm Müller

Briefe der Brüder Jacob und Wilhelm Grimm
an Georg Friedrich Benecke aus den Jahren 1808 bis 1829

ISBN/EAN: 9783743307209

Hergestellt in Europa, USA, Kanada, Australien, Japan

Cover: Foto ©Thomas Meinert / pixelio.de

Manufactured and distributed by brebook publishing software
(www.brebook.com)

Wilhelm Müller

Briefe der Brüder Jacob und Wilhelm Grimm

Briefe

der Brüder

Jacob und Wilhelm Grimm

an

Georg Friedrich Benecke

aus den Jahren 1808—1829

mit Anmerkungen herausgegeben

von

Wilhelm Müller
o. ö. Professor an der Universität Göttingen.

Göttingen,
Vandenhoeck & Ruprecht's Verlag.
1889.

Vorrede.

Die nachfolgenden Briefe der Brüder Grimm, welche nach Beneckes Tode (21. August 1844) mit dessen Vorarbeiten zu dem mittelhochdeutschen Wörterbuche käuflich in meinen Besitz gelangt sind [1]), sollten zur Feier des hundertjährigen Geburtstages Jacobs erscheinen; doch wurde ich durch verschiedene Umstände daran verhindert mein Vorhaben auszuführen. Sie werden auch jetzt nicht zu spät kommen, da sie über das Leben und Wirken der beiden verdienten Gelehrten, namentlich Jacobs, über den Umfang und den Gang ihrer Studien und Arbeiten und zur Geschichte der germanischen Philologie sehr vieles bringen, was der Veröffentlichung wert ist.

Über die Erlebnisse der Brüder, die oft genug in verschiedenen Schriften besprochen sind, geben die Briefe zwar keine bedeutenden neuen Aufschlüsse, sie enthalten aber doch manche sonst nicht bekannte Einzelheiten. Dahin gehört besonders der Bericht Jacobs über die Mühen, welche ihm bei dem Schloßbrande 24. Nov. 1811 die Rettung und Wiederaufstellung der ihm anvertrauten Bibliothek des Königs Jerome verursachte (S. 34), sowie über die Ergebnisse seiner Nachforschungen nach altdeutschen Handschriften, die er, nachdem er 1813 als hessischer Gesandtschaftssekretär in das große Hauptquartier abgegangen war, auf den Bibliotheken in Paris, Troyes, Dijon, Metz, S. Gallen, Basel und Karlsruhe angestellt hatte (S. 79). Er meldet S. 82, daß er an den Minister von Stein eine schriftliche Vorstellung eingereicht habe, daß die in Paris und in dem Vatikan befindlichen altdeutschen Manuskripte zurückgegeben werden, für deren Aufbewahrung er Cassel, Göttingen oder Berlin vorschlug, und teilt S. 83 die Antwort mit, welche der

---

1) S. meine Vorrede zu dem mittelhochdeutschen Wörterbuche S. VI.

Kardinal Consalvi dem Grafen von Hardenberg in Betreff der vatikanischen Handschriften gegeben hatte. Über die Entlassung der Brüder aus kurhessischen Diensten und ihre Übersiedelung nach Göttingen verbreitet sich Jacobs letzter Brief [1]. Hindeutungen auf politische Ereignisse finden sich im Ganzen nur wenige, namentlich auf die Zustände des Königreichs Westfalen weniger als man erwarten konnte. Es werden in Jacobs Briefen die bekannten Zwangsanleihen einmal gelegentlich berührt (S. 53), und bei der Nachricht von der Verhaftung des Professors de Villers ruft er S. 33 aus: „welche horrida tempora, und was wir alles erleben!" Doch fehlt es nicht an manchen Äußerungen über die Kämpfe des Jahres 1813 und die darauf erfolgte Befreiung Deutschlands, welche seine warme Teilnahme an den Geschicken des Vaterlandes erkennen lassen. So heißt es S. 59 in seinem Briefe vom 4. Mai 1813: „von innen kann einem doch nichts recht zu Muthe seyn, als in solchen schicksalsvollen Tagen der Gedanke und gleichsam das Saugen an den liebsten Hoffnungen des Vaterlandes, Zagen über jeden Zweifel am Ausgang, gegenseitiges Trösten und Aufrechthalten. Wie wenig erscheint dagegen alles Wißen und Treiben des einzelnen und wie gerne wollte ich das meinige aufopfern, wenn es daran läge". Vgl. auch Wilhelms Briefe S. 179. 183. Man lese ferner, wie Jacob S. 77 Benecke beglückwünscht, daß er aus dem westfälischen Joche entbunden ist und die Göttinger gelehrten Anzeigen nicht mehr schwere und oft dreifache Komplimente zu drehen haben. In den spätern Briefen spricht er nur einmal (S. 159) über den gottlosen siebenjährigen Krieg, dann (S. 160) über englische und französische Parlamentssitzungen, wie über den Bundestag, der sich nach und nach aller guten Elemente entledigt habe. Noch findet sich in einem Briefe Wilhelms v. J. 1815 (S. 184) der Nachweis eines von seinem Bruder während dessen Aufenthaltes in Wien verfaßten, im Rheinischen Merkur vom J. 1814 erschienenen Artikels über die künftige wünschenswerte Neugestaltung Deutschlands, welcher, weil er für seine politischen Anschauungen Interesse hat, S. 184 fg. aus der Quelle abgedruckt ist. S. 82 nennt Jacob diese von Görres redigierte Zeitung eine brave, deutsche und viel wirksame, wie er noch keine wisse, und fügt hinzu, man sollte aus allen Ländern frei sprechen.

---

[1] Diesen Punkt behandelt Frensdorff in seiner Schrift Jacob Grimm in Göttingen besonders eingehend.

Vorzüglich gewähren die Briefe Aufschlüsse über die literärische Tätigkeit der Brüder, zunächst über den Anteil, den sie an den gemeinschaftlich oder von einem herausgegebenen Werken hatten. In dieser Beziehung mag hervorgehoben werden, daß nach S. 120 Jacob der alleinige Verfasser der Recensionen über Beneckes Bonerius und Köpkes Barlaam ist, wiewohl diese in Wilhelms kleineren Schriften unter seinem Namen gedruckt sind. Eine Beteiligung Wilhelms an denselben ist wohl ausgeschlossen, obgleich nach S. 86 die von einem Bruder herausgegebenen Schriften von dem andern durchgelesen, und Anmerkungen und Verbesserungen dazu vorgeschlagen wurden, deren Benutzung jedoch von dem Verfasser abhing. Dagegen hat Wilhelm (vgl. S. 174) zu den Arbeiten, welche die Untersuchung der Tiersage von Reinhard Fuchs erforderte, etwas mitgewirkt. Die Märchen sind gemeinschaftlich gesammelt (S. 41); doch hatte Jacob nach S. 151 an dem dritten Bande derselben nur wenig Teil, d. h. zufällig hin und wieder allerhand angemerkt. Die Abhandlung über die Elfen hat Wilhelm (S. 186) geschrieben; auch der arme Heinrich Hartmanns scheint nach S. 180. 183 vorzugsweise von ihm bearbeitet zu sein.

Von einzelnen Untersuchungen, welche Jacob erst später veröffentlichte, gehn einige in weit frühere Zeiten zurück. So beschäftigte ihn die Tiersage schon 1810 (S. 15. 23) und die erst in der Zeitschr. f. d. A. 2, 191 gedruckte Abhandlung „Das e r örtlicher Appellativa unadjectivisch" liegt in ihren Grundzügen schon in einem Briefe vom Jahre 1818 (S. 100) vor; auch über den Woldan (vgl. Zeitschr. 5, 498) hat er bereits früher Stellen gesammelt. Dagegen ist ein über das Gedicht Orendel zum Abdruck bereiter Aufsatz (S. 48) nicht veröffentlicht; ob und wo die S. 55 erwähnte Ausgabenliteratur des Corpus Juris gedruckt ist, habe ich nicht ermitteln können. Eine für die Göttinger Gelehrten Anzeigen bestimmte Recension über Wiarda's Brockmer Willküren (1820) ist in diesen nicht abgedruckt und (vgl. S. 142 u. Anm.) erst neulich gefunden und 1885 herausgegeben.

Von besonderem Interesse ist das, was sich aus den Briefen Jacobs über den Umfang und den Gang seiner Forschungen ergibt.

In seinen Studien und Schriften lassen sich auch nach den Briefen zwei Perioden sondern. Aus den vielen verschiedenartigen Büchern, welche er der Göttinger Bibliothek entleiht, oder welche er sonst erwähnt und beurteilt, ergibt

sich deutlich, daß bis zu dem Jahre 1816 die deutsche
Sprache ihn weniger beschäftigte, als das Streben in den
Geist und die Entwickelung der Dichtungen früherer Zeiten
einzudringen, wobei er freilich von der altdeutschen Poesie
ausging, aber auch die der sämmtlichen germanischen und
der romanischen Völker verfolgte und besonders ihre volksmäßigen Elemente ins Auge faßte. Nach seiner Meinung
(S. 30) liegt ja aller Poesie des zwölften und dreizehnten
Jahrhunderts der Gebrauch früherer Volkslieder zum Grunde,
und S. 35 verteidigt er das·hohe Alter und die Wichtigkeit
verachteter Volkstraditionen. Mit der Zeit tritt diese Richtung mehr in den Hintergrund, weil er (vgl. S. 86) einge-
sehen hat, daß es besser ist wenigerlei zu arbeiten, und er
will sich für die Zukunft mehr zusammennehmen. Er wendet
sich deshalb entschiedener der deutschen Grammatik zu,
von der er nach seinem Geständnis in dem Briefe vom
21. März 1819 (S. 105) vor drei Jahren um diese Zeit wenig
oder oberflächliches wußte. Seit dem Herbst 1816 ist er
unablässig dahinterher gewesen und war ein Jahr darauf
so weit, daß er mit einiger Sicherheit an die Herausgabe
des Werkes denken konnte. In Folge dieser Versäumnis
grammatischer Studien zeigen seine früheren sprachlichen
Bemerkungen eine gewisse Einseitigkeit, Unbestimmtheit
und einen Mangel an strengem methodischem Verfahren, wodurch er zu Erklärungsversuchen von Einzelheiten gebracht
wird, welchen ein sicherer Ausgangspunkt und der Über-
blick des Ganzen fehlt. Man vergleiche nur das, was er in
dem Briefe vom J. 1810 (S. 15) über den Unterschied der
starken und schwachen Perfektformen sagt, mit dem, was
er später darüber gelehrt hat. Die so wichtige Lautlehre
wird in der ersten Ausgabe der Grammatik bekanntlich gar
nicht berührt; sie war ihm noch später wenig sympathisch,
da er S. 144 dem Himmel dankt, daß es mit seiner lang-
weiligen Buchstabenlehre bald zu Ende gehe [1]). Er nennt
selbst (S. 143) die Formenlehre langweilig; Wortlehre und
Syntax liefern interessanteren Stoff. Die Gründe des Umlauts werden ihm erst allmählich klar, und auf eine ge-
nauere Untersuchung über die Quantität und Qualität der
Vokale wird er erst durch Lachmann geführt, welcher ihn
darauf hingewiesen hatte, wie wichtig für diesen Zweck die
Beachtung der Reime der guten mittelhochdeutschen Dichter

---

1) Im Winter 1834/5 sagte Grimm in seiner Vorlesung über deutsche Grammatik: wer die Lautlehre langweilig finde, dessen Beruf zur
Philologie müsse man bezweifeln.

ist. Vor etymologischen Verführungen hatte Benecke einmal (vgl. S. 72) seinen Freund gewarnt und dieser erwähnt selbst (S. 61) die etymologischen Sündenversuche in den altdeutschen Wäldern. In der Tat ist auch die Etymologie in der früheren Zeit nicht Grimms stärkste Seite. Das zeigt sich sowohl in der allgemeinen Bemerkung (S. 51) über zweierlei Arten zu etymologisieren, eine äußere und eine innere, wie im Einzelnen. Erklärt er doch, Kanne beistimmend, Edda und Veda für dasselbe Wort (S. 38) und findet diese Konjektur wahrscheinlicher als alles andere; selbst j a und n e i n sind ihm nach S. 65 ursprünglich eins. Doch erkennt man, wie er fortschreitet und wie seine Ansichten sich mit der Zeit mehr klären. Er äußert auch selbst 1819, S. 121, daß Sätze die uns jetzt in der Grammatik neu und bedeutend vorkommen, künftig zu den trivialen gehören werden, und meint S. 137, daß die spätere Zeit seine und Beneckes Irrtümer vernichten werde, sobald nur mehrere aufpassen, scharf wie Lachmann.

Außerdem enthalten Jacobs Briefe mehrere bemerkenswerte Selbstbekenntnisse über seine Art zu forschen und zu arbeiten im Allgemeinen, sowie auch im Einzelnen verschiedene Urteile über seine eigenen Schriften und die der gleichzeitig ähnliche Ziele verfolgenden Gelehrten.

Wie er forschte und schrieb, geht aus mehreren Stellen hervor. Er liest, wie er S. 154 sagt, hastig, in stetem Bezug auf das Einzelne, Benecke ruhiger und den Sinn des Ganzen im Auge; er seinerseits, obgleich er viel von Kritik schwätze, würde gewaltig in die Enge geraten, wenn er nach seiner Manier ein altdeutsches Gedicht herausgeben sollte. Er arbeitet fast nur was ihm Lust macht (S. 132), und es geht ihm nur dann von statten, wenn er von selbst auf einen Gegenstand verfällt; aufgetragene Recensionen kosten ihm eine gewisse Überwindung und er hält auch die Bestellung der Arbeit für einen Fluch, der auf dem Recensierwesen haftet (S. 98). Er erklärt es S. 140 für buchstäblich wahr, daß er weder koncipiere noch gewöhnlich das Geschriebene durchlese, außer bei der Korrektur, die aber schnell geschehe. Doch schreibe er sehr langsam nieder [2]), manchmal eine Seite nur täglich, manchmal in drei vier Tagen keinen Buchstaben. Die Sache überlege er, selten die Worte.

---

1) Vgl. auch die Bemerkung S. 14 über den Weisen und die Erklärung des Wortes Schablone S. 66.
2) Damit stimmt nicht, daß nach S. 37 die Aufsätze im Museum ganz schnell in einem oder zwei Tagen von ihm geschrieben sind.

Eine Folge dieser Eigentümlichkeiten war die, daß
Grimm die von ihm veröffentlichten Abhandlungen und
Bücher oft bald nach ihrer Vollendung nicht mehr genügend
fand und daß er sich von einer erneuten Behandlung derselben Gegenstände mehr versprach. Schon im Jahre 1813
äußert er, (S. 66) er werde von allem von ihm vor einigen
Jahren Geschriebenen jetzt keinen Stein auf dem andern
lassen, und S. 73 gesteht er, daß er mit dem, was er von
sich gedruckt sehe, fast unzufriedener sei, als er sollte.
Sein erstes Buch über den altdeutschen Meistergesang nennt
er S. 24 unbedeutend und entschuldigt dessen Mangelhaftigkeit
damit, daß er in einem noch fast wüsten Felde arbeitete, ohne
daß ihm sonderliche Ackergeräte zu Gebote gestanden hätten;
jetzt wolle er noch einmal so viel darüber schreiben, da er
anfangs gedacht habe, er werde mit Angst und Sorge ein
Paar Bogen zusammenbringen. Unterdessen habe er sich
(vgl. S. 28) über viele Mängel der Abhandlung dadurch getröstet, daß er fühle, wie es fast unmöglich gewesen alle
Seiten derselben bei dem ersten Niederschreiben zu decken.
Nach S. 36. 40 ging er wirklich mit dem Vorsatze um dem
Werke einen zweiten Teil folgen zu lassen. — Auch die
altdeutschen Wälder genügen ihm nicht. Wenn er, so heißt
es S. 92, das ganze übersehe, so sei wenig tüchtiges darin,
das stehn bleiben könnte, manches sei angeregt. Unreife
und gewagte Etymologien seien zu viel gedruckt, er hätte
sie noch einbehalten sollen, doch gebe er nicht alle auf und
bereue nicht gezeigt zu haben, welchen innern Weg er hier
zu betreten denke; im Zusammenhang und später hoffe er
das Bessere zu leisten. — In ähnlicher Weise, unzufrieden
mit dem Geleisteten, und von erneuter Bearbeitung Besseres
hoffend, äussert er sich, wie mehrere Stellen der Briefe
zeigen[1]), über den ersten Teil der Grammatik, nicht nur
über ihren ersten Aufschuß von 1819, sondern auch über
das dichtere und feinere, im Jahre 1822 nachgewachsene
Kraut.

Es ist darnach nicht verwunderlich, wenn Grimm bei
dieser Strenge gegen sich selbst, auch den Leistungen anderer gegenüber häufig sich nicht milde zeigt, selbst über
viele seine Studien berührende Werke und die Persönlich-
keit ihrer Verfasser, wie z. B. über v. d. Hagen, zu hart
urteilt, obgleich er auch tüchtige Arbeiten, wie die von
Rask und Lachmann, ohne Rückhalt anerkennt. Mag man
nun hier im einzelnen seinen Ansichten beistimmen oder

---

1) S. besonders S. 105. 106. 109. 131. 135. 138. 154. 158.

nicht, immer ergibt sich aus seinen zahlreichen Äusserungen über gleichzeitige oder ältere literärische Erzeugnisse ein deutliches Bild der Jahre, in welchen die Schlegel, Eschenburg, Gräter, v. d. Hagen, Docen und später Schmeller, Lachmann und Wackernagel auf dem Gebiete der germanischen Philologie tätig waren. Von allen den Gelehrten, welche gleichzeitig mit Grimm sich mit der älteren deutschen Literatur und Sprache beschäftigten, stand ihm, von seinem Bruder Wilhelm abgesehen, keiner so nahe und keiner hat ihn so sehr bei seinen Studien und Arbeiten unterstützt, wie Benecke. Der im Anfang nur geschäftliche briefliche Verkehr zwischen beiden führte bald zu einer engen Freundschaft, die durch gegenseitige Besuche so dauernd befestigt wurde, daß Grimm (vgl. S. 156) in dem Briefe vom 13. December 1822 den Erwerb der biederen Freundschaft Beneckes zu den stillen Freuden seines Lebens rechnet, die ihm für das, was ihm in der Welt hinderlich ging, Vergeltung brachten. Er trug auch kein Bedenken, was ihm ordentlich zum Bedürfnis geworden war, dem Freunde brühwarm vorzulegen, was ihm in seiner Wissenschaft neues oder dunkeles aufstieß (S. 132). Daher ist der literärische Inhalt seiner Briefe noch jetzt von Bedeutung, da sie nicht nur die zu der Zeit neuesten Erscheinungen auf dem Gebiete der deutschen Philologie, auch die von ihm und seinem Bruder Wilhelm, wie von Benecke veröffentlichten besprechen, sondern auch über allerlei Lexikalisches und Grammatisches, über Reime und Lautzeichen, auch Methodisches, wie die kritische Behandlung mittelhochdeutscher Texte, sich verbreiten, worüber auf die einzelnen Briefe verwiesen werden mag. Ein Teil dieser Bemerkungen hat freilich jetzt nur noch einen historischen Wert, doch wird der heutige Leser aus ihnen entnehmen, wie viel Mühe und Arbeit die erste Grundlegung der deutschen Philologie, namentlich der historischen Grammatik, erforderte.

Daß Benecke den von Grimm geäußerten Ansichten nicht immer zustimmte, sondern ihm auch mehrfach widersprach, geht aus verschiedenen Stellen (vgl. z. B. S. 109. 137) hervor. Er hat jedoch nicht allein brieflich Grimms Bestrebungen gefördert, sondern sie auch sonst unterstützt. Er schickt ihm (wie seinem Bruder Wilhelm) viele Jahre hindurch die von der Göttinger Universitätsbibliothek gewünschten Bücher und stellt auf derselben für ihn literärische Nachforschungen an (S. 10. 14. 57); er teilt ihm auf seinen Wunsch (S. 129) Berichtigungen zur Grammatik mit (S. 152) und übernimmt auch die Revision derselben, wobei er volles Recht hat offenbare Fehler zu tilgen und Zusätze einzuschalten (S. 142. 146). Außerdem gestattet er die Benutzung seiner lexikalischen Sammlungen, welche besonders, wie ich bei der Bearbeitung des mittelhochdeutschen Wörterbuchs bemerkt habe, in der Syntax verwertet sind, und liefert einen Beitrag zu den altdeutschen Wäldern (S. 155), obgleich er den Wunsch diese Zeitschrift mit den Brüdern gemeinschaftlich herauszugeben (vgl. S. 25. 183) nicht erfüllt hat.

Besonders hat Benecke zu dem Erfolge der früheren Arbeiten der beiden Brüder durch deren günstige Beurteilungen in den Göttinger Gelehrten Anzeigen beigetragen. Einen wie großen Wert Jacob darauf legte, geht aus mehreren seiner Briefe hervor. Wie inständig bittet er ihn z. B. S. 24 um eine Anzeige des Buches über den altdeutschen Meistergesang, über welches außer ihm nur v. d. Hagen und Docen urteilen können, wie wird er besorgt, als der Freund ihm nichts darüber geschrieben hat (S. 28) und wie freudig dankt er S. 29. 32, als die Recension erschienen ist! — Beneckes Bemühungen haben auch die Brüder Grimm vorzugsweise ihre Berufung nach Göttingen zu verdanken, wo das Zusammenleben und die gemeinsame Wirksamkeit an der Universitätsbibliothek weitere Früchte trug.

Die von mir veröffentlichten Briefe sind gewis nicht alle, die bis zum Schluß des Jahres 1829 an Benecke gerichtet wurden. Der erste Brief Jacobs vom 1. Januar 1808 läßt erkennen, daß ihm frühere vorangegangen waren, und aus den Jahren 1825—28 fehlen Briefe; einige mögen von Benecke nicht aufbewahrt oder nicht an mich gelangt sein. Wenn in den späteren wissenschaftliche Fragen weniger oder nur kurz berührt werden, so hat das seinen Grund mit darin, daß J. Grimm und Benecke seit 1819 sogenannte Adversarien zum Austausch ihrer Ansichten benutzten. Diese Adversarien, von denen mir mehrere vorgelegen haben, wurden auf gebrochene Bogen geschrieben. Die eine Hälfte des Blattes enthielt, wie auch S. 115 angedeutet wird, Fragen des einen, die der andere daneben beantwortete und dann zurückschickte.

Der Druck gibt die Briefe nach der Zeitfolge wieder, wobei einige ohne Bezeichnung des Jahres da eingeschaltet sind, wohin sie mir nach ihrem Inhalte zu passen schienen. Diese sind auch durch die den laufenden Nummern hinzu-

gefügten Buchstaben a. b u. s. w. kenntlich gemacht. Die
Briefe W. Grimms sind alle mit deutschen Buchstaben geschrieben, ebenso die meisten von Jacob, der erst, als er
mit der zweiten Ausgabe des ersten Teils der Grammatik
beschäftigt war, sich der lateinischen Buchstaben bedient
und nun auch kleine Anfangsbuchstaben für die Haupt-
wörter anwendet. Sein erster mit lateinischen Buchstaben
geschriebener Brief ist vom 8. September 1821; doch kehren
die deutschen Buchstaben noch mehrere Male, in N. 58—65
und dem undatierten 55ᵉ wieder. Nach reiflicher Überlegung
schien es mir aus mehreren Gründen angemessen alle
Briefe mit lateinischen Lettern drucken zu lassen. Übrigens
habe ich die Schreibweise und die Interpunktion der Ori-
ginale genau wiedergegeben und die besonders in Jacobs
Briefen zahlreichen Abkürzungen beibehalten. Die Seiten-
schlüsse der Urschriften sind durch zugefügte senkrechte
Striche hervorgehoben, einzelne Ergänzungen defekter Stellen
und sonstige von mir herrührende Zusätze zu den Texten
durch eckige Klammern bezeichnet.

Die von mir hinzugefügten Anmerkungen bezwecken
dem Leser das Verständnis der Briefe näher zu rücken.
Dabei war jedoch von vorn herein eine gewisse Beschränkung geboten, da größere Ausführlichkeit nur eine Wieder-
holung dessen unvermeidlich gemacht haben würde, was aus
den Schriften über die Brüder Grimm und aus der Geschichte der deutschen Philologie bekannt ist. Demgemäß
habe ich es für unzweckmäßig gehalten die besonders in
Jacobs Briefen häufig vorkommenden Bemerkungen über einzelne altdeutsche Wörter, über grammatische Punkte und
literärische Fragen einer Kritik zu unterziehen, besonders
da er selbst in den meisten Fällen später das Richtigere
gelehrt hat. Nur sind bei den besprochenen Dichterstellen,
die in den neueren Ausgaben gebessert sind, die richtigen
Lesearten und Erklärungen angegeben; auch ist hier und
da, z. B. bei seiner Bemerkung über Lachmanns Liedertheorie,
auf seine spätere abweichende Ansicht verwiesen. In Bezug
auf die Lebensverhältnisse der Brüder und Benecke's habe
ich nur das Notwendigste hervorgehoben. — Über die vielen
in den Briefen besprochenen oder nur gelegentlich erwähnten
genannten Personen sind mehrfach kurze Notizen gegeben,
wenn auch nicht über alle. Bei einigen, namentlich bei
solchen, die etwa nur als Überbringer von Büchern genannt,
aber sonst nicht näher bezeichnet werden, war das kaum
tunlich, bei andern, wie den aus der Geschichte der deutschen und romanischen Philologie oder sonst bekannten,

überflüssig. Die beiläufig genannten früheren Angehörigen der Universität Göttingen sind vorzugsweise berücksichtigt. Ein Verzeichnis der bemerkenswertesten Personennamen, das sich auf die als Verfasser oder Herausgeber nur genannten nicht erstreckt, ist angefügt. — Hauptsächlich habe ich mein Augenmerk darauf gerichtet die nötigen Nachweise über die von der Göttinger Universitätsbibliothek geliehenen oder sonst erwähnten Schriften zu geben, obgleich auch hier manches als bekannt und daher der Erklärung nicht bedürftig übergangen werden konnte. Dabei waren bisweilen ungenau geschriebene Büchertitel und Verfassernamen zu verbessern, was ich jedoch bei früher gewöhnlichen Bezeichnungen altdeutscher Gedichte und bei sehr bekannten Personennamen dem Leser überlassen habe, der die richtigen Formen auch in dem Register findet.

Bei den literärischen Untersuchungen, welche die Aufhellung mancher Stellen in den Briefen erforderte, bin ich wie ich mit Dank anerkenne, von mehreren Seiten, namentlich auch von den Beamten der hiesigen Universitätsbibliothek unterstützt. Besonders fühle ich mich meinem Kollegen M. Heyne, der mir mehrfach mit seinem Rate beigestanden und auch die Güte gehabt hat eine Durchsicht des Druckes zu übernehmen, zu herzlichem Danke verpflichtet.

Göttingen, im Oktober 1889.

W. Müller.

Jacob Grimm

an

Georg Friedrich Benecke.

1.

Wohlgebohrener
Hochverehrtester Herr Profeßor!

Die gütige Zusage Eurer Wohlgeb. erlaubt mir eine neue Bitte. Wahrscheinlich befindet sich auf dortiger Bibliothek eine alte vor 1600 gedruckte Ausgabe von hieronimo or the spanish tragedy, ein Schauspiel in 8 min. vermuthlich in black letter, welche ich gern näher kennen möchte. Überhaupt würden Sie mich sehr verbinden, wenn Sie gelegentlich nachsehen könnten, ob auser den Samml. von Dudsley, Fletscher [1]), Johnson, Messenger, Arden of Feversham (repr. 1771.) die göttinger Bibl. noch deren andere, wo möglich ältere enthielte?

Mit der Recension von Hagens Nibelungen in den Gött. Gel. Anz. [2]) kann ich doch, auser dem Lob des Wörterbuchs, auch in vielem andern nicht einverstanden seyn. Denn es scheint mir, daß der Herausgeber, die wahre, eigentliche | Erkenntnis dieses herrlichen Gedichts wohl besitzend, nur in der Anwendung seiner Grundsätze auf eine merkwürdige Art geschwankt und verfehlt hat. Es fragt sich: ob Modernisirungen möglich oder nothwendig sind? hingegen darüber sollte nicht gestritten werden, daß dabei immerfort verloren wird. (Ganz elend, und Wielands Beschränkung überhaupt beweisend, war die neulich von ihm angepriesene Bearbeitung in einem Heft des Merkurs) [3]). Ich glaube allerdings, daß ein moderner Dichter aus den Nibelungen ein anderes Gedicht, im Sinne des Ariost hervorbringen könnte, allein wer fühlt auch nicht, daß Ariost selbst von

---

1) Verschrieben für Dodsley, Fletcher.
2) 1807, S. 2024.
3) Von Hinsberg; s. S. D. Merkur 1807. Bd. III. S. 17—43.

1*

der Reinheit eines Epos weit entfernt ist und in sofern
einige altprosaische Romane, die denselben Stoff behandeln,
weit über ihm stehen? Endlich begreife ich kaum, warum
man dem Hagen hierbei widrige Einflüße der neuen (eigentlich schon vergangenen) Schule vorhält, da es gerade einer
der Fehler derselben war, die altdeutsche Poesie gar nicht
gekannt zu haben. Tiek scheinbar ausgenommen, der aber
selbst zur Zeit der | herausgegebenen Minnelieder noch keine
gründliche historische Wißenschaft davon gehabt hat.

Die mir neulich von Wickram gesandten Sachen behalte
ich noch einige Zeit, denn ich überzeuge mich immer mehr,
daß dieser Wickram, über den man in Literaturbüchern
vergebens nachschlägt, einer der vorzüglichsten, auch frucht-
barsten deutschen Schriftsteller des 16. J.H. ist, mit unge-
wöhnlichem Sprachreichthum, und dem unschuldigsten Stil.

An Richters ruß. Misc. N. III (und wenn auch die nachfolgenden noch ruß. Sagen enthalten, der folgenden Nummern)
bin ich ebenfalls so frei Eure Wohlgeb. zu erinnern.

Sowohl Herr Brentano, als mein Bruder empfehlen sich
Ihrem gütigen Andenken und ich bin mit wahrer Hochachtung
Euerer Wohlgeb.
gehorsamster Dr
Grimm.

2.

Caßel 30. July 9.

Längst schon hätte ich nicht versäumen sollen, was ich
nunmehr unmöglich weiter unterlaßen darf, die Bitte, daß
uns Eure Wohlgeb. die aus der Bibliothek gütig geliehenen
und über die Gebühr lang behaltenen Bücher noch auf eine
kurze Zeit verstatten, auch diese Verzögerung uns in Zukunft nicht anrechnen. Es sind: 1, Nordiska Kämpadater,
2, erster Theil von Holbergs Schriften in dänisch. 3, Edda
Sämundina. 4, ein schwedisch lat. Wörterbuch. Unsere damit
vorhabende Arbeit ist durch mancherlei Zufälle aufgeschoben worden. Seit dem ich noch Auditor beim Staatsrath
geworden bin [1]), gibt mir diese Stelle manche Beschäftigung,
meine Bibliothek ist zwar seit ihrer Localveränderung noch
gar nicht wieder aufgestellt, und ich bin ordentlich ein
König ohne Land. Mein Bruder machte im März eine Reise

---

1) Seit dem 17. Februar 1809.

nach Halle, wo er nicht lang zu bleiben dachte, aber der neuen reilischen Badeanstalt zu Gefallen, die er mit Vortheil für seine Gesundheit braucht, immerfort noch ist. Sobald er nun zurückkommt, was bald geschehen muß, werden die geliehenen Bücher rascher ausgearbeitet werden. Wir bitten also um Nachsicht. Da das erste Heft des Museums für altdeutsche Literatur und Kunst vermuthlich längst in Händen Ew. Wohlgeb. ist, so werden Sie den gegen mich gerichteten Aufsatz über Meister und Minnesänger bemerkt haben, worüber ich Ihre Meinung zu vernehmen begierig bin. im Anfang 1807 ließ ich einmal im literar. Anzeiger [1]) einige Bemerkungen einrücken, daß die bisherige Ansicht von den Meistersängern, insofern man sie von den Minnesängern trennt, einer gründlichen Widerlegung fähig sey, eigentlich blos zu literarischen Beiträgen auffordernd. Bald darauf schrieb Docen einen wirklich mittelmäßigen | Aufsatz dagegen [2]), worin er seine unklare, sonderbare Meinung darlegte. Ich suchte meine Sätze nunmehr zu begründen, und er versprach damals eine Widerlegung meiner Beweise, welche nach langer Zeit endlich in diesem Mag. stehet [3]), doch in einem abgebrochenen Aufsatz, worin er die Resignation gehabt hat selbst seinen frühern wieder aufzunehmen. Ich gehe von meiner Ansicht durchaus nicht ab, und denke, wenn seine Abhandlung fertig geworden ist, beßer auszuführen, als ich damals konnte und brauchte, daß Meistersang auf keinem neuen Princip beruht, sondern dieses bereits im Minnesang erkannt werden muß. Dagegen Docen die auffallende, gezwungene Idee hat, die Meistersänger (welche w i e c r z u - g e b e n m u ß so früh als die ältesten Minnesänger existirt haben) seyen alsdann keine Meistersänger, wenn sie Minnelieder gedichtet, und diese Minnelieder will er durchaus keine Meistersänge genannt wißen. Dies wirft ihn wie ich erwartet habe in eine Menge unhaltbarer Inconsequenzen, wie z. B. die ist, daß Reinm. von Brennenberg bekanntes Lied nur zufällig wie ein Meistergesang aussehe. Sie haben bei Gelegenheit der herauszugebenden Minnelieder natürlich auch über diese ziemlich weit eingreifende Untersuchung nachgedacht, und ich wünsche die baldige Erscheinung Ihres Buchs um so mehr, als ich in diesen unbekannten Liedern vielleicht manches Beispiel für meine Ansicht zu entdecken hoffe. Sollten sich auf der Göttinger

---

1) No. 23. S. Kleinere Schriften Bd. 4, S. 7 und 12 fg.
2) Lit. Anzeiger 1807. No. 24.   3) Mus. I, 73—123.

Bibl. unbekannte oder seltene Werke über die Meistersänger finden, (mir deucht sogar eine Handschr. Meisterlieder wäre da) so nehme ich die Gefälligkeit Eurer Wohlgeb. dafür in Anspruch. Es existirt namentlich ein für meine Ansicht interessantes Programm, welches ich noch nicht habe auftreiben können und das wohl dort ist: Einladungsschrift zur jährlichen Vertheilung der Schulprämien beim Gymnasium S. Anna in Augsburg 14. Octob. 1807 vom dortigen Rector und Stadtbibliothecar D. Beyschlag 16 S. in 4.

Was die übrigen Aufsätze des Museums angeht, so haben mich die Herausgeber der heidelberger Jahrbücher um eine Recension gebeten, deshalb ich meine Meinung hier nicht wiederholen will. Schätzbar wird es mir seyn Ihr Urtheil darüber in der Folge zu vernehmen. In diesem Journal ist auch eine Recension des ersten Theils der Hagenischen Sammlung altdeutscher Gedichte befindlich [1]), von mir; so wie von meinem Bruder eine der Nibelungen gegen Hagens Bearbeitung [2]).

Die neue Ausgabe der fabliaux, so wie Roqueforts glossaire de la langue romaine ist ja in den Göttinger Anz. [3]) sehr kurz abgefertigt. Die Ungründlichkeit und der schlechte Plan des letztern hätte getadelt zu werden verdient, so wie es Koppe in den Heidelb. Jahrb. obgleich nur einseitig gethan hat.

Ich empfehle mich mit wahrer Hochachtung

Ihr

ergebenster

Grimm.

3.

Sie werden schon denken, geehrtester Herr Profeßor, daß ich wieder mit einer Bitte komme.

Ich wünschte sehr die specimens of early english metrical romances by George Ellis, in three voll. London 1805 einmal durchzulesen, hoffentlich ist dieses Werk dort auf der Bibliothek und Ew. Wohlg. würden mir einen Dienst erweisen, wenn Sie mir solches mit nächster fahrender Post übersenden wollten. Ist es nicht da, so muß ich mich

---

1) S. Kl. Schr. 4, 22—52.
2) Kleinere Schriften von W. Grimm I, 61—91.
3) 1809, S. 1159.

wohl an Eschenburg wenden, welcher, wenn ich nicht irre,
das Buch irgendwo recensirt hat. Besonders lieb, wenn ich damit zugleich den romancero
general Antwerpen 1555 erhalten könnte, warum ich neulich
durch einen Bekannten so frei war bitten zu laßen. Denn
H. von Haxthausen hat mir vor 3 Wochen selber versichert,
daß er dieses Buch wieder zur Bibl. abgeliefert. Findet
sich Bartholdys Reise nach Griechenland dort, so ersuche
ich ebenfalls mir davon den zweiten Band, wegen einer
darin befindlichen neugriechischen Romanze | mitzusenden [1]).
Die mir bisher anvertrauten Bücher werden mit nächster
fahrender Post zurück erfolgen, es war gestern schon zu
spät, als ich sie absenden wollte. Weil mir an einer Stelle
aus Ellis besonders liegt, so laße ich diesen Brief ein Paar
Tage vorausgehn.

Seyen Sie werthester Herr Profeßor im voraus meines
Dankes für Ihre vielfältige Bemühung versichert. Ich bin
mit wahrer Hochachtung

Ihr

Caßel 15. Januar 1810.

gehorsamer Dr
Grimm.

4.

Caßel 14. März 1810.

erst vorgestern Abends, hochgeschätzter Freund, erhielt
ich Ihren Brief vom ersten, nebst dem angenehmen Geschenk für mich, welches ihn begleitete [2]). So viel ich bis
jetzt darin habe sehen können, finde ich fast lauter gutes
und zu rühmendes. Nimmermehr hätte ich ehdem gedacht,
daß zu Bodmers ersten 60 Seiten so viel Supplemente geliefert werden könnten. Dafür aber glaube ich nun, daß zu
allen übrigen vielleicht gar keine weitere Lücken ausgefüllt
werden können; mein Hauptgrund ist freilich der, daß der
Bremer Codex, obgleich er bis zu Seite 172 fortgeht, doch
von S. 60 an mit allen Ergänzungen aufhört, Bodmers Ab-

---

1) Das neugriechische Lied findet sich in deutscher Übersetzung in
Bartholdy's Bruchstücken zur näheren Kenntnis Griechenlands, T. 1,
Berlin 1805, woraus es in den altdeutschen Wäldern 2, 181—84 abge-
druckt ist.

2) Beyträge zur Kenntniss der altdeutschen Sprache und Litteratur
von G. F. Benecke. Erster Band. Theil I. Göttingen 1810.

druck muß von S. 15 bis 60 in besonderer Angst und Noth gewesen seyn, die, wenn wir sie wüßten, uns aus dem Räthsel helfen würde. Ich kann es mir nicht anders erklären, und Überlegung und besondere Wahl des Aufzuopfernden scheint mir allerdings dabei gewesen zu sein, (gegen Ihre Meinung S. 10.)

Dazu kommt, daß Raßmann, als Frucht seiner Pariser Vergleichung durchaus keine andere Dichterergänzungen ankündigt, als die von Ihnen gelieferten (s. Jenaische L. Z. 1809. n. 173.) Oder hat er noch nicht weiter verglichen? Dies angenommen, so würde die ganze raßmannische Arbeit, (wenn wir von kleinen Wortverbeßerungen ꝛc. absehen, die sich auf den ganzen pariser Codex erstrecken,) durch die Ihrige überflüßig gemacht. Der Zufall hat es gewollt, daß die bremische Abschrift den Theil schon vollkommen enthält, bei welchem Bodmer sich Lücken zu machen erlaubt hat, und die Sorgfältigkeit dieses ersten Theils der br. Handschrift ist augenscheinlich, die pariser wird nur wenige bessere Lesarten angeben können.

Das zweite Heft vom Museum habe ich zwar noch nicht erhalten, | ein Zufall setzt mich indeßen in den Stand, Ihnen zu melden, daß der angefangene Abdruck der raßmannischen Supplemente [1]) nur bis zu Ulrich von Gutenburg einschl. gekommen ist, Ihres Buchs bis S. 146. v. d. Hagen hatte nämlich schon vor einigen Monaten die Gefälligkeit, mir die Fortsetzung des Docen'schen Aufsatzes gegen mich in den Druckprobebogen zu überschicken, der Anfangsbogen enthielt zugleich den Schluß der raßmännischen Lieder. Ich lege Ihnen hier die beiden Blätter zu eigener Ansicht bei. Wie viel beßer, als bei Bodmer, laßen sich nicht bei Ihrer fleißigen Sonderung der Reime alle Lieder lesen! Das einzige, was ich dagegen auszusetzen habe, ist, daß Sie nicht noch den Schritt weiter gethan und nicht blos in den langen Liedern (Leichen) die einzelnen Strophen, sondern in den Strophen selbst die einzelnen Absätze abgesetzt und unterschieden haben.

Dies werde ich in der mir gütig aufgetragenen Anzeige Ihres Buchs weiter auszuführen Gelegenheit haben; sobald es meine gerade jetzt vielfachen Geschäfte erlauben, soll sie nach Heidelberg abgehen [2]).

Das Lied p. 250 num. XXXIX steht schon bei Bodmer, 2, 100 unter Taler. ich bin überzeugt, daß es im Pariser Codex, wie mehrere andere, zweimal steht. von dem Vogel-

---

1) Mus. I, 322 fg.   2) S. Kl. Schr. I, 11—15.

weide haben Sie uns auch nichts neues geliefert, die zweite
Strophe findet sich schon im Zürcher Druck 1. 124. Eins
der schönsten Lieder, das p. 200: swer nu | verholner Minne
pfliget, klingt mir so bekannt, ich weiß aber nicht, wo es
hinthun, in Bodmers Samml. steht es nicht[1]). sollte sich in
den in Asts Zeitschrift für Wiß. und Kunst eingerückten
Minneliedern etwa Aufschluß finden? Das Heft (das zweite)
ist mir abhanden gekommen und ich kann nicht nachschlagen, vielleicht irre ich aber auch.

Besonders lieb ist mir der doppelte Titel gewesen,
laßen Sie uns nun auf die folgenden Bände nicht so lange
warten.

Zu einer Reise nach Göttingen kann ich auch nie
kommen, so viel ich mir sie vornehme, besonders mit, um
Ihnen [so] nicht so oft durch Bitten um Bücher zu be-
schweren. Ich könnte dann vieles und bald abthun. Allein
jetzt, wo mir die Abreise des Königs wieder Muße verleiht,
erwarte ich gerade Dresdner Handschriften und eine aus
Paris, und die hanöverische des Tyturel habe ich gerade
in Benutzung. Also genug zu thun. Die letztere ist sehr
def[ect] und ich werde in einiger Zeit Sie um den alten
Druck von 1477 bitten müßen, aus dem ich überdem Ver-
gleichungen anstellen muß.

Könnten wir von der Bibl. Gismundi[2]) Andreac lexicon
islandicum Haf. 1683. 4. und R. Jonas isländ. Grammatik
Kopenh. 1651. 4 bekommen? Die letzte steht auch in
Hickes thes. Tom. 2.) Sollte sich dort ein neueres la-
teinisches Buch über die isländ. Poesie und Lit. in 4 be-
finden, das auch zu Kopenh. gedruckt worden ist, etwa in
den 5 letzten Jahren erschienen? weder Schlötzer noch
Nierup in d. Bragur verzeichnen es, daher kann ich den
Titel nicht näher angeben, ist es etwa von Thorlacius?
eine Sage ist es nicht, sondern ein Werk über die Literatur
und Geschichte von Island[3]).

Die spanischen Romanzen sind richtig in meinen Händen, ich habe Lust einen großen Theil davon bald herauszugeben[4]), wenn ich dazu einen Verleger finde, manche
darunter sind vortrefflich. Da sich noch mehrere Exemplare des Buchs in Deutschl. finden, so braucht man ja

---

1) Vergl. MSH. I, 153.b   2) = Gudmundi, vgl. Bf. 14.
3) Was für ein Buch gemeint ist, erhellt aus Brief 6.
4) Von Gr. herausgegeben unter dem Titel: Silva de romances vie-
jos. Wien 1815.

wohl die Gött. Bibl. nicht um besondere Erlaubnis dazu zu bitten.

mit wahrer Hochachtung ganz der Ihrige
Jacob Grimm.

mein Bruder empfiehlt sich gehorsamst. Um bald gefällige Abgabe der Einlage an Dietrich bitte geh.

5.

Caßel 10. April 1810.

Da meine immer noch im Sinn gehabte Reise nach Göttingen vorerst vereitelt scheint, so muß ich von neuem, hochgeschätzter Freund, Ihre Güte ansprechen und mir einige Nachrichten von Ihrer Bibliothek ausbitten. Erweisen Sie mir nämlich den Freundschaftsdienst und excerpiren mir ganz kurz aus dem Catalog alles was sich von den Schriften nachstehender Engländer dort vorfindet: Douce, George Ellis, Owen, Pinkerton, Ritson, Walter Scott, Turner, Walker. ich verzweifle zwar, daß Sie viel davon besitzen werden, über Ellis habe ich schon einmal verneinende Antwort erhalten, doch weiß ich nicht mehr, ob ich wegen seiner specimens of early engl. metrical romances oder der davon verschiedenen sp. of the early english poets nachgefragt hatte [1]). Erstere hat mir nun Eschenburg geliehen, die letztern müßen 1800 oder 1801 in three vols erschienen seyn. von Pinkerton existiren: list of scotish poets, dann vitae antiquae sanctorum. von Owen welsh dictionary, Cambrian biography, u. besonders hatte er eine Übersetzung der welsh Mabinogion vor, die mich auserordentlich freuen würde, ich weiß aber nicht ob sie erschienen ist, die Anzeige war von 1805. von Ritson dissertation on romance and minstrelsy; von Scott the minstrelsy of the scottish border in 3 parts, davon 1803 zu Edinb. die zweite Aufl. erschien. Den zweiten Band dieser weit über Percy stehenden Volksliedersammlung hat mir ein guter Freund verschafft, | um so mehr wünsche ich auch den 1 und 3ten zu lesen. Aber derselbe Scott hat 1805 folgendes für uns Deutsche sehr merkwürdige Buch drucken laßen, das wenn es sich in Gött. fände, ich mir mit nächster Post ausbitten müßte: Sir Tristrem a metrical romance of the thirteenth century by Thomas of

---

1) Vgl. Br. 3.

Erceldoun[e], called the rhymer. edited from the Auchinleck Ms by Walter Scott. superbly printed in royal 8vo. Aber, only 150 copies printed, und ist davon nach Deutschl. gerathen?

Dieser Tr. ist nichts mehr und nichts weniger als das bestimmte Original zu dem Tristran unseres Gottfr. von Strasb. und Heinr. v. Vrib. also wie einzig und wichtig die Vergleichung damit seyn könnte, brauche ich nicht erst zu sagen. — ad. Turner vindication of the antient [so] british poets, Walker hist. mem. of irish bards etc.

Wie widerwärtig, daß man aus England keine Bücher in dieser Zeit haben kann, das Geld sollte mich dabei nicht reuen. Wißen Sie mir keine Adreße, keinen Weg? (Wie viel herrliche Werke über die orient. und bes. indische Poesie sind nach öffentl. Bl. soeben in England erschienen! Das müßen wir alles entbehren.)

Noch muß ich fragen: ob Sie die Zeitschrift archaeologia haben? in deren 12 oder 13. Bd. gute Abhandlungen von La Rue (einem Franzosen)[1].

und folgendes italienische wichtige Büchlein, wovon ich keinen rechten Titel weiß, es fängt an:

Introduzione al trattenimento de' Giovani, il racconto della schiava. in kl. 8. s. l. et a.

etwa unter den Titeln: conti degli conti, mille conti? die mir irgendwoher vorschweben? Auch dieses Buch, falls es sich unter Ihren | Schätzen entdecken läßt, würde ich mir gleich erbitten.

Auch glaube ich schon gemeldet zu haben, daß ich mir eine Abschrift der hanöverischen Hs. des Tyturel genommen. ich wünschte nun sehr den alten Druck (de 1477) damit zu vergleichen, Brentano hatte mir sein Ex. einmal geliehen aber wieder mitgenommen. Seyn Sie also so gütig mir das dortige zu leihen. ich höre aber nun in der That auf mit meinen vielen Bitten und Plagen.

Die beiden isländischen Lexica sind zu Dank angelangt, schon vorher war eine Anzeige Ihrer Minnelieder nach H[eidelberg] abgegangen. eine Erörterung der darin zufällig vorkommenden Ritternamen hätte mich leicht zu weit geführt, Hagens schlechte Emendation in der Lit. Z. von Glies in Ilies wäre zu tadeln gewesen, der Nordfelsen, wonach Sie fragen, kommt in englischen Gedichten mehrmals vor, z. B. im Merlin ein sir Christopher of the roche north.

---

1) Gervas. de La Rue; Archaeologia 12, 297. 13, 230.

Schonen Sie uns nur nicht, wenn wir im Stand sind Ihnen Nachrichten mitzutheilen und bleiben Sie meiner aufrichtigsten Hochachtung versichert. Ihr

gehorsamer

Grimm.

6.

Caßel 13 August 10.

Schon lange, hochgeschätzter Freund, bin ich Ihnen einen Brief und die Anzeige des richtigen Empfangs der beiden zuletzt übermachten holländischen Bücher schuldig. Ich hoffte längst, Ihnen einige der geliehenen Bücher mit Gelegenheit zurückzusenden, da mir aber diese bisher noch fehlschlägt, so will ich erwarten, bis daß einige andere, ebenfalls bald fertige dazu kommen und sie dann zusammen der Post übergeben. Sobald Sie nur den Iwaine und Gawin bearbeiten wollen und den Ritson dazu brauchen, melden Sie es mir kürzlichst und er soll unverzögert zurückkehren. Ich gestehe, daß ich über viel andern, sonst nicht aufzuschiebenden Arbeiten wenig darin habe thun können, blos mit King Horne bin ich fertig und habe mir ihn, weil er mancherley Intereße erregt, abgeschrieben[1]). Auf allen Fall versprechen Sie mir wohl, daß ich die Sammlung, wenn Sie hernach solche nicht mehr nöthig haben, zu fernerer Benutzung erhalte. In Ihr Lob des glossary kann ich nicht recht einstimmen, wenigstens zu dem Hornchild sind eine ganze Anzahl unerklärt geblieben, obgleich er sie aufführt. Den Iwain angehend, ist Ihnen bekannt, daß derselbe altschwedisch aus dem Anfang des 14. JH. existirt? F a n t in observatt sel. historiam suecanam illustrantibus. p. prima Ups. 1785 handelt davon, ich nehme das Citat aus Nyerup (in der Maanedskriftet Iris og Hebe December 1796 p 330. 331) und mögte wißen, ob Fant etwa mehr aus dem Ms. mittheilt, als Nyerup auszieht, (nämlich blos die Schlußzeilen)? Dieser Nyerup ist einer der bereitwilligsten und artigsten Gelehrten, die ich kenne, sobald wir uns an ihn gewandt, hat er uns eine Reihe seltener dänischer und isländischer Schriften verschafft, welche nach einer schicksalsvollen Reise (sie

---

1) = Horn. Vgl. Kl. Schr. 6, 41—64.

wurden von einem französischen Caper auf- und vor ein lübecker Prisengericht gebracht) erst kürzlich zu meiner großen Freude eingetroffen sind. Verschiedene haben Sie davon nicht in Göttingen, so om Nordens gamle Digtekonst ved J. Olafsen, unstreitig bis jetzt das beste Werk über die Formen der Scaldenpoesie, und dies war das Buch, was ich unlängst bei Ihnen suchte, ohne den Namen des Vfs. angeben zu können. Besitzen Sie dort die (seltenen) specimina des Thorlacius? ich habe sie nur uncomplet. Das scandinavische Museum wird Ihnen sicher nicht fehlen, so wenig als die Literaturselskabsskrifter. aus beiden sind mir auch blos einzelne Hefte zu Theil geworden. |

mit der andern Seite wende ich mich ins eigentliche Altdeutsche. Ihre neuliche Recension des Museums[1]) hat mich gefreut und auf die vorgeworfene trübe Quelle haben Sie recht gelegen demonstrirt. Die Sache spricht offenbar für die Correctheit der bremischen H.S. Daß Sie Docens merkwürdige Unklarheit öffentlich anerkannt, verdient meinen Dank. Die Aufsätze von Büsching habe ich in meiner Recension des Museums[2]), die nun bald erscheinen wird, ziemlich getadelt. es ist unverantwortlich, daß die Redactoren der Heidelb. Jahrb. meine so lang schon eingeschickte Recension Ihrer Minnelieder noch nicht abdrucken laßen, ich habe es dieser Tage wieder urgirt, überhaupt schadet diesem Journal die Concurrenz zweier Redacteurs (Bökh und Wilken) für die eine Abtheilung der Philologie ꝛc. ꝛc. merklich, einer scheint den andern zu contrariiren.

Verschiedenes bewegt mich nun, meine antwortende Abhandlung über den Meistergesang in einem besondern Druck ausgehen zu laßen, meiner Meinung nach so bald, wie thunlich, vermuthlich bei Dieterich; sobald es fertig wird, soll sich ein Exemplar bei Ihnen einstellen.

Docens critisches Sendschreiben, worin er den alten, überaus wichtigen und herrlichen Titurel liefert, wird ohne Zweifel in Ihren Händen seyn, den größten Theil kannte ich schon aus Docens schriftlichen Mittheilungen. Ist es aber zu entschuldigen, daß er diese Kostbarkeit so lange dem Publicum vorenthielt (seit 6 oder 7 Jahren; wenn man durch andere in München Abschriften nehmen laßen wollte, war das MS. immer ausgeliehen, so ist es mir und Hagen ergangen) und andrerseits zu begreifen, wie er dafür in seine Miscell. so manche Lumpereien aufgenommen? Über die schwierige Stelle (riemen [so] die zwifalten ꝛc.) wünschte

---

1) Gött. gel. Anz. 1810, S. 1105.   2) Kl. Schr. 6, 16 fg.

ich wohl Ihre Meinung zu wißen; der arge Anachronismus, wodurch er das Fragment um 12 Jahr jünger macht, wird Ihnen auch nicht entgangen seyn und kein Druckfehler oder sonstiges Versehen waltet dabei vor. Denn er findet sich auch in seinem Aufsatz über Meistersänger im Museum. Hören Sie nichts von Hagen und wie schreibt er Ihnen? Ich habe ihm in der Recension des Mus. bestimmt abgefodert, daß er nun nichts von allem dem aus Raßmann drucken läßt, was Sie uns schon gegeben und sich mit Varianten begnüge. mir schreibt er verschiedenes über bald dem Druck zu übergebenden Mspte. Das merkwürdigste darunter ist ein bisher ganz unbekanntes Gedicht, Alpharts Tod, aus dem altdeutschen Sagenkreise, was, wie es heißt, nach den Nibelun|gen zuerst zu nennen. Aufgefunden hat es Hundeshagen in Hanau (der Herausgeber des Pallasts von Barbaroßa.) Noch eine Neuigkeit: die Heimonskinder und den Lohengrin, beide aus den vatican. Mss. wird Görres drucken laßen, beide gehören meiner Ansicht nach, unter die vortrefflichsten alten Gedichte.

Über das Wort Weise (bei Walter und Botenlaube weiß ich keinen rechten Trost; die Etymologie deutet allenfalls auf weissat, weihschaz = weiset, wisat, von weisen = offerre (quasi a subditis oblatum esset hoc cimelium principi) — oder richtiger auf wisel, Führer, Leiter (cf. Werners Maria p 204. 207) hin, zudem da Walter auf den Leitstern anspielt. Sollten die Abhandlungen über die clenodia et lipsana imperii nichts aufschließen, besonders die von Murr?

Man kann an Sie, th. Freund, gar nicht schreiben, ohne Ihre bekannte Güte in Anspruch zu nehmen. Haben Sie: 1, Casteleyn Konst van Rhetorijke, verschiedentlich gedruckt, u. a. 1616. 2, il Pentamerone del cavalier Giambattista Basile Napoli 1637. 12. (und seitdem mehrmal)? An beiden Büchern wäre mir freilich recht bald gelegen und geschähe mir ein Gefallen, wenn ich sie durch Dieterich oder gerade mit Postwagen erhalten könnte. Auf ein ander mal: Fernows römische Studien, den dritten Band. Eben so empfehle ich Ihnen gelegentlich nachzuschlagen, welche gelehrte, wo möglich ausführliche Werke man über die Provinzial-, ja Stadt-geschichte des Delfinats (franche comté) und also Arles, Besançon, Dijon 2c. vom fünften, sechsten bis ins zwölfte Jahrhundert bei Ihnen studiren kann. Haben Sie aber keine Muße oder Lust dazu, so laßen wir alles, bis mich die Zeit wieder einmal nach Göttingen trägt. Verschonen Sie mich mit Fragen oder Aufträgen auch nicht,

wo Ihnen etwas beifällt, was ich haben oder wissen könnte.
Ich empfehle mich nebst meinem Bruder von ganzem Herzen
und bin

der Ihrige
J. Grimm.

Hat die Gött. Bibl. des obgedachten Fant's specimen
academicum de historia patriae vetusta in traditionibus vulgi
residua. Ups. 1791? — Gelegentlich.

7.

Caßel 7 Octob. 1810

Ich unterlaße nicht, werthester Freund, Ihnen einige
versprochene nähere Nachrichten, in Angelegenheit unserer
altdeutschen Literatur mitzutheilen. Für Ihre beiden letzten
Briefe meinen schönsten Dank, den einen hat mir Villers[1])
ins Haus gesandt, ihn selbst hab ich nicht zu sehen bekommen, muß aber leider jetzt auch meine beste Zeit in
Napoleonshöhe[2]) zubringen, so daß er mich doch wohl ver-
fehlt hätte. Den Abend wo ich ihn aufsuchen wollte, mußte
ich gegen Erwarten oben bleiben, grüßen Sie ihn doch und
bitten um den Gefallen für mich, daß er mir gelegentlich
von Lübeck aus den suhlischen Wiederabdruck des holländischen Reynaert de vos verschafft, alle meine desfallsigen
Bestellungen gehen immer leer aus und das Buch intereßiert
mich gar sehr. Sagen Sie ihm doch, daß der altdeutsche
Reinhart Fuchs aufgefunden ist, zu Rom durch Glöckle, an-
geblich aus dem dreizehnten Seculum. wenn ich auf irgend
ein Gedicht begierig bin, so ist es dieses, deßen Existenz
ich bisher blos ahnte, aus der bekannten Stelle Marners.
Aber wie verhält es sich nun zu den altfranzösischen und
dem plattdeutschen? Und wie ist es überhaupt geschehen,
daß das Schicksal die Erhaltung unserer herrlichsten Lieder,
wie dieser und anderer ächt altdeutscher in einzelnen Hand-

---

1) Charles François Dominique de Villers, geb. in Bolchen (Boulay)
in Lothringen 4. Nov. 1764, † 26. Febr. 1815, von 1811—1814 Professor an der Universität Göttingen. S. Pütter-Saalfeld Geschichte der
Universität Göttingen III, 124. F. Wüstenfeld die Mitarbeiter an den
Göttingischen gelehrten Anzeigen in den Jahren 1801 bis 1830, S. 81.
Briefe verschiedener Personen an ihn (darunter fünf von J. Grimm) und
des Grafen Reinhard sind aus dessen handschriftlichem Nachlasse Hamburg 1879 und 1883 von Isler herausgegeben. Vgl. auch Bf. 13.
2) = Wilhelmshöhe.

schriften aufs Spiel gesetzt hat, während der Renner, die gereimte Weltchronik u. s. w. vielfach copirt wurden? Manches wird gerettet, wie wir mit Freuden sehen, anderes ist und bleibt ohne Wiederbringen verloren. Derselbe Glöckle hat noch ein anderes, bis jetzt ganz unbekanntes Gedicht gefunden „die Wiener Seefahrt“, wobei es selbst schwer ist, zu rathen. Doch Sie haben wohl das interessante Stück des Morgenblatts zur Hand gehabt, worin hiervon und anderem die Rede ist, (Jahrg. 1810. n° 197.) und ich theile Ihnen dafür noch einiges aus meiner Correspondenz mit Hagen und Docen mit.

Vom Alphart steht ein Auszug und eine große Probe im zweiten Heft des vaterl. Mus. und leider will Hagen das Ganze, das er an sich gekauft, nicht anders herausgeben, als in dieser Sprachmodernisirung. Es soll nämlich in den ersten Band seines ganz auf diesen Fuß eingerichteten Heldenbuchs kommen. (Hier ist sein Inhalt: 1, Hörnen Siegfried. 2, Etzels Hofhaltung. 3, Rosengarten. 4, Ecken Ausfahrt. 5, Sigenot. 6, Alpharts Tod. 7, Dieterichs Flucht, vielleicht auch die Ravennaschlacht. 8, Laurin. Der zweite Band soll das übrige umfaßen, Otnit, Wolfdieterich ꝛc. und im dritten die Modernisirung des Nibelungenliedes wiederholt werden.) Er meint die Stimme des Publicums habe für diese Bearbeitung entschieden und sie also gerechtfertigt. Ich möchte wahrhaftig wißen, was unser so vielfach gereiztes und probirtes Publicum von sich ab|wiese! Dasselbe Publicum das sich eben so gern die steif Voßische Übertragung gefallen läßt, als die französischfreie orientalischer Gedichte (wie neulich Hammer in der allerwärts bepriesenen Schirin gethan) sollte billig keine Stimme haben, wo es daran liegt, nicht eine Mode an altdeutscher Poesie zu erregen, sondern die Quellen altdeutscher Poesie zu retten. Daß z. B. der Alphart auch in diesem Gewande erkannt und mit Freuden von uns aufgenommen wird, ist keine Frage, es fragt sich: ob wir ihn auch nachher und bald in seiner handschriftlichen Gestalt gedruckt werden sehen. Wer will es leugnen, daß die Handschriften selbst schlecht seyn können und von der ursprünglichen Reinheit abstehen? schlimm genug; sollen wir auf dem Wege fortgehen und uns absichtlich noch schlechter stellen, als die verderbten Handschriften? Und welcher Unterschied zwischen unserm absichtlichen Ändern, und dem allmäligen, ich möchte sagen unschuldigen Verschlimmern! Etwa, wie man ein Kleid nach und nach schmutzig trägt, es aber nicht noch mit Fleiß schwärzer färben soll. — Neuerdings thut auch Büsching

dem armen Heinrich einen solchen Schimpf an, unerachtet
er ihn mit zierlichen Bildern in Zürch drucken läßt, und
ich weiß nicht, was Tiek aus den köstlichen Liedern Ulrich
von Lichtensteins verarbeiten will. Genug davon. In dem zweiten Band der, man sollte
kaum glauben von demselben Herausgeber unternommenen
Sammlung (wo wir alle Schreibfehler schlechter MS. beibehalten oder doch bewahrt finden) wird kommen: vieles aus
dem Heldenbuch, besonders nach der Dresdner H.S. —
die sieben Meister — Lanzelot — Reinfried von Braunschweig (davon ich gegenwärtig eine Copie aus Hannover
vor mir habe) — vielleicht auch Barlaam und Iosaphat und
Wilhelm von Brabant, auser wenn der Gottfried von Bouil-
lon Eschenbachs aus Wien zu kriegen ist, welcher billig
vorgeht. — Der Lanzelot ist mir vorerst noch darunter das
liebste.
Übrigens weiß ich Hagens Fleiß, Einsicht und Gelehrsamkeit gewiß zu schätzen, und an literärischer Zusammenstellung möchte es ihm, bei seiner ausgebreiteten Correspondenz und allerwegen angeknüpften Verbindung schwerlich
einer zuvor thun können. Ich verwundere mich manchmal,
wie er die Zeit findet zu solcher Betriebsamkeit, er will
die Wilkinasage, dänische Lieder und altscandinavische
Sagen übersetzen und ediren, dabei das Handwörterbuch
und Grammatik, Sammlung deutscher Volkslieder und die
nun wirklich angetretene Berliner Profeßur nicht zu vergeßen. Seine critische Ausgabe der Nibelungen verdient
meiner Meinung nach alles Lob und liefert einen guten
Text. Dem Docen genügt sie indeßen nicht: natürlich, weil
er jetzt die Hohenenemser, bekanntlich von Aretin in Prag
erkaufte H.S. besitzt, und danach eine neue Edition vor
hat. Ich | wollte um so mehr, daß sie Hagen zu der seinigen
gleich dabei gehabt, so muß man zu den neuen Varianten
alles übrige mitkaufen und hat noch eine unbequeme Vergleichung. Eine intereßante Entdeckung, die Docen bald
beweisen will, ist, daß Veldek nicht der Dichter des Herzog
Ernsts; auserdem hat ihm neulich ein edler Ungenannter
eine gute Handschrift des Lieds vom Rosengarten zugesandt.
Mit der Redaction des altd. Mus. ist er nicht recht zufrieden, jedoch zum Theil aus andern Gründen wie ich. Er
meint es müße alle Vierteljahr so viel in einem Band erscheinen, als jetzt drei Stücke enthalten. Das dritte Stück
hebt an mit einem aufgefischten Blatt einer H.S. des Otfried. Ins vierte kommt die (treffliche) Marionettentragödie
von D. Faust, die nie gedruckt und jetzo nachgeschrieben

worden, nebst einer gelehrten Abhandlung über diesen Nationalmythus. Auch werden Sie darin einige Aufsätze von mir finden, welche ich dem Hagen neulich auf wiederholte Einladung zugesandt, über den König Horn und Karl und Elegast [1]). In meiner Recension Ihrer Minnelieder [2]) ist, ich weiß nicht durch weßen incuria, da wo von den Leichen die Rede, irgend ein Satz ausgelaßen worden. Doch wird das Ganze in meiner Abhandlung über den Meistergesang deutlicher berührt. Diese empfehle ich schon vorläufig Ihrer Nachsicht, die anfängliche Ausarbeitung für ein Journal und mangelnde Zeit und Lust das Ganze hernachgehends umzuarbeiten, wird ihr Schaden thun; doch bleibe ich bei meiner Sache, der Unzertrennlichkeit der Meister- und Minnesänger fest stehen und glaube davon einiges noch nicht bemerktes beigebracht zu haben. Das Polemische ist größtentheils in den Noten, die ich aber unter dem Text drucken laße, nicht hinten an. Gegen die Sache selbst, wo Sie anderer Meinung sind, verfahren Sie mit aller critischen Strenge.

Die Bekanntmachung eines altdeutschen Wörterbuchs von Ihrer Hand kann von niemand mehr gewünscht werden, als von mir. (Das Berliner erscheint doch wohl binnen einem halben Jahr; daß Docen nicht dabei ist, liegt blos an ihm oder an seiner Faulheit.) Gern möchte ich etwas von dem Plan wißen, den Sie bei dieser Arbeit befolgen, ich bekenne, daß gerade die Schwierigkeit desselben den großen Reiz geschwächt hat, den man bei aller Gelegenheit und natürlich zu dergleichen empfindet. Die äuserliche Einrichtung wäre noch zu treffen, aber will man sich an das Allgemeine, oder einzelne Mundarten halten? Und im ersten Fall, wie ist dann Consequenz im Mitnehmen des einzelnen zu treffen? Ferner: soll man sich auf einzelne Jahrhunderte beschränken, oder (wie Scherz-Oberlin) die Zeit Otfrieds und wieder Kaiserspergs mit der der Minnesinger unter einander werfen? So sehr ich für das Mitnehmen aller Mundarten bin, (denn der ganze deutsche Sprachstamm soll als ein ganzer betrachtet werden) so sehr muß meiner Meinung nach das historische Bilden der Gesammtsprache erforscht und also geschieden | werden. Mit einem Wort, eine Geschichte unserer Sprache wäre mir noch viel lieber als ein alphabetisches Wörterbuch. Jene müßte aber so

---

1) S. Kl. Schr. 6, 34—64. vgl. den vorigen Brief.
2) Vgl. Brief 4.

detaillirt seyn, daß alles hineinkäme, was im letztern stände,
und noch vieles mehr. Ein Wörterbuch ist bequem, aber
wir studiren ja das Altdeutsche nicht in der Eile, und dürfen
uns mithin nur zum Nachforschen aufmunternde Unbequem-
lichkeit nicht leid seyn laßen. Auf der andern Seite enthält jedes gelehrt bearbeitete Wörterbuch unzweiflich einen
Schatz brauchbarer Materialien. Eine vorherrschende etymologische Anordnung würde mir von besonderm Ge-
winn scheinen und eine Menge Überflüßiges abschneiden,
freilich aber die Arbeit bedeutend erschweren [1]).
Können Sie mir befriedigenden etymologischen Aufschluß über das Wort genote (auch ignote u. s. w.) geben?
das so gar oft in Gottfrieds Tristan (um auf Isote zu reimen) aber auch in den Nibelungen schon vorkommt, und
welches Oberlin schlecht genug durch nunc, jam erklärt.
Wollen Sie ihm eine blose vim oppletivam beilegen, so ist
es auffallend lang gerathen. Und doch weist es so auf das
ältere ot hin.
Was halten Sie von folgender Vermuthung, die sich
leicht durch Beispiele in ziemliches Licht setzen ließe?
Man hält unserer Sprache mit Recht den Mangel an innern Verbalflexionen als eine Unvollkommenheit vor. Sollte
das Altdeutsche aber nicht reicher gewesen seyn und wir
den Vortheilen nachher entsagt haben? So setzt man in
die verschiedene Formation des Imperfectum einen Unterschied zwischen activer und neutraler Form (z. B. löschte
und losch). Auf analoge Fälle paßt das hingegen gar nicht
(z. B. rufte und rief, bewegte, bewog, im ersten Beispiel
verdammt man die Beugung: rufte, im zweiten aber läßt
man beiderlei Flexion zu — in beiden ist die Form activ)
und diese vermehren sich im Altdeutschen so, daß man
darin etwas Reguläres zu erkennen glaubt, wenn man etwa
an verba irregularia denken wollte. Kann nicht: „brennte"
und „brann" (bronn, brunn) — „klagte" und „kleite" neben
einander und als verschieden gegolten haben, so daß erstes
das unbestimmte Imperfectum, (brûlait) das zweite das bestimmte (brûla) bedeutet? und so auch zwei Participia:
verbrennt und verbrunnen, gechlagt und gechleit (cf. öfters
in der Chlage selbst). Manches steht entgegen, aber warum
waren jene doppelten Formen so häufig und sollen wir darin
leere Variation erblicken? und spricht nicht die Analogie
so vieler anderer, alter und neuer, Sprachen dafür, in denen

---

1) In der Vorrede zu dem deutschen Wörterbuche S. XI spricht
Grimm gegen die etymologische Anordnung.

jenes erste Imperfect (auf den Namen kommts nicht an)
immer unmittelbar aus dem Präsens entspringt, das zweite
aber so zu sagen, einen neuen Ton annimmt? Man muß
es schon fühlen, daß zwischen „schallte" (intonabat) und
„scholl" (intonuit) ein wirklicher Unterschied stattfindet.
Ich bin nun höchst begierig, ob sich unter dem Helmstädter Manuscriptenvorrath [1]) auser den plattdeutschen,
worauf sich Bruns beschränkte, auch etwa noch hochdeut-
sche stecken. fast erwarte ich mehr aus Wolfenbüttel, wo
namentlich die nur schlecht benutzten Gedichte von Friedrich von Schwaben und Alexander (durch Ulrich von Eschenbach?) vorhanden sind. Sie erhalten doch auch von beiden
Orten vor allem die Incunabeln? worunter manches will-
kommene liegen muß.
Den dritten Band von Fernows Studien (worin doch die
Abhandlung über die italienischen Dialecte steht?) und Fant
specimen haben Sie mir ja gütigst versprochen, auch hat es
damit keine Eile. Hingegen brauchen Sie mir Say über
Goldau [2]) nun gar nicht zu schicken. ich weiß nicht ob ich
schon einmal gefragt: ob Sie eine von Manni in den sieb-
ziger Jahren besorgte Ausgabe der cento nov. antiche besitzen? Da möchte ich wißen, wie er eine merkwürdige,
in der 61 Novelle vorkommende und für meine altdeutschen
Merker benutzte Stelle etwa commentirt, denn in der vor
mir liegenden alten Ausgabe (Firenze 1572) ist der Text
nicht zum besten bestellt. Neulich bin ich so glücklich gewesen, nicht nur dieses Manni storia del Decamerone, sondern auch die mehr besprochenen reali di Francia wohlfeil
zu kaufen. — Mit meiner vorgehabten Ausgabe spanischer
Romanzen, worauf ich schon manche Mühe gewendet, geht
es schlecht. Nachdem mir mehrere Buchhändler den Verlag
abgesagt, wende ich mich noch nach Berlin und da kündigt
eben Hitzig einen blosen simpeln Abdruck des Cancionero
de Amberes 1555 [3]) an, nach einer Abschrift, die er zu Paris
nehmen laßen.
Ist denn noch immer nichts wegen des Ankaufs englischer Bücher eingeleitet und ausgemacht? Kürzlich wurde
mir versichert, durch Hilfe des hamburger Consuls würde
das schwerlich gehen, dagegen ginge es bestimmt durch

---

1) Die Helmstädter Handschriften wurden nach Aufhebung der
Universität im J. 1810 der Göttinger Universitätsbibliothek einverleibt,
1829 zurückgegeben.
2) Es ist wohl der am 2. Sept. 1806 verschüttete Flecken Goldau
in der Nähe des Rigi gemeint.   3) Vgl. Br. 9.

Parson & Galignani in Paris, der Mittel und Wege habe. Nun will ich einmal an den schreiben, da ich aber besorge, daß er sich um eine kleine Commißion nicht bekümmert, so schlage ich Ihnen vor, ob Sie mir nicht eine Note der Ihnen dort am nothwendigsten gewordenen englischen Werke geben und sie dann bei Galignani nehmen wollen, wenn er sie verschafft? Man müßte immer für 1000—2000 francs auf einmal verschreiben, und was man ihm theuerer bezahlt, wird genug ersetzt, dadurch daß man sonst wer weiß noch wie lang warten müßte.

Sehen Sie Fiorillo [1]) gelegentlich, so sagen Sie ihm doch, ob er vor etwa zwei Monaten zwei mir geliehene italienische Bücher zurückerhalten hat? Nicht als ob eine Antwort nöthig gewesen wäre, es ist mir aber nachher beigefallen, daß die Botenfrau sie nicht richtig besorgt haben könnte.

Da haben Sie nun einen recht langen Brief, er beweist Ihnen wenigstens wie gern ich mich mit Ihnen unterhalte, und wie lieb mir Ihre Antworten seyn sollen. Mein Bruder empfiehlt sich Ihnen bestens, auf einer neulichen Reise nach Fuld hat er dort nichts gefunden als eine Handschrift von Mai und Belaflor. (eine andere ist nur zu München, vid. Hagens Einleitung zur Sammlung.) An seiner Übersetzung der Kämpeviser wird jetzo gedruckt. von Herzen und freundschaftlichst der Ihrige,

Jacob Grimm. |

Vergleichen Sie doch über „den Weisen" (den auch Walter schon 1, 102 erwähnt) eine Stelle in der Chlage nach Hagens neuer Ausgabe 2783 — wo Bodmer wefen liest und Hagen in seiner Modernisirung (ebenfalls 2783) auch Waffen übersetzt. auf welche Handschrift gründet sich nun die Variante: weisen? doch wohl auf die münchener. Es ist sonderbar, daß Hagen zur Klage keine einzige critische Variante mittheilt.

---

1) Joh. Dominicus Fiorillo geb. 1748 in Homburg, seit 1799 Professor in Göttingen, † 10. Sept. 1821. Sein Sohn W. J. R. Fiorillo war daselbst seit 1809 Privatdocent und Bibliotheksecretär, † 1816.

8.

Caßel 24. Oct. 10.

Theuerster Freund! ich schreibe Ihnen schon wieder. Haben Sie dort Ouselys [1]) persian miscellanies London 1795 und desselben oriental collections, so bitte ich höchlich um deren gütige Mittheilung
ferner um den
fünften Band der notices et extraits de la bibl. nationale, der nicht mehr im Buchhandel (d. h. einzeln) zu haben ist. Ich schäme mich, daß ich jetzt so viele Bücher von Ihnen geliehen bekommen habe. Es soll aber auch gewißlich in Zeit von acht Tagen ein Theil davon zurückkehren. Mein unstäter Aufenthalt hat mich die Zeit über zu sehr zerstreut, so daß ich manches einzelne zu notiren übrig gebliebene aus allerhand Ungeduld nie ausrichten konnte.
von Herzen
Ihr
J. Grimm.

9.

Caßel 5. Nov. 10.

Anbei, theuerster Freund, erhalten Sie endlich nachstehende Bücher mit größtem Dank zurück
den alten Tyturel von 1477 von dem ich mir unter meinen Augen eine correcte Abschrift nehmen laße, sie kostet leider gegen 25 ₰ war mir aber unentbehrlich, da an einen Druck noch nicht zu denken ist;
den cancionero de Amberes 1555 [2])
zwei Bände vom tyroler Journal
van Wyns avondstonden [3])
einen Band von der Leidener Maatschappij
die übrigen sollen nach und nach erfolgen. Nun trage ich aber groß Verlangen nach folgenden:
Mischle Scualim, autore R. Berachia Ben Natronai, gedruckt wo mir recht ist zu Mantua oder Venedig

---

1) = Ouseleys.
2) Genauer: Cancionero de Romances, Anveres 1555.
3) Historische en Letterkundige Avondstonden, Amsterdam 1800.

im 17. Jh. und soll eine Art Reinhart Fuchs seyn,
dem ich näher auf die Spur kommen möchte. Vielleicht hat Wolff den Titel genauer, deßen bibl. hebr.
ich gerade nicht nachschlagen kann ¹).

Ein Biörn Markussohn edirte 1756 zu Hoolum zwei
Sammlungen nordischer Sagen, (in blos isländisch) eine in
Octav, die andere in 4, davon möchte ich gar zu gern die
erstere haben, wegen der darin stehenden Kraka Refs S.²)
Ich | fürchte aber daß sie Ihnen fehlet. (ὡς εν παροδω von
den Literatur Selskabs Skrifter ist bestimmt der Jahrg.
1807 heraus, denn ich habe ihn selbst, ja die meisten darin
enthaltenen Aufsätze datiren schon von 1808.)

Auch wäre mir die Einsicht folgender suhmischer Bücher ³)
erwünscht

Om de Nordiske folks äldeste ⁴) Oprindelse 1770. 4.
Om Odin og den hed[e]niske Gudeläre 1771. 4.

die Bitte um Verzeihung der vielen Mühe bäte ich jetzt
und künftig im Stillen, weil sie schon so oft in den Briefen
steht, nächstens einen weiteren Brief von Ihrem

Grimm.

10.

Caßel d. 8ten Febr. 1811.

Ich habe Ihnen lange nicht geschrieben, theuerster
Freund, doch Sie mir auch nicht, meine Ursache war, weil
ich gern mein Buch über den Meistergesang wollte mit-
schicken, deßen Druck sich wider alles mein Treiben, Warten
und Aushalten gewaltig verzögert hat. Im September schon
war dem Dieterich das MS. zugesandt, nachdem er mir versichert, es sollte unaufhaltsam gedruckt werden; so ist es
mir gegangen und die Arbeit selbst etwas verleidet worden,
weil ich manches jetzo ganz anders machen würde, ein Tag
lehrt den andern. Endlich muß es in diesen Tagen fertig

---

1) S. Grimm, Reinhart Fuchs S. CCLXXXII: „Im beginn des 15. jh.
entsprang eine jüdische samlung von thierfabeln unter dem titel mischle
schualim, erzählungen von füchsen. ihr verfasser heißt Rabbi Berachia Hannakdan (d. i. punctator) und lebte um 1400; gedruckt erschienen
sie Mantua 1557. 8.“
2) = Kroku - Refs saga. S. die genaueren Titel der beiden Sammlungen bei Th. Möbius, Catalogus libr. isl. et norv. p. 33.
3) P. F. Suhm † 1798.   4) = aldste.

werden, so habe ich auch bestellt, daß Ihnen gleich ein
Exemplar zugeschickt wird, sollte es also bei Empfang
dieses noch nicht in Ihren Händen seyn, so haben Sie nur
die Güte, es bei D. fordern zu laßen. Die Bitte folgt auf
dem Fuße nach, die daß Sie es baldigst, mir und dem Verleger zu Gefallen (weil es sonst nicht leicht ein Mensch
kaufen wird) in den Gött. Anz. recensiren, streng und un-
verholen, wie es der Gegenstand verdient, hoffentlich findet
sich einiges nicht Schlechte darin, so daß ich doch einigermaßen für die mühsame Arbeit Ehre erwerbe. Was an der
Sache zu thun war, wißen Sie so gut, als ich, ein Plan war
zu machen (und nicht einmal ohne Beschränkung, da ich
mich vielfach an Docen zu halten hatte) und was noch
schwerer auszuführen, in einem fast wüsten Feld, ohne daß
mir sonderliche Ackergeräthe zu Gebot gestanden hätten,
ja im Bewußtseyn, daß mir viel recht bedeutendes und nicht
jedem, wie mir unnahbares gerade mangelte. Sieht man
sich einmal auf Grund und Boden, so geht es gleich beßer
zu, das fühle ich jetzt bestimmt, und wollte noch einmal so
viel darüber schreiben, da ich anfangs dachte, ich würde
mit Angst und Sorge ein Paar Bogen zusammenbringen;
überhaupt ist gewiss, daß wir (wie ohnedem bei jedem guten
Studiren) unsere altd. Quellen gar viel mal durchzugehen
haben und bei jeder repetitio lectionis neue Umstände, oder
neue Beweise und beiderlei durch einander entdecken werden,
wofür wir vorher blind waren, so bindet und zieht sich
alles nach einander. Also gegen die Hauptansicht erklären
Sie Sich scharf, wo sie nicht die Ihrige ist, aber in jedem
Fall laßen Sie dem Einzelnen Entschuldigung zu Theil
werden, namentlich der Eintheilung, weil sie nach und nach
von innen und ausen entstanden ist. vor allem aber, laßen
Sie meine Ungeduld nicht auf Ihre Meinung warten, bis sie
gedruckt wird, sondern schreiben Sie mir auch vorher. Die
Schrift ist unbedeutend, aber wer auser Ihnen und Hagen
und Docen kann darüber urtheilen? Andere müßen es un-
verständig loben oder tadeln, oder blos ausziehen; also
können Sie denken, wie begierig ich auf sachverständige
Beurtheilung bin.

von einigen andern unserer Arbeiten und Vorhaben
kann ich jetzt noch nichts rechtes aussagen, sie rücken
langsam nach, so viel es die böse Zeit und ausbleibende
erwartete Bücher zulaßen. Haben Sie gelesen: | daß in Wien
ein neuer Freund altdeutscher Poesie erstanden ist, ein
Herr Hofstätter, welcher Lanzelot, von Sabenhoven und den
von Fütrer, den Merlin u. a. Sachen von letzterem drucken

laßen will, also wird wohl Hagen den ersteren zu ediren aufgeben müßen. von diesem erwarte ich tagtäglich Brief, schon vor 6 Wochen schrieb er, das neue Heft des Magazins sollte in 8 Tagen nachfolgen, indem es Christtag bereits ausgegeben werden würde. Bis jetzt aber habe ich es weder durch ihn, noch Dieterich erhalten. Büsching ist im Auftrag des Staats auf Reisen nach schlesischen Bibliotkeken, deswegen (?) müße das Pantheon[1]) schließen, wogegen ich nichts habe einzuwenden. Sie müßen mir ja über Ihre Wolfenbütteler und Helmstädter Ausbeuten etwas gutes schreiben; hätten Sie wohl Lust, da sich doch so manches daraus für öffentliche Bekanntmachung eignen wird, mit mir und meinem Bruder ein altdeutsches Magazin unter irgend einem oder diesem Namen herauszugeben? worin gar keine Aufsätze kämen, sondern blos Abdrücke der Quellen, allenfalls mit Sprachnoten, schlecht und recht gedruckt. Wir haben manches Intereßante gesammelt, z. B. Nitharts Gedichte von Brentano zu freier Disposition erhalten, ferner seine Liederhandschrift aus dem 15. Jh. viele Fabliaux u. m. a. nicht zu vergessen Mai und Belaflor aus Fuld. Soll man dergl. nach Berlin geben, so ist es so, nämlich manches recht fatal dabei, erstens das Liegenbleiben, dann die fremde Anmerkungenbegleitung, die man sich muß gefallen laßen, da man doch nach einem Jahr oder einem halben dasselbe und mitunter [mehr][2]) anzumerken gewußt hätte. Hagen hat es an sich jederzeit einen Ha[ufen][3]) bekannter Nachrichten mitzunehmen und als Knochenzugabe. Zudem zieht er selbst per Bogen 6 und gibt einem nur 5. Mehr verlangen wir von unserm Verleger gewiß auch nicht, oder gar nichts, bis man sieht daß es geht, nur müßte der Druck in unserer Nähe geschehen, der Correctur wegen. Die Besorgung dieser würde dabei die meiste Mühe und Zeit kosten, man hat sie aber für ein genaues Durchlesen zu gut zu schreiben. Geben Sie mir gütig Rath und Wohlmeinung über den Vorschlag, der sich schon darum hören läßt, weil wirklich viel ungedruckt liegen bleiben wird, wenn man die günstige Stimmung der Zeit nicht genutzt hat.

Die bewußte und noch andere englische Bücher denke ich in der Kürze zu erhalten, Treuttel & Würz in Strasburg, wie sie mir selbst schreiben, haben sich officielle Er-

---

1) Pantheon, eine Zeitschrift für Wissenschaft und Kunst hsgg. von J. G. Büsching und K. L. Kannegießer, Bd. 1. 2. Leipzig 1810.
2) Das in eckige Klammern Geschlossene fehlt im Original wegen Verletzung des Blattes.

laubnis erwirkt und ich habe die günstige Gelegenheit mit
zwei Händen ergriffen und (Bestellungen für Königl. Bibl.
mit eingerechnet) gewiß für 2000 francs verschrieben; weil
sich um kleine Commißion nicht bekümmert wird.

Nächstens weil ich auf eine Gelegenheit warte, sende
ich mehre von | Ihrer Güte empfangene Bücher zurück, auch
bitte H. Reuß [1]) nebst gehors. Empfehlung zu melden, daß
Herr Bruguiere [2]) bald das Geliehene restituiren wird.
Haben Sie von Villers gute Nachricht, ist er wieder ge-
sund auf und wann kommt er nach Göttingen?

Ja nicht zu vergeßen, daß ich über unsern Wisen
[so] die trefflichste Auskunft geben kann. Es ist ein Stück
Karfunkelstein, der in die deutsche Krone gekommen ist.
Auf welche Art? steht im Herzog Ernst (den Docen wie er
mir wiederholt schreibt, durchaus dem Veldeck abstreiten
will, wofür auch vieles spricht, obgleich mancherlei Über-
arbeitung dabei zu seyn scheint) Zeile 3617—22. 5543 ꝛc. ꝛc.
Das deutsche Prosabuch drückt sich durch u n i o aus, welches bei Plinius eine große Perle; wie der lateinische Ernestus
bei Martene hat, schlagen Sie doch nach und melden mir,
vermutblich pupillus, woraus unser W a i s e, W i s e entsprungen seyn mag, (oder umgekehrt?) denn ein Übersetzer-
vergriff scheint auf alle Art darin zu stecken. Und ist das
Leuchten des Augapfels (pupill a aber auch u s) eine Vergleichung mit dem Leuchten des abgeschlagenen Steins?
u. s. w. Sehen Sie doch auch Ekhart F. O. 2, 510 nach.

Leben Sie wohl und seyn Sie schönstens von uns beiden
gegrüßt [3]), ... gut, dem stets Ihrigen

Jacob Grimm.

Am 14. Febr.

Am Montag bekam ich durch Dieterich das neue Berliner Heft, es war mir lieb, daß ich beim Abschluß meiner
Abhandlung gerade noch ein Paar Worte über eine bezüg-
liche Abhandlung Hagens zufügen konnte [4]), welches es mir
an anderm Orte zu thun erspart, nur aber mein Buch wieder
ein wenig aufhält.

Meine Auffindung unseres Steins der Weisen ist leider

---

1) J. D. Reuss geb. Rendsburg 1759, Professor in Göttingen seit
1782, Unterbibliothekar 1789, Bibliothekar 1814, Oberbibliothekar 1829,
† 1837.

2) Kabinetssekretär des Königs Jerome, nachmals Baron von Sor-
sum. Vgl. Grimms Selbstbiographie, Kl. Schr. 1, 11.

3) Darnach eine Lücke im Papier.

4) S. altd. Meistergesang 189 fg.

unnöthig gewesen, ich sehe, daß Docen bei Gelegenheit des
H. Ernst zufällig aber sehr natürlich davon redet. Ich
hatte den Ernst erst vor 8 Wochen wieder durchgelesen
und da sein Aufsatz früher geschrieben worden ist, so
legen Sie ihm auch alle Ehre dieser Aufklärung zu, und
nicht mir.

Können Sie nicht machen, daß Hagen bald die Kämpadater zurückgibt, er versprach sie ja kurz zu behalten?
Haben Sie dort Auli Apronii (Adam Eberts) Reisebeschreibung. Villafranca 172..? [1]).
Wie oben, von Herzen der Ihrige.

11.

Caßel am ersten Ostertag 1811.

Ich komme, mein hochgeschätzter Freund, wie gewöhnlich mit einer Bitte zu Ihnen. Diese besteht darin, daß
Sie so gut seyn wollen, dem Hagen die biörnerschen Kämpadater, welche er nun bald ein Jahr zu Berlin hat und die
er, wie Sie mir damals schrieben, gar nicht lang behalten
wollte, recht bald und bestimmt zurückzufodern. Denn
wenn Sie letzteres nicht thun, so richtet man schwerlich
bei ihm was aus, er würde dann sehr spät antworten, daß
er das Buch zwar bald zu remittiren hoffe, in der That
aber gar nicht daran denken; was einmal in seinen Händen
ist, läßt er nicht leicht heraus, so hat er z. B. das hiesige
MS. des Wilhelm von Orleans schon im Jahr 1807 durch
Müller [2]) bekommen, und auf zwei oder drei Briefe Völkels [3]),
wie mir dieser neulich versichert — gar nicht geantwortet.
Es muß ihm indeßen daran liegen, sich mit Göttingen, der
Zukunft wegen beßer zu stehen.

Die Ursache meines Bittens ist, weil ich mit meinem
Bruder den zweiten Theil der alten (sämundinischen) Edda
im Originaltext und mit Version herausgeben werde [4]). Das
MS. ist bereits in unserer Gewalt. Nun aber ist zum Verständnis des sehr schweren Textes sowohl, als der Fabel

---

1) Reisebeschreibung von Villa Franca der Chur-Brandenburg nach
Italien. Villa Franca 1723.
2) Der bekannte Geschichtschreiber Johannes von Müller.
3) Erster Bibliothekar in Cassel, † 1829.
4) Die Lieder der alten Edda, aus einer Handschrift herausgegeben
und erklärt. Berlin 1815.

die in obiger Sammlung befindliche Volsungasaga fast unentbehrlich; damals als ich das Buch hier hatte, habe ich
mir zwar den gesammten Originaltext abgeschrieben und
abschreiben laßen, hatte jedoch letztere Hälfte, als Sie mir
das Buch schnell für Hagen abfoderten, noch nicht colla-
tionirt; ohnedem habe ich, weil es mir damals blos noch
auf Verständnis der Geschichte ankam, keine Copie der lateinischen Übersetzung genommen, jetzt, wo es auf gram-
matische Bestimmung einzelner Wörter zumeist abge|sehen
ist, wird auch die Einsicht jener behilflich.

Meine Abhandlung über den Meistergesang habe ich
Ihnen bald schon zwei Monate zugesandt und daß Sie mir,
gegen meine Bitte noch kein Wort darüber geschrieben
haben, hat mir, ich gestehe es, leid gethan. Es war mir so
natürlich Sie zu ersuchen, mich damit nicht erst auf die er-
betene Recension warten zu laßen, die ich gleichwohl noch
nicht gefunden habe. In Ihrem Schweigen sehe ich freilich
eine Unzufriedenheit mit dem Buch, indeßen wißen Sie, wie
lieb mir selbst Ihr Tadel gewesen wäre, weil ich ihn achte
und mich darin belehre. Ihre vielen täglichen Geschäfte
sind mir bekannt, doch findet sich nicht schwer eine halbe
Stunde zu wenigen Zeilen, zudem da Ihre Ferien schon
eine Weile angegangen sind. Unterdeßen habe ich mich
über viele Mängel der Abhandlung dadurch getröstet, daß
ich fühle, wie fast unmöglich gewesen, alle Seiten derselben
beim ersten Niederschreiben zu decken, es mußte erst eine
Grundlage da seyn, die ich freilich gegen meinen Wunsch
und aus polemischer Noth nicht länger durfte warten laßen;
nunmehr fügen sich berichtigende und bestätigende Aus-
führungen leichter an, wie ich deren denn schon eine Menge
meinem Exemplar beigeschrieben habe. Genug davon, bis
Sie mich erst mit Ihrem Urtheil erfreut haben werden.

Durch Herrn Prof. von Villers Güte werden Sie hoffentlich ein Paquet Bücher, enthaltend Ouselys orient. coll. and
miscell. [1]) und sodann Ritsons metrical romances richtig erhalten haben und ich darf mir von der Ihrigen mit Gelegenheit, allenfalls mit Post, eine weitere Sendung versprechen.
Auser | den zuletzt bemerkten, hatte ich noch früher schon
einige andere angegeben, welche Sie daher in die Auswahl
auch mit zulaßen wollen. Neulich habe ich ein Buch gekauft, welches Ihrer großen Bibliothek ja auch hoch fehlt,
oder sollte es Ihnen nur anonym bekannt seyn, weil der
Verf. sich nicht inwendig nennt, unseres Ritson's biblio-

---

1) Vgl. Brief 8.

graphia poëtica, or a catalogue of engleish (schon in der Orthographie ist er zu finden) poëts of the 12. 13. 14. 15 and 16 centurys with a short account of their works. London 1802. 407. S. 8ᵛᵒ. Leider hört das 13 Jh. schon pag. 13 und das 14ᵗᵉ p. 39 auf, das 16ᵗᵉ nimmt p. 111—407 ein. Überdem ist die fatale Abgrenzung Englands und Schottlands darin, für die ältere Zeit ohnedem poetisch unrichtig, so daß über eine Menge Schotten nichts darin steht, vor allem nichts über Thomas of Erc[eldoune], worauf ich, natürlich am begierigsten war. — Wie sind Sie mit dem neusten Heft des altd. Museums zufrieden? Das schlechteste darin, und wirklich schlecht ist alles von Büsching, ich bereue daher nicht, daß ich diesem in meiner endlich gedruckten Recension des ersten Bands [1]) die Wahrheit gesagt habe, obgleich ich ihm in einer Äuserlichheit sehr Unrecht thue; so wie auch in obigem Heft in der Abhandlung über Hornkind ein offenbarer Excerpierfehler stehen geblieben ist. Davon ein ander mal, weil ich ausgehen muß. Unter Versicherung steter Hochachtung und Freundschaft der

Ihrige
Grimm.

12.

Caßel 20. May 1811.

Ihren lieben Brief vom 26. April, theuerster Freund, hätte ich nicht bis jetzt auf Antwort warten laßen, wenn ich nicht begierig auf die versprochene Recension gewesen wäre, deren Abdruck vermuthlich durch zufällige Ursachen verzögert worden ist. Bis jetzo habe ich sie noch nicht gesehen, dies hält mich nicht ab, Ihnen schon im voraus meinen aufrichtigen Dank abzustatten; Ihr Beifall in der Hauptsache ist mir höchst werth, im Tadel der Schreibart haben Sie vollkommen recht, um so mehr, als Sie selber fühlen, was ich zu meiner Entschuldigung in diesem Punct vorbringen kann.

Ihre weitere Frage, woher die Meistersinger ihren Namen haben? glaube ich doch schon berührt zu haben Seite 100, Note 88 verglichen mit S. 138. Das Wort scheint mir, wie viel anderes, mit aus der Volkspoesie herüberge-

---

1) Vgl. Bf. 6.

kommen zu seyn. So heißen holländische umziehende Sänger:
Meester und Sprekcr, s. van Wyn 1. 333, welcher die
Beispiele freilich aus Rechnungen des 14. Jh. nimmt, aber
die Sache muß eben deshalb älter seyn, weil man einen
späteren Namen, wo er sich auf eine gewiße Gelehrsamkeit
bezogen hätte, nicht auf solche gemcine Spielleute ange-
wendet hätte. Sehen Sie die Menge magistri nach, die z. B.
Du Cange h. v. anführt und wie viele Beispiele darunter
auf ungelehrte Fälle paßen. Besonders muß im geistlichen
Gesang der magister cantorum von viel früherer Zeit be-
standen haben. Weiter, warum führen auch einige Truba-
durs und Nordfranzosen den Namen maestro, maître? | nur
darum, weil aller Poesie des 12. 13. Jh. allerwärts der Gebrauch früherer Volksdichter zum Grund gelegen hat. Sie
bemerken sehr recht, daß an ein meisterhaftes Singen
so wenig gedacht worden ist, als bei den Handwerkern an
meisterhafte Arbeit. Der Name Meister ist mir also auch
im Gesang sobr alt und kommt den ersten, größten
Sängern zu, wie beim Ulfilas maists der größte heißt. Die
Nebenidee einer großen Gelehrsamkeit kam später und zufällig. Meistersänger im Compositum möchten aber nur aus-
schließlich unsere Kunstdichter geheißen haben.

Im Crescimbeni [1]), den ich vor einigen Jahren blos
flüchtig hatte durchgehen können, habe ich viel merk-
würdiges und meine Meinung von den Provenzalen meistentheils bestätigendes getroffen. Ihre Hauptkunst besteht in
dem fatalen Aushalten aller (d. i. derselben, nicht blos ana-
logen) Reime in vielen, wo nicht in allen Strophen, davon
Gottlob unsere Meisters. nichts wissen. Ginguenés eben
erschienene hist. litéraire de l'Italie gewährt im ersten
Band einige interessante Untersuchungen über die Truba-
durs. Da ich doch einmal daran bin, so wäre es mir lieb,
wenn Sie mir das neulich in den dortigen gel. Anzeigen ge-
priesene Werk von Prunelle [2]) herschicken wollten, so wie
auch des Lafaille annales [3]) oder chroniques de Toulouse, in
so fern Sie letzteres Buch besitzen. Vielleicht könnte das
durch die nämliche Gelegenheit geschehen,· womit ich Ihnen
bald einige andere geliehene Bücher zurückschicken werde. |

Diese Meße ist manches herausgekommen. Hofstäters
Tafelrunde u. a. auch, ist aber leider wieder eine Umarbei-

---

1) Istoria della volgar poesia.
2) G. Prunelle, De l'influence exercée par la Médecine sur la re-
naissance des Lettres; s. Götting. Gel. Anz. 1811, S. 737.
3) annales richtig.

tung, so wie auch Hinsbergs saubere Nibelungen sollen
fertig geworden seyn. In England hat kürzlich ein auf
einmal mit einer Menge Werke aufgetretener Autor, Henry
Weber namentlich auch 3 Bände ancient metrical romances
edirt, worauf wir wohl noch ziemliche Zeit warten werden
müßen. von demselben kommt eine neue vermehrte Ausgabe von Beaumont u. Fletcher in 12 Bänden, eine Sammlung der works of John Ford, eines alten Schauspieldichters,
ferner 3 Bände tales of the east, worin viel stehen soll,
was in unserer gallandischen 1001 N. fehlt u. s. w.

Auf den Erfolg Ihres Briefs an Hagen, sind wir nun
begierig; er scheint eine sonderbare Einbildung von sich zu
haben und was Sie darüber und daß er alles an sich ziehen
will, bemerken, ist vollkommen wahr. Deswegen schreibe
ich ihm nicht gern, dem Docen desto lieber, der auch allerlei
vorhat und eine Sammlung altdeutscher Materialien herausgeben will. Ich treibe ihn zu einer critischen Edition des
Titurel.

Mit unserm Journal mag es am besten noch anstehen,
zudem sind wir in andere weit aussehende Unternehmungen eingegangen, in eine Edition der ungedruckten Edda
und des altdeutschen und altfranzösischen Reinhart Fuchs;
von ganzem Herzen bieten wir Ihnen aber Aufsätze zu der
Fortsetzung Ihrer Beiträge, unter jeder Bedingung, die
Ihnen gefällig ist, an. Schreiben Sie uns, zu welcher Zeit
Sie solche brauchen können?

Über die Recension, so bald ich sie gelesen habe, behalte ich mir vor ausführlicher zu schreiben, leben Sie
unterdeßen wohl und bleiben mir gewogen. Der Ihrige

Grimm.

Die beiden Einlagen bitte
gefällig abgeben zu laßen.

13.

Caßel 24. Mai 1811.

Die diesmaligen Ferien mußte ich zu einer Reise nach
Gotha, um eine Tante zu besuchen, benutzen, will aber auch
noch ein Paar Schritte weiter nach Weimar, Leipzig und
Dresden thun, wo sich auch manches für unsere altdeutsche
Poesie finden wird. Geschieht mir nur halb so viel freund-
licher hilfreicher Vorschub, als voriges Jahr bei Ihnen,

theuerster Freund, so werde ich zufrieden gestellt; Sie
sehen daraus, wie gern ich unter andern Umständen die
Reise nach Göttingen wiederholt hätte.

Ich reise heute noch ab, um so lieber war es mir Ihre
Recension [1]) erst zuvor gestern Abend empfangen zu haben:
mit großem Vergnügen habe ich sie gelesen und danke
tausendmal | für alles Gute, das Sie von mir sagen und
was ich großentheils noch verdienen muß. Desto werther
ist mir der geschehene Vorschuß, und das Zutrauen, worauf
er beruht. Die Stelle Frauenlobs 2. 218 ist in meinem
Buch S. 93 mitgenommen, doch hätte sie genauer ausgezogen
werden sollen. (Künste-Pfad, Schaar) Der Schluß womit
der entrüstete Meister das secedite abhinc ausspricht, ist
freilich nicht im Ganzen, doch im Einzelnen zweifelhaft.
eigentlich blos durch das schwierige letzte Wort: swassen.
welches, wie ich eben nachschlage, Oberlin durch firmare,
augere ohne weiteres erklärt, und vermuthlich an waßen
denkt und das s für blos vorgesetzt hält (wie in swas.
swie.) Das gibt aber keinen rechten Sinn. Dieser wäre
etwa: „setzt euch an die war|me Sonne und trinkt da den
Pfuhl aus schlechten (geringen, vilibus) Gefäßen, in irmen
(irem) recht, — dies Pronomen [2]) muß auf: köpfen gehen.
so wie das folgende si, denn die schlechten Dichter redet
er ja an — daß sie davon schwitzen" (?) etwa von schweißen:
das Wort muß das Präsens, entweder Indicativ oder Con-
junctiv seyn; hoffentlich finde ich es nun, da ich darauf
aufmerke anderswo einmal, und erst dann wird sich sicherer
muthmaßen oder entscheiden laßen.

Die Stelle aus Adelung 1, 95 [3]) habe ich unter einer
Reihe anderer Zusätze zu meinem Buch, die schon vor ein
Paar Monaten hätten abgedruckt werden müßen, wenn meine
Bitte erfüllt worden wäre — auch mitgenommen, Zuge.
Twing und Regeliet sind am schwersten zu erklären.

Puncto des zweigenge kann ich Ihnen nicht beistimmen,
und Sie würden | mehr Recht haben, auch ist das „schon-
dazwischen, wenn es zweigäng hieß, wie vorhin bei Frauenlob: köpfen bös, so aber ist es mir ausgemacht ein adverbium.

Hierbei erhalten Sie: 1 Band Apronius
                3 Bände Siebenkees [4])
                1 Bd Mischle Schualim
                <u>   </u>
                5 Bände

1) Götting. Gel. Anz. 1811, S. 793.
2) Vgl. Mhd. Wb. 1, 753. 3, 194. Lexer 2, 2010.
3) Vgl. MS. H. 3, 330.[b]
4) Beyträge zum teutschen Recht, Nürnberg 1786 fg.

mit verbindl. Dank, Sie benutzen wohl wo nicht diese, doch
eine andere Gelegenheit, um uns ferner zu bedenken. Auch
in meiner Abwesenheit empfängt mein Bruder alles wohl
und richtig. Von des guten Villers Durch- und wie ich
vermuthe weiterer Reise[1]) wußte ich kein Wort, Gott stehe
ihm bei und nehme die so unverdiente Schmach auch vor
den Augen aller Welt wieder von ihm; welche horrida
tempora, und was wir alles erleben! Bleiben Sie mir gut
und verzeihen Sie den kurzen eiligen Brief; der Wilhelm
grüßt vielmals; von Herzen

Jacob Grimm.

Neulich fragten Sie wegen des Weingartner Codex?
Ich weiß da keinen Weg, der Ort steht doch unter Baden?
wo ich recht bin. Also, von Heidelberg aus am besten ein-
zuleiten; thun Sie ja alles Mögliche.

14.

Caßel 22. Dec. 1811.

Theuerster Freund,

ich benutze Villers Zurückreise, um Ihnen für Ihren
kleinen Brief und den richtig erhaltenen Schöning zu danken
und anbei

Owen's welsh Dictionary 1 Band und 1 Heft
Crescimbeni Band 2

zu remittiren. Ich habe sonach nur noch folgende Bücher
von Ihnen 1, Einari hist. liter. 2, notices et extraits T. 5.
3, Gudm. Andreä isl. Wörterb. 4, Hagecks[2]) böhm. Chron.
5, die englischen Tafelrunder. 6, Schöning.
welches ich gelegentlich mit Ihren Zetteln zu vergleichen
und darunter einige zu erneuern bitte, falls ich die Bücher
zu lange hätte; sobald Sie mir eins bestimmt und dringend
abfordern, so sende ich es stets mit umgehender Post zu-

---

1) Villers (vgl. Bf. 7) wurde, weil er sich in mehreren Schriften für
die Hansestädte verwandt hatte, auf Befehl des Marschalls Davoust 1811
verhaftet, aber weil in seinen Schriften nichts Feindseliges gegen Frankreich gefunden wurde, wieder freigelassen; doch mußte er die von Davoust besetzten Länder meiden. S. Isler Briefe aus dem handschrift-
lichen Nachlasse des Ch. de Villers S. XVI. Vgl. noch Briefwechsel
zwischen Göthe und Reinhard S. 108. Göcke-Ilgen das Königreich Westphalen. Düsseldorf 1888, S. 221.

2) = Hagek.

rück; so hatte ich es leider mit den Kämpadater auch gethan. Für Ihre viele Bemühung dieserwegen danken wir Ihnen nicht weniger, als im Fall sie den gewünschten Erfolg gehabt hätte, man sieht wohl, daß gegen Hagens vielerlei Lügen und Ausflüchte nichts zu machen ist, den Juliusbrief hat er z. B. ganz sicher erst spät geschrieben. Wenn Sie über viele Arbeit klagen, so stecke ich auch in vieler und großentheils so unerfreulicher, daß ich gern drei Stunden der Ihrigen für eine der Meinigen hinnehmen wollte; beim Schloßbrand[1]) mußte die Bibliothek in Zeit von zehn Minuten gerettet werden, ich ließ alles schon im vollen Rauch durch Soldaten fortschaffen, alle Schränke mit dem Local standen gleich darauf in Flammen. In den ersten Tagen mußte nun von 4, 5 Orten her, wohin man geflüchtet, zusammengetragen werden, wir haben zwar nur etwa 4000 Bände, (worunter viele kleine in 12) die übrigen stehen zu Napoleonshöhe; aber nun gerieth der Königin Privatbibliothek, auch über 3000, total unter unsere und für den ganzen Haufen erlangte ich endlich mit aller Mühe ein kleines, mit Spiegeln und anderen Glassachen schon ringsum besetztes Zimmer. Nun geht aber erst recht das Unglück an. Die Königin verlangte gleich ein Paar Tage darauf ihre Bücher herausgelesen, es war nicht einmal Raum, um zwei große Haufen aus einander zu werfen; | mit Körben mußte leise angefangen und fortgefahren werden; da niemand anders die Bücher kennt, so mußte ich die wahre Tagelöhnerarbeit selbst thun, dazwischen dringen andere auf schnelle Räumung des ganzen Platzes und was das allerärgste, einzelne bestimmte Bücher werden sogleich gefodert und keine Einwendung gehört. So habe ich neulich nach Lacretelles Geschichte von Frankreich 3 Stunden gesucht und sie von Grund aus verwünscht, den einen Tag fand ich zwei, den folgenden die zwei andern Theile, der neu erschienene fünfte hatte das ganze Unheil gemacht. Kurz auf deutsche Ordentlichkeit, Langsamkeit, womit man hier viel weiter kommt, darf man nicht einmal anspielen. Jetzt sind endlich neue Schränke bestellt und neuer Transport, wahrscheinlich sehr schneller steht bevor. Mein ganzer bibliothecarischer Dienst ist aus solchen Transporten zusammen gesetzt, bei deren keinem es ordentlich und nach meinem Willen hergegangen ist; lauter Arbeit und kein Bischen Verdienst dabei; bei Ihrem Geschäft hingegen Plan und fruchtbarer Nutzen, Sie untersuchen, studiren, und lernen dazwischen. Dazu nehmen

---

1) 24. November 1811.

Sie meine sich immer haufende Herzensarbeit, meinen Trieb nach Ordnung und Sie dürfen mich nicht tadeln, daß ich bis 1 oder 2 Uhr aufbleibe, weil am Morgen keine rechte Ruhe ist. Es wird freilich wieder beßer werden. An der Edda wird fleißig geackert und gepflügt, ich betrachte als ein besonderes Glück, daß Cotta den Verlag (wahrscheinlich 3 starker Octavbände) übernommen hat und anständig honorirt, (der Buchhandel wird ja täglich trauriger, die trefflichen spanischen Romanzen, an denen ich manches mit Mühe gethan, biete ich mehrern Verlegern g a n z u m - s o n s t an, und keiner will sie) wir arbeiten ein vollstän- diges und genaues glossarium dazu, wobei es oft schwierig hält, weil gar keine Hilfsmittel irgend ausreichen; Rasks brave isländische Grammatik ist von großen Diensten. Auserdem will auch das übrige fortgehen. Das erste fran- zösische pariser MS. des roman du renard, über 25,000 Zeilen haben wir eigenhändig copirt, nun sind zwei andere angetroffen, ohne meine hierin sehr günstige Connexion hätte ich schwerlich die Mss. aus der Kaiserlichen Bibliothek er- langt. Nun hat auch Gräter glücklich den altholländischen (gereimten) Reynaert vos entdeckt und läßt ihn in seiner Odina (!) drucken, welches mir ein neues erwünschtes Ma- terial darbietet. Sie wißen, daß er auch in Breslau eine Alterthumszeitung herausgeben will. Wenn Ihnen etwas Unbekanntes und Neues über Reinecke Fuchs einfällt und zur Hand kommt, so melden Sie mir | es ja, besonders lieb sind mir Fabeln und Sagen von Fuchs und Wolf aus selte- nen Büchern (deswegen verlangte ich neulich den Ferrarich rhacusanus.) [1]) neulich fand ich einige in J. BarboursBruce [2]) und im italienischen Bertoldino und Cacasenno [3]). Ich habe recht intereßante Materialien zusammen; sollten Sie glauben, daß ein deutsches Kindermärchen, wovon im deutschen und holländischen Reinhart und Reinecke keine Spur steht, im altfranzösischen Gedicht vorkommt, und daß eine eigene Fabel des letztern nirgends anders mehr zu finden ist, als in — dem sanskritischen Hitopadesa? Ein glänzender Be- weis des hohen Alters und der Wichtigkeit verachteter Volkstraditionen. — Vornämlich lieb wären mir auch alle Spuren, die auf die richtige Etymologie der fabelhaften

---

1) Gemeint ist S. Ferrich Fabulae ab illyricis adagiis desumtae. Rag. 1794.

2) the Bruce published from a MS. dated 1489 by Pinkerton, Lon-don 1790.

3) Bertoldo con Bertoldino e Cacasenno in Ottava rima, Venez. 1739. vgl. Kl. Schriften 6, 8.

3*

Thiernamen führen; Eccards bekannte Hypothese ist nur in sehr wenigem wahr. Der Vf. des altdeutschen Gedichts, das ich durch Glöckle aus der Vaticana erhalten, heißt Heinrich der Glicheser, worüber ein andermal meine Vermuthung. Bemerken Sie Hagens Schändlichkeit, der absichtlich in seinem Grundriß S. 422 meiner an mehreren Orten öffentlich angekündigten Ausgabe des Gedichts nicht gedenkt, um es vielleicht noch an sich reißen zu können und dann Ignoranz vorzuschützen. So häufig ich in diesem Grundriß citirt werde, so ist es fast immer da geschehen, wo ich etwas unbedeutendes ausgeführt, nie aber, wo ich etwas besonders Neues gesagt habe. z. B. S. 208 die Bemerkung über die Strophenzahl im Morolf; daselbst sind die ähnlichen Töne vom Lindenschmied, S. Ladislas, S. Jacob ꝛc. stillschweigend aus meinem Buche über den Meistergesang p. 179 entlehnt. über das Buch selbst vermeidet er absichtlich ein Urtheil zu fällen, vermuthlich um einmal mit in der ganzen Zeit zusammen gelesenen Einzelheiten hervorzutreten; ich laße vielleicht bald einen zweiten Theil folgen, worin ich manches berichtigen und deutlicher machen kann. Die scaldischen Studlar z. B. sind mir jetzt gewiß unsere Stollen; ein trefflicher Beweis für das hohe Alter der letztern Terminologie und so vieles. Glauben Sie nicht, daß ich etwas gegen Hagen hätte, und ihm Unrecht thun wollte, ich schätze seinen Fleiß und Verstand, haße aber sein hochmüthiges, unaufrichtiges Wesen; obiges möchte ich selbst kaum glauben, wo ich nicht ein Paar starke Beweise von der größten Illiberalität, versteckt unter liberalem Schein, erhalten hätte, die ich billig verschweige.

Sein Grundriß ist ausnehmend brauchbar und sorgfältig, den Plan aber würde ich niemals so gefaßt haben, die Ausschließung der Prosa ist durchaus falsch und unstatthaft. Ich wollte gleich fünf oder sechs Bogen Zusätze liefern, mag diese aber am wenigsten in einer Recension von mir geben. Daß er das Heldenbuch (den Wolfdietrich und Otnit) dem Wolfram beilegt, ist einfältig und höchst inconsequent, da er ihm den trojanischen Krieg mit Recht abspricht, worin der Name viel mehrmals steht. Daß ihm offenbare Conjecturen, wie S. 74 Heinrich der Vogelere [1] entgangen sind, wundert einen ordentlich. Der Erendelle [2] pag. 2 ist nicht verloren, sondern existirt sogar gedruckt, wie ich in einem zum Abdruck paraten Aufsatz gezeigt habe. Intereßant waren mir eigens die Auszüge aus Lo-

---

1) Dietrichs Flucht 8000.   2) = Orendel.

hengrin, werden aber durch Görres Ausgabe bald unnöthig
werden. Der unfleißigste Abschnitt ist der über die Minnelieder, und die Auszüge aus dem weingartener und den vatic. Codd. sind mit mir unbegreiflicher Sorglosigkeit unserer
gedruckten Sammlung verglichen worden. S. 480 der Graf
Venis (Fänis) ist wahrscheinlich Rudolf von Neuenburg, das
Lied gewan ich ze minnen ꝛc. steht Maneße p. 8. 9. 10.
Und nun gar die sogenannten neuen Strophen aus den vatic.
könnte ich meistentheils nachweisen. Nur den Anfang, denn
Sie werden das selbst noch eher als ich gemerkt haben.
p. 486. n. 27 ich minne si nu (sic legend.) Walter v. Vo-
          gelw. S. 116.
     56. 57. 58 stehen bei Rugge S. 100.
     65 ich sach si ꝛc. bei Reimar d. a. S. 66.
S. 487. no 7. bei demselben S. 79. no 8. S. 71. no 9. 10.
     S. 77 (mit beßern Lesarten).
   n. 18 ich freude helfeloser man. Walter 119. 120.
   24. ich lebte je ꝛc. Walter p. 135 und Reinmar p. 62.
   26. ist daß ꝛc. Walter p. 135.
   46. vil suze Walter p. 125.
   82. her keiser idem p. 135.
  126. hute gebe Rud. v. Rot. p. 33. 34
  127—129. ibid.
  144. werder ꝛc. Rubin S. 169. so auch 145. 146.
und so geht es weiter durch die ganzen Auszüge hindurch.

    Für das in der Recension des dritten Hefts des Mu-
seums [1]) erhaltene Lob bin ich um so mehr Dank schuldig,
als ich weiß, daß Sie mich eben so freimüthig tadeln würden, wo ich es verdiene, im einzelnen läßt sich an meinen
Aufsätzen manches zu und aussetzen, sie waren auch ganz
schnell in einem oder zwei Tagen geschrieben. — Eren-
botens und Moglins langer Ton sind freilich nur einer, in
den M. G. B. kommt er häufig unter der Rubrik: Gesang-
weis des Römers von Zwickau vor; dies ist nun wohl ganz
gewiß Reinmar von Zwetel. Büschings Abhandlung über
die Edelsteine hätte ich hart mitgenommen. Der Joseph
ist gewiß kein deutscher Dichter, sondern ein alter lateinisch
schreibender Autor. Hagens herbeigezogene Conjectur, daß
Elegast der — Zwerg Alberich, ist durchaus ungiltig.
Hundeshagens gelnhauser Pallast ist, Fiorillo mag loben
wie er will, ein sich aufblasender Frosch, Büschings Bemerkungen hinten über die gothische Baukunst das schlechteste was er je geschrieben und das will etwas sagen.

---

1) Götting. Gel. Anz. 1811, S. 1891.

Sie sehen, daß ich doch einen langen Brief geschrieben habe, erfreuen Sie mich aber auch einmal durch einen langen. Mein Bruder empfiehlt sich.

stets

Ihr

Grimm. |

Beilage.
ich bitte doch gelegentlich (und dauert es zu lang, durch Dieterichs Beischluß) um Bartholdis Reise nach Griechenland. Th. 2, wegen einer darin stehenden neugriechischen Romanze [1])
　　　um Prunelle [2])
　　　um Schlötzers Nestor, den ich einmal lesen muß. vermuthlich ist er in zwei Handexemplaren zu Göttingen, daß Sie ihn ohne Gefahr verleihen können. Der hiesigen Bibl. fehlt er!
Lieb wäre mir, wenn Sie die unlängst erhaltene Lady of the Lake von W. Scott bald remittiren wollten, der Cabinetssecr. hat mich ein Paarmal darum gebeten. Legen Sie mir auch die Noten zum Wartburger Krieg aus dem MS. jenens. die ich Ihnen zugesandt, um mit Forkel [3]) einmal zu conferiren, gefällig wieder bei.
　　Nicht zu vergeßen, daß uns die rühmliche Erwähnung unserer Edda in der Recension von Müllers Asalehre gefreut hat [4]); mein Bruder hat in einer Anzeige in den heidelberger Jahrbüchern [5]) einige Sätze des letzten Buchs bestritten; haben Sie das wohl gelesen? Was den Namen betrifft, so trete ich jetzo Kanne's treffender Auskunft bei, welcher in Edda und Veda ein Wort findet. Die Sachen und Sprachen liegen weit aus einander, steigen aber so hoch in das Alterthum hinauf, daß man die Conjectur vernünftig wagen und wahrscheinlicher als alles andere finden kann.

Dieses raptim.

Roquefort möchte den Perceval des Chretien de Troyes auf Subscription drucken lassen, (3 Octavbände) könnten Sie wohl zwanzig Unterzeichnungen zusammen bringen? Wie intereßant wäre uns die Vergleichung mit Wolfram (der einer andern Quelle folgt.)

---

1) Vgl. Bf. 3 u. Anm.　　　　　　　2) S. Bf. 12.
3) J. N. Forkel, akademischer Musikdirektor in Göttingen, † 20. März 1818.
4) Götting. Gel. Anz. 1811, S. 1777.
5) Kl. Schriften 2, S. 14 fg.

15.

Caßel 30. März 1812.

Auser diesen wenigen Zeilen hat Villers, der Morgen früh schon wieder weg will, die Gefälligkeit Ihnen den fünften Band der notices et extr. so wie Dobrowsky's Slavin zurückzubringen. Letzteren haben Sie vermuthlich in der Eile für desselben Verf. Geschichte der böhm. Spr. u. Lit. Prag 1792. 8 (auch gedr. in den Abh. der böhm. Gesellsch. I. 311.) ergriffen, warum ich glaube gebeten zu haben. Den einzelnen Abdruck dieses Buchs hatte ich mir längst vergebens bestellt, höre aber, daß er sich vergriffen haben soll; den Slavin besitze ich durch einen Zufall selber.

Die bevorstehende Abreise des Königs in den Krieg wird mir endlich Zeit gewähren, eine kleine Reise nach Göttingen zu machen, d. h. zu Ihnen und der Bibliothek. Das benimmt Ihrem schönen Vorschlag zu einer recreatio mundana oder mundensis, um im Wortspiel zu bleiben [1]), nicht das mindeste, und wir können ihn mündlich noch beßer und feierlicher verabreden.

Auch ich habe vorige Woche ein Schreiben Hagens — ich denke durch Beischluß an Sie, weil es nur 20 cent. Porto kostete, erhalten, worin ähnliche saubere Lügen von verlorenen Briefen u. dgl. stehen. Diese sind freilich eher zu verschmerzen, als das Ex. der Kämpadater, warum er Sie auf ähnl. sinnreiche Art wie früher um die Kämpeviser gebracht hat. Wenn jene in Copenhagen zu haben wären, hätte er sie längst gehabt, Nierup und Hammerstein haben sich vergeblich darum bemüht; Sie werden also lange warten müßen, wenn es ihm irgend Ernst damit seyn sollte. Zum Glück haben wir damals complette Abschrift, aber blos des isländischen Textes, genommen und es liegt uns jetzt blos daran hin und wieder die lateinische Version nachzusehen, | auch einen Theil der Handschrift, wozu wir einen Copisten gebraucht, stellenweise zu corrigiren. Wenn er alles das gewußt hätte, so wäre es ihm hoffentlich nicht wichtig genug gewesen, um zu solchen Mitteln zu schreiten, denn daß er uns blos zu schaden denkt, geht offenbar hervor, weil er zu seinem eigenen Gebrauch das Buch in der langen Zeit, drei, viermal hätte abschreiben können. Seine Collision ist

---

1) Das Wortspiel bezieht sich wahrscheinlich auf eine Zusammenkunft in Münden.

uns unangenehm; indem er nur einen Theil dieser eddaischen Lieder gibt, kann er uns zuvorkommen, aber die Erscheinung unserer Ausgabe soll nicht gehemmt werden. Die Art, wie er uns sein Vorhaben bis zum letzten Augenblick verschwiegen hat, ist in seinem Benehmen noch nicht das stärkste, er hat uns nicht blos die Mittheilung seiner Handschrift, die ihm nur unter dieser Bedingung zugekommen war, lange vorenthalten, sondern endlich, als er ein kleines Stück daraus lieferte, dieses verfälscht, wie ich beweisen kann. Zum Glück hatten wir mittlerweile durch Hammerstein eine andere vollständige Copie erlangt.

Jetzt fordert er zu Beiträgen und Theilnahme am Museum auf, wozu wir, wie Sie denken, gar keine Lust haben. Es ist recht widerwärtig, daß gerade jetzt der Buchhandel so muthlos betrieben wird, denn es käme darauf an ihm eine ähnliche Zeitschrift, wozu die Materialien schon fertig liegen und wobei Sie, Görres ꝛc. uns sicher unterstützen würden, entgegen zu stellen. Nicht der Sache, sondern seinem | anmaßenden Wesen, alles an sich zu reißen und die Arbeiten anderer in diesem Fach, so bald sie über Büschings Kreis hinausgehen, zu unterdrücken. Ich hatte schon einmal Dieterich darum geschrieben und gar kein Honorar verlangt, allein er zeigte wenig Lust. Von Docen ist im December eine Recension meines Buchs über den Meistergesang in der oberdeutschen L.Z. erschienen, womit ich zufrieden bin; ich selbst gehe mit einem zweiten Theil um. von Hagens Grundriß muß nächstens meine Anzeige in den Heidelberger Jahrbüchern gedruckt werden[1]); ich bin zufällig mit einigen anderen Recensionen in die hallische und leipz. Lit.Z. gerathen, in ersterer num. 31—34 d. J. habe ich Rasks isländische Grammatik, in letzterer 62. 63. 64. das Buch der Liebe angezeigt, beide etwas weitläufig[2]); kommen Ihnen die Blätter vor Augen, so bitte ich um Ihre Meinung dazu, Druckfehler, woran kein Mangel, müßen Sie mir nicht zurechnen.

Wir grüßen Sie beide herzlich, ich bin ganz der Ihrige
Jacob Grimm.

Haben Sie schon Ferd. Weckherlin Beiträge zur altd. Lit. Stuttgart 1811. 8?

---

1) Kl. Schr. 6, 74.　　　　2) das. 4, 65. 7, 515. 6, 84.

16.

Theuerster Freund

was werden Sie in aller Welt gedacht haben, daß Sie seit Juli, wo ich Sie verließ keinen Brief von mir erhalten, der Ihnen bald zu schreiben versprochen hatte und der sich für die damals bei Ihnen genoßene Freundschaft auch noch schriftlich wenigstens zu bedanken schuldig war? Die Ursache und Entschuldigung zugleich finden Sie in der Beilage, wir haben uns die Freiheit genommen Ihnen eine kleine Abhandlung[1]) zu dediciren, wobei Sie von der guten Meinung das beste halten und die Sie darum freundlich aufnehmen mögen. Jm Juli schon war sie ausgearbeitet und der Drucker versprach in drei Wochen damit fertig zu seyn, wenn ich Ihnen aber nun sage, daß er uns von einer Woche zur andern hingehalten hat, daß er erst in dieser zu Ende gekommen ist, so sehen Sie auf einmal, welchen Verdruß mir der Aufschub, zumeist, weil ich in Ihrer Schuld blieb, gemacht hat, da ich mir einmal vorgesetzt hatte, Ihnen nicht eher zu schreiben. Darauf beziehen Sie nun auch einige Worte meines letzten Briefchens. |

Weil ich Ihnen so vielerlei zu schreiben habe, und doch das Paquet keinen Posttag länger warten laßen mag, so betrachten Sie diesen Brief nicht wie einen ordentlichen, sondern wie einen blosen Vorläufer. Ich bin seit einiger Zeit so mit Correspondenz und Arbeit überhäuft, daß ich kaum Rath weiß, die Edda drängt und treibt, einen Band Kindermärchen (aus treuer mündl. Tradition) haben wir in den zwei letzten Monaten ins Reine gebracht; sie erscheinen noch in diesem Monat, (Berlin Realschulb.) von Paris ist ein MS. des nouveau renard von Jaquem. Gielée angelangt und baldig abzuschreiben, aus Holland habe ich manche intereßante Mittheilung und eine Kiste voll englischer Bücher langt dieser Tage an. Doch steht es um alle eigentliche Arbeiten gut und zu unserer Zufriedenheit, durch seine Edda hat uns Hagen wenig, sich vermuthlich viel geschadet. Sind die Kämpadater denn noch immer nicht von ihm zurück oder worauf laßen Sie es nun beruhen? |

Da endlich Treuttel und Würz so viele befriedigt haben,

---

1) Die Ausgabe des Liedes von Hildebrand und Hadubrand und des Wessobrunner Gebetes. Cassel 1812.

so zweifle ich nicht, daß Sie für Ihre Bibl. eine noch beträchtlichere Sendung merkwürdiger englischer Schriften erwarten und unterwegs haben. Wir haben für 2300 fr. gekauft, worunter leider aber nicht der viel bestellte Tristram des Ercildoune, sonst ist vieles für mich darunter, darauf ich mich sehr freue; da Sie doch begierig seyn werden, lege ich Ihnen hier (seyn Sie aber so gut, sie Ihrem nächsten Brief wieder einzulegen, weil ich sie brauche) unsere Rechnung bei, mit der Bitte, mir auch die Ihrige zu communiciren, Herr Bruguiere wünschte auch zu wißen, was Sie sonderlich an R e i s e n bekommen; wollen Sie aber vorerst es blos mir sagen, so kann ich schweigen, damit Ihnen nichts zu früh abgelehnt wird. Mir werden Sie schon einiges besonder intereßantes leihen, so wie Ihnen auch aus unserer Sammlung zu Diensten steht.

Einen Wunsch könnten Sie uns erfüllen, wenn Sie unsere Abhandlung r e c h t b a l d, wenn auch kürzlich, anzeizeigen wollten [1]), loben dürfen Sie doch diesmal nicht, was Ihnen daran gefallen könnte, und zu viel tadeln werden Sie öffentlich nicht wollen, aber unter uns erlaßen Sie uns das ja nicht, und wenden Sie einmal einige | Sonntags Nachmittagsstunden an, uns Ihre aufrichtige und gründliche Meinung zu schreiben. Die Druckfehler beßern Sie doch vor dem Lesen, die hiesige Setzerei war gar zu unbehilflich und mit aller Sorge vermochten wir nicht durchaus zu reinigen. Zusätze wachsen in dergleichen Materien immer nach, je länger man daran bleibt und wir mochten doch nicht alles zulaßen oder es war zu spät dazu geworden. Was die Arbeit verdienstliches hat, möchte am ersten erscheinen, wenn man Eccards und Reinwalds Texte und des erstern historischen Commentar dazu vergleicht. Mein Bruder und ich empfehlen uns Ihnen und den Ihrigen aufs freundschaftlichste, ich bin von Herzen

der Ihrige
Grimm.

An Villers und Sieveking [2]) hunderttausend Grüße und die beil. Exemplare, wie auch eins an Tychsen [3]).

Nur eine Bitte. haben Sie oder haben Sie nicht: Hal-

---

1) S. Götting. Gel. Anzeigen 1813, S. 81.
2) Karl Sieveking geb. zu Hamburg 1787, war im Winter 18¹²/₁₃ Privatdocent in Göttingen.
3) Th. Chr. Tychsen, geb. in Horsbyll in Schleswig, seit 1784 a. o. Professor der Theologie, 1788 ord. Professor in der philosophischen Fakultät, † 1834.

lagrens norske Ordsamling ¹) Kjöbenhavn 1802. weil ich
gerade Gelegenheit habe, es im letzten Fall dorther zu verschreiben; im ersten bitte ich sehr darum.
Tiecks Ulrich von Lichtenstein werden Sie längst gelesen
haben. So lange bis Docen das Original druckt (schwerlich
so bald) immer ein angenehmes Geschenk. Doch auch davon
nächstens ²).

17.

Caßel 28. Nov. 1812.

Werthester Freund

es hat uns gefreut, daß Sie vorläufig mit der Ansicht und
Einrichtung unserer Abhandlung zufrieden gewesen sind,
noch mehr freuen wir uns auf Ihr genaueres Urtheil, was
davon nicht in die Recension gehen will, geht nach und
nach in Briefe, denn ich vergeße nie, wie sparsam Ihnen
die Zeit zugemeßen ist. Bei einer wiederholten Durchsicht
habe ich noch Druckfehler oder Auslassungen entdeckt, die
nicht angezeigt sind, und vielleicht schickt es sich, daß Sie
wenigstens folgende in unserm Namen vor dem Publicum
nachtragen können ³).
S. 3. Z. 4 muß s u n u st. Sunu stehen
S. 20. Z. 1 ist zu dem Wort h r u s t i m folgende ganz nah
liegende Conjectur nachzuholen: sollte nicht dieses
Wort mit unserm Comp. e n t r ü s t e n, schwed. rusta
toben, schreien, a. s. rustlan, ruxlan, engl. rustle,
roist, holl. russelen (verwandt unser: rauschen, brausen ꝛc.) zusammenhängen? isl. heißt r e i s t, r a u s t
die Stimme. der gewonnene Sinn würde treffend
seyn: „wohl sehe ich aus deinem Toben, Brausen,
aus deiner Entrüstung". treffender noch als bei dem

---

1) = Hallager norsk O. Vgl. Brf. 21.
2) Vor den Nachschriften dieses Briefes findet sich noch:
Ich unterschreibe das voranstehende und schreibe noch selber die
Bitte hinzu, dieses Buch als ein Zeichen aufrichtiger Freundschaft
anzusehen, mein Bruder hat das Glück gehabt Ihre nähere Bekanntschaft zu genießen, achten Sie darum meine Gesinnung nicht geringer,
ich hoffe künftiges Jahr noch nachholen zu können, was mir in diesem
versagt war.
                                                        W. Grimm
3) Vgl. auch a. Wälder 1, 324. 2, 97 fg.

S. 41 vorgeschlagenen s i t i m. Die einzige Einwendung dagegen bliebe blos das Z. 49 des Gedichts vorkommende, doch wohl sicher für armatura stehende brusti.

S. 28. Z. 6 ist nothwendig zu lesen: ganz anders, aber s c h w e r l i c h viel jünger. Z. 7 v. u. ist das Wörtchen z u zu streichen.

S. 80. col. 2. Z. 6 der Punct hinter tiuflun zu streichen. Die vierte Zeile des weßobr. Fr. beßer so herzustellen:

noh sunna ni scein ni sterro nohheinig

und von Z. 11 an bis ans Ende wird vielleicht beßer so abgetheilt:

enti du | mannun so ! manac
| coot for gipi, for gip mir
in dino | ganada rehta | galaupa
enti cotan | willeon, | wistom enti spahida
(| tugida) enti craft | tiuflun (vielleicht sollte hier noch
ein Adject. folgen)
za | widarstantanne enti arc za pi wisanne
enti dinan | willeon za chi worchanne.

doch brauchen Sie von dieser zu weitläufigen Proposition lieber keine Notiz zu nehmen, zudem ich sie schon Grätern mitgetheilt, der etwa in seiner Idunna Platz dafür hat. Übrigens hätte im Abschnitt von der Alliteration die auffallende auf ganada und galaupa ruhende ausdrücklich entschuldigt werden sollen, da sonst auf Vorsilben, wie ge- ga- keine ruhen darf, man bedenke aber das spätere oder vielmehr schon frühe Zusammenwachsen dieses Ge- mit den Wurzeln nade und laube (Glaube, Gnade). |

S. 82 lin. ult. lies o c uphimin, statt or wie natürlich.

Hatten Sie denn bei Treuttel keine Bestellungen gemacht? ich dachte doch, und vielleicht folgt es nach, über dem Tristram waltet ein eignes Unglück, ich hatte ihn unter allen Artikeln als den ausgezeichnet, woran mir am meisten gelegen war, und ein Buch das mehrmals aufgelegt ist und wie die erhaltene minstrelsy einen Theil von Scotts Werken macht, müßte sicher leicht zu finden seyn. Daß fürchte ich, daß man es, gleich einigen andern Bestellungen in Paris (wo die Censurbehörde die Bücher lang gehabt) vorweg genommen hat. Ich schreibe eben darum dahin. Da Sie auf den Douce ¹) am begierigsten sind, so weiß ich nichts beßeres, als ihn Ihnen beikommend zu senden, von Ihrem eigenen Studium des Shakesp. abgesehen behält für uns Altdeutsche

1) Illustrations of Shakespeare. London 1807.

der Anhang über die Gesta Rom. den meisten Werth; im
andern scheint mir manches herbeigezogen, auch sehe ich,
daß man die übrigen Editionen des Sh. dabei haben muß;
behalten Sie das Buch so lang Sie wollen, ich kann es später einmal auslesen. Ritsons bibliogr. poetica kann ich Ihrer
Univ. bibl. für den Einkaufspreis ablaßen, wofern sie mag,
da ich es schon früher einmal gekauft. Übrigens war mir
für unser Fach Webers metrical rom. das willkommenste, das
Buch kann geradezu für eine Fortsetzung der ritsonschen
Sammlung gelten und enthält (den King Horn dieser abgerechnet) etwa Stücke von gleichem Werth: Alexander d.
Gr. Clyges, Richard Löwenherz, Ipomidon, Amadas, Amis
und Amilion, Octavian, u. n. a. besonders aber die sieben
Weisen, (in Versen) welche mit dem altdeutschen Gedicht,
das ja Büsching längst wollte drucken laßen, intereßant zu
vergleichen seyn müßen. Im ganzen hat doch diese altenglische Kunstpoesie bei weitem nichts so treffliches wie
unsere altdeutsche und die altfranzösische ist wenigstens
viel reicher. Die meisten dieser Sachen hatte Ellis in
Eschenburgs Manier (mit langen untermischten Stellen)
schon ausgezogen, jetzo muß ihnen wenig mehr zu drucken
übrig seyn und wie elegant und kostbar ist alles gedruckt!
Hierin übertrifft die Webersche noch die Ritsonsche Sammlung, der sie sonst auch in Noten, Einleitung und Glossar
ähnlich ist, doch kann Weber nicht lassen einige defecte
Stellen ex propriis zu ergänzen, was Ritson nimmer gethan
hätte, von dessen atrabilious [1]), furious and obstreperous
abhorrence of forgery of every kind eben Jamieson tadelnd
spricht; (Ritson muß vor 1806 gestorben seyn) ich bin, wie
Sie wißen, in diesem Punct völlig Ritsons Meinung und
billige seinen Unwillen gegen Percy, wiewohl nicht seine
Bitterkeit. Erfreulich war es mir Webers größere Bekanntschaft mit der altdeutschen Poesie zu sehen, er citirt, wie
ich sehe (denn ich habe nur herumgeblättert,) Nibelungen,
Heldenbuch, Müllersche und sogar Hagensche Sammlung. |
    Von Scotts Minstrelsy habe ich nun die 4. edition in 3
starken Octavbänden, wiewohl seit der zweiten das Werk
nicht bedeutend verändert worden seyn mag, doppelt unrecht, daß es in der Anordnung der Lieder immer herum
geworfen wird. Wie schnell v i e r Auflagen, und vom (wohl-
feilern) Percy in der ganzen Zeit nicht mehr! Ein Beweis
für die Vorzüglichkeit der scottischen Sammlung, die doch
weniger Lieder enthält. Nimmt man die Varianten und

---

1) = atrabilarious.

weiteren Quellen dazu, welche Jamieson liefert, so bleibt auch kein Zweifel, daß beide zusammen den Percy an Treue der Aufzeichnung und Einfachheit der Lieder übertreffen, das viele und herrliche, was letzterer häufig unterdrückte und das eigne Machwerk, das er unterschob, treten klar hervor, so daß er in diesem Betracht keine geringere Vorwürfe verdient, als bei uns dem Wunderhorn gemacht worden sind; bei allem dem mögen selbst Jamieson und Scott nicht frei von dergl. seyn, wiewohl sie, wenigstens bedeutendere, Zusätze in Clammern schließen. An Authenticität stehen mir also die dänischen Kämpeviser oben an. Finlays romantic ballads sind unbedeutend und ich wünschte sie nicht gekauft zu haben, weil sie lauter Bekanntes mit unbedeutenden Lesarten anders geben.

Was Sie mit Ihrer Frage: ob ich einen einzelnen Abdruck von Tieks Lichtenstein habe? recht meinen, verstehe ich nicht ganz; auf den Fall Sie das intereßante Buch noch nicht bekommen haben, lege ich Ihnen hier mein Exemplar zur Ansicht bei, da ich mir denken kann, daß Sie darauf begierig sind. Wenn Tiek, wie es mir scheint, an einigen Orten treuer gearbeitet, an andern durch Erläuterungen mehr für das allgemeine Verständnis gesorgt hätte, so würde die Auflösung der Reime in Prosa zur Eigenschaft eines unsere Zeit ergötzenden Lesebuchs vortheilhaft mitwirken. Wir andern können freilich auch das Original nicht entbehren, das Docen wohl aus gewißem Respect vor Tiek zurückbehalten hat oder noch halten wird. Er schreibt mir zwar, es solle nach Ostern erscheinen, und klagt gleichfalls, daß Tiek so wenig dabei gethan habe. Von dem leeren und galanten Wesen der minnesingenden Ritter bekommen wir ein anschauliches Bild darin, auf den frischen, lieblichen, reitzenden Eingang des Ganzen folgt hernach nichts rechtes, was ihm entspräche, und das erste Drittel erhebt sich weit übers Ganze; merkwürdig, wie wenig die Lieder aus dem besondern Verhältnis hervorgehen und meistens in lyrischer Allgemeinheit schwimmen; ich gestehe daher, daß Lichtensteins zum Theil so schöne Lieder durch den Commentar nicht klärer werden, sondern nur eher verlieren. Der Commentar | gibt aber intereßante Aufschlüße über das Ritterwesen, Turniren, Tyostiren, Buhurdiren und andere Sitten, sonderlich über das Dichten, Abfodern und Senden der Lieder, an die Provenzalen wird man oft erinnert und ich hätte wohl in meinem Buch über den Meistergesang eine lebendigere Verbindung beider Nationen einräumen sollen. In Betracht des offenen Blickes, den wir nun in das äusere

Wesen der Minnesängerzeit werfen können, ist Ulrichs Frauendienst sehr wichtig, ja unschätzbar für unsere altdeutsche Literatur; das Nähere werden Sie beim Durchlesen selber finden. Was Docen eigentlich jetzt vorhat, hat er mir, wie gewöhnlich, in einem neulichen Brief nicht recht geschrieben, doch sehe ich, daß er Handwörterbuch und Grammatik nicht vergißt, auch das alte (Berliner) Museum noch bis zum Schluß des zweiten Bandes zu bringen denkt. Aretins Beiträge hat er vervollständigt und geschloßen, man könne diese Aufsätze als einen dritten Band seiner Miscellaneen betrachten. (Haben Sie schon die Stücke erhalten? ich noch nicht.) Auserdem läßt er an einer Critik, ich verstehe nicht recht, meiner Abhandlung über M. G. oder der hagenschen Sammlung, oder beider und a. erschienener Schriften zugleich drucken.

Hinsbergs Bearbeitung der Nibelungen ist kürzlich zu München heraus, und hätte wahrlich den Druck nicht verdient, wie ich dreist, ohne sie gesehn zu haben, behaupte. Die Quellen stehen dergleichen Anstalten nach und das Publicum wird nicht zu einer ernsthaften Ansicht dieses Studiums gebracht, sondern ewig verweichlicht und 2.) verschieden gestimmt; weil natürlich Bearbeitungen keinen allgemeinen Maasstab anerkennen. Dies ist ein doppelter Schaden; neulich hat mir ein Herr Carové aus Frankreich drei trierische Mss. unter der Bedingung geschickt, sie herauszugeben, sie verdienten auch wohl den Druck und die Mühe, ich verzweifele aber einen Verleger zu finden. Es sind allegorische Gedichte aus dem 14. Jahrh. — ein plattdeutsches Drama von Theophilus aus dem 15. (verschieden vom Gedicht bei Bruns) und ein Aufsatz über Baumblätter in Prosa, der mich darunter am meisten intereßirt.

Gräters Odina ist nun erschienen; dieser ist einer der eitelsten Schriftsteller unter der Sonne, der alles auskramt, was er gedacht oder gar schon gedruckt hat, ohne sich darum zu kümmern, ob es noch neu sey oder nicht. Sein langes Sammlen hat ihm wohl endlich manches | zuwege gebracht, aber eine gründliche Kenntnis oder frische Meinung in irgend einem Punct habe ich noch nie bei ihm erblickt und was kann das eigentlich heißen sollen, daß er Wieland oder Herdern ein vor 20 Jahren gegebenes Wort über altdeutsche und nordische Literatur lösen will, und ewig davon redet, da diese selbst nichts rechtes von der Sache wußten. Er hatte zu unserer Ausgabe der Edda in seiner Idunna ein ungerechtes und unbedeutendes Votum abgegeben, wor-

auf wir ihm kurz und gut eine Antwort zusandten, die seine
Blößen aufdeckte; er that anfangs, als wollte er sie abdrucken, hat aber nachher so gezögert und gezögert, daß
wir sie wieder zurückgefodert und ihm freigestellt haben,
sein Unrecht auf andere Art, wobei er beßer zurechtkommen
könnte, wieder gut zu machen.

Sein Reynaert Vos ist so viel ich vorläufig sehe, weder
correct noch an den schwierigen Stellen erklärt, dazu ein
bloses Fragment, deßen Ergänzung ich zum Theil schon aus
Holland durch van Wyn erhalten habe (die Holländer sind
mir bisher in allen Mittheilungen äuserst liberal und gefällig gewesen, Bilderdyk und Tydeman (aus Leiden) schreiben mir bogenlang). Auserdem und dem altdeutschen (vatican) haben wir 3 pariser Handschriften des alten rom. du
renard abgeschrieben und jetzt eine des neuen von Gielée
eben angefangen, so daß unsere Arbeit schon an Materialien
etwas ziemlich vollständiges und bedeutendes liefern muß;
der Commentar, d. h. die historische Untersuchung über den
Reinhart Fuchs, · wird, wenn ich für die Quellen (d. h. Abdruck der deutschen und theilweisen und Auszug der französischen) zwei Bände rechne, den dritten ausmachen, ein
vierter soll dem Plane nach mit einer Abhandlung über
Thierfabel und Thiernamen schließen; doch steht diese Herausgabe noch nicht nah, sondern billig auch der Edda
nach. — für unseren Überfluß an beiläufigen Nebenar-
beiten denken wir endlich ein schon lang (wie Sie wißen)
im Sinn gehabtes Journal, unter dem Titel altdeutsche
Wälder anzufangen, auf Neujahr soll sogar das erste Heft
und dann monatlich eins erscheinen; zuerst auf unsere eigene Kosten und, um den Versuch zu machen, dünne Hefte
zu 8 gr.; 6 Hefte zu einem Band. Wenn die ersten Hefte
Ihren Beifall haben, erfreuen Sie uns wohl einmal für die
folgenden mit werthen Beiträgen.

Noch bin ich Ihnen schuldig, über ein paar schwere
Wörter der Minnesingerzeit zu schreiben, wozu Sie mir
vorigen Sommer Ihre Beispielsammlung mitgetheilt hatten. — — [1]).

Über bevilen ein nächstesmal, die Beispiele sind hier
so reichlich, wie die Bedeutung klar (mich bevilt einer Sache,
ärgert, verdrießt, eckelt) und die Abstammung zweifelhaft.
Ich laße nämlich diesen Brief ohne Douce und Lichtenstein
(wofür mir jemand künftige Woche eine Gelegenheit an-

----

1) Hier folgen lexikalische Bemerkungen mit Belegen zu enblan-
den, genenden und sich oder etwas an ein heil laßen.

bietet) abgehen und schreibe dabei vielleicht noch einmal, wenn ich Zeit dazu bekommen kann. Tausend Grüße von uns beiden.

J. G.

meine Empfehlung an Herrn Prof. Bunsen[1]) und ob Langer[2]), aus Wolfenbüttel puncto des holländischen Ms. nicht geantwortet habe?

17a.

Caßel Christtag Morgen.

eben bringt mir Sieveking das Blättchen von Ihnen, liebster Freund und ich antworte Ihnen durch einen andern Reisenden, Herrn Büreauchef Stein, meinen Freund den ich bestens empfehle und dem Sie wohl so gut sind auch in diesen Ferientagen die Bibliothek zu weisen. Den Douce können Sie nach Begehren behalten, das Wolfenb. Ms. war allerdings ein Maerlant und zwar deßen Bestiaris oder Natuurenbloome, die Numer ist mir nicht zur Hand, aber ich hatte sie damals Hr. Pr. Bunsen aufgeschrieben. Im Nov. der Leipz. L.Z. steht eine Recension des Rühs von mir, im Dec. die des alten Titurel[3]) (eb. diese war eher geschrieben, als ich von Schlegels Muthmaßung, daß Ofterdingen die Nibel. gedichtet haben sollte, das Mindeste wußte[4]), so daß ich mir in meinem Gefühl auch die Ehre dieser mir übrigens unwahrscheinlichen Entdeckung beilegen könnte; Hagen hat sich, nachdem er Schlegels Aufsatz gelesen wunderlich genug angestellt, um auch seinerseits früher auf die Sprünge gerathen zu seyn). Gegen Rühs erscheinen auch in Dänemark zwei heftige Schriften von

---

1) Chrn. Bunsen, Vater des bekannten Chemikers, seit 1797 an der Universitäts-Bibliothek angestellt, seit 1805 Professor, † 1837.

2) Bibliothekar in Wolfenbüttel, † 1820.

8) Ausgabe der Edda von Rühs, Docen's erstes Sendschreiben über den Titurel; Leipz. L.Z. 1812. Vgl. Kl. Schriften 6, 106 und 116 fg.

4) In der Recension über den Titurel sagt Grimm S. 2404: „Solche unschuldige, fast plumpe Einschiebungen von Wolframs Namen stehen in Wolfdieterich, den eine gesunde Kritik diesem Meister eben so wenig zusprechen wird, wie etwa die Nibelungen dem oestreichisch gesinnten Ofterdingen".

4

Rask und Müller, (der über die Asalehre schrieb) so daß
an dem unglücklichen Buch wenig | gutes gelaßen werden
wird. Nur müßen Sie mir nicht die Recensionen von Grä-
ters Idunna zumuthen, die in der Leipz. L.Z. hin und wieder
stehen und die von Büsching sind.

Leben Sie bestens wohl, empfehlen Sie mich Ihrer
werthen Familie und seyn Sie von uns beiden gegrüßt
J. Grimm.

18.

Mittwochen 6. Jan. 13.

ich wollte Sie mit diesen Paar Zeilen bitten, dem Herrn
Stein für mich Ihres schwedisches Provinziallexicon (einen
kleinen Band) mitzugeben, weil ich daraus verschiedenes für
das isländische brauche.

Sie haben wahrscheinlich noch keine Zeit gehabt an
eine Recension des Lieds v. Hildebr. zu kommen. So oft
ich es aufschlage, ärgere ich mich über nicht verbesserte
Druckfehler. S. 24 Z. 12 v. u. setzen Sie doch litho-str o tos.
S. 49 Vers 1. Z. 3 fern pern. S. 53. Z. 7 des las statt
das. Auch in der Ausführung sind manche Lücken, sonders
im 7ten Abschnitt, wo z. B. nothwendig noch bemerkt hätte
werden müßen, daß 7 Infinitive auf an ausgehen (infahan,
skritan, werpan, waltan, hauwan, werdan, giwinnan) vier
auf en: (fragen, seggen, hrumen, sitten); einer auf on
(breton).

Seyn Sie bestens gegrüßt.
J. Gr.

ich mache den Brief wieder auf, da eben Herr Stein
ankommt, und mir den Maerlant bringt (wofür Dank).
vielleicht könnte Röwer obiges Buch seinem Paquet des
ersten Hefts unserer altd. Wälder noch beischließen, wenn
Sie so gut wären es ihm gleich zugeben zu laßen. Verzeihen Sie die Mühe — sonst mags auf andere Gelegenheit
warten.

19.

Caßel 16. Jan. 1813.

Besten Dank für Ihren Brief vom 10. so wie für die
Anzeige unserer Abhandlung von Hildebrand und Hadubrand (es sollte Hadebrand, oder auch Hildibrand heißen,
wenn etwas daran läge) auch war uns die Erwähnung der
altdeutschen Wälder besonders lieb, weil sie zur Bekanntmachung und Empfehlung des gerade in der ungünstigsten
Zeit angefangenen Journals reichen wird.

Den Steinabdruck des alten Originals vermißen Sie mit
Recht, wir wollten ihn sogar gewiß liefern, da hier ein
Steindrucker ist, der nur gerade nach Baiern verreiste,
weil seine Mutter krank oder gestorben war; wir denken
etwa noch einmal die Platte mit Nachträgen und Verbeße-
rungen später zu liefern. Die vielen Druckfehler kommen
daher, weil ich so oft von der Correctur abgerufen wurde
und bei den vielen Arbeiten der Druckerei alles sehr schnell
hergehen mußte; auch war der Setzer ungeschickt und ließ
manches stehen, was in den beiden Correcturen dennoch gestrichen worden war. Ändern Sie doch noch S. 24 lithos-
tratos in litho-strotos, S. 49. fan pern in fern ¹). — D.
Sjöbrings Anmerkungen, die uns Sieveking mitgetheilt hatte,
haben mich wenig erbaut.

Durch Herrn von Constants Gefälligkeit erhalten Sie
beikommend Ritsons Bibl. poëtica (der Preis ist vornen von
Treuttel eingeschrieben, übereinstimmend mit der Ihnen
vordem mitgetheilten Factur; sollte Ihnen oder Herrn Reuß
das Buch zu theuer seyn, so senden Sie mir es zurück,
denn nicht ich, sondern die kön. Bibliothek trägt es) und
das erste Heft unserer altd. W. Es war vergeßen worden
Röwern zu sagen, daß er Ihnen jedesmal ein Heft zuschicke,
aber in Zukunft soll beßer dafür gesorgt werden; an dem
grünen Umschlag, der mir gerade abgeht, liegt Ihnen wohl
diesmal nichts, weil doch demnächst 6 Hefte in einen Band
gebunden werden müßen. Ich hoffe daß Ihnen die Sagen-
harmonie zu der Stelle im Parcifal ²) im ganzen genommen
einleuchtend und recht ist; fürchte dagegen, daß Sie im
einzelnen manches wegwünschen werden, z. B. die Etymolo-

---

1) Vgl. den vorigen Brief.
2) Commentar zu einer Stelle in Eschenbachs Parzifal; Altd. Wälder
1, 1—80.

gie S. 15. Zu meiner Entschuldigung führe ich das an,
wovon ich mich gleichwohl täglich mehr überzeuge. Es gibt
zweierlei Art zu etymologisiren, beide recht und nothwendig und beide haben eigenthümlichen Reitz, die eine will
ich die häusliche nennen, die sich im Kreis ihrer Sprache
hält und sich aus sich selbst ergründet, ja die nur durch
diese schöne Eingeschloßenheit eigentlich etwas gründliches
leistet. (z. B. wie eine recht specielle Botanik und Pflan-
zenanatomie). Die zweite dringt in die Ferne, Fremde und
sucht gleichsam Gott aus der weiten Welt zu erkennen,
denn seine Spuren sind unleugbar im Ganzen eben so da,
wie im kleinen, nur in andern Verhältnißen. (das Beispiel
wäre eine Anwendung und Vergleichung des Pflanzensy-
stems zu andern Zweigen der Physik). Das höchste in der
Sprachwißenschaft wird seyn: eine auf recht genaue, gründliche Provinzialgrammatiken gebaute allgemeine. Ich für
mein Theil gestehe, daß ich mich in meinem Sprachstudium,
wie überhaupt in allem meinem Lernen, mehr zu jenem
häuslichen hingezogen fühle, weil die Schritte dabei fester
und sicherer sind und das enge an und für sich zu demselben Resultat führen kann, wozu das weit ausgehende
sich zusammenschließt. Doch achte ich auch die andere Art
zu untersuchen hoch und fühle ihre Wahrheit; man kann
ihrer sogar bedürftig werden, weil sie uns stärkt und er-
hebt und zu jenem Weg durch das Detail kein menschliches
Leben ausreicht.

Nach dieser Ausschweifung, die Sie mir zu guthalten,
melde ich vorläufig, daß das zweite Heft, wovon schon ein
Bogen abgedruckt ist ein altdeutsches Gedicht aus einem
gothaischen (nicht dem besten) Codex liefert[1]. Der Erklärungen hätten, wie ich bei der Correctur, aber zu spät
einsah, recht gut einige mehr seyn sollen, überhaupt müßen
wir erst ins Herausgeben ein wenig hineinkommen (sonderlich auch wegen Einrichtung des Ms. zum Druck) und die
folgenden Hefte sollen in der Hinsicht schon beßer werden.
ärgerlich, daß zur Zeit wenigstens Röwer keine Diphthonge
hat, er verspricht sie schneiden zu laßen. Das Gedicht
selbst wird Ihnen nicht genug auf die reine | Mundart zu-
rückgeführt scheinen. Dies ist ein Punct, wo ich nicht ganz
Ihrer Meinung bin, wenn ich diese recht verstehe. In einzelnen Fällen gebe ich Ihnen vollkommen zu, daß man eine
Lesart für verdorben erklären und darum auswerfen und
die rechte wiederherstellen muß. Allein zur Regel läßt sich

---

1) Von zwein Kaufman; Altd. W. 1, 35 fg.

ein solches Verfahren nirgends erheben. Wer will mit
Sicherheit sagen, was dem schlechten Copisten zur Last
fällt, oder der Mundart des Dichters? Welche Verschieden-
heiten erblicken wir nicht in den vielen deutschen Pro-
vinzialismen, nicht blos in Aussprache sondern in Schreibung? Das rechte und beßere läßt sich nicht entscheiden;
an sich ist unser a u s eben so gut, als das alte u z, unser
a u c h wie· o u c h, der Vorzug würde vom Geschmack abhängen. Das schlimmste aber ist, daß einmal die Nöthig-
keit solcher Restaurationen zum Grundsatz angenommen,
man keine Grenze und kein Ziel stecken kann, nicht weiß,
wo man aufhören soll und warum gerade da und nicht
früher oder später. Ich hätte daher leicht einigemal m a k
in m a g auflösen können, aber in andern Fällen wäre ich
zweifelhafter gewesen, und hätte gezittert und gezagt, dem
Dichter oder Copist zu oder abzusprechen. (Das d e r - für
e r habe ich sogar für einen Franconismus gehalten, denn
der Dichter war ein Würzburger). Wie haben z. B. nicht
die Herausgeber des Herodots zwischen Ausmerzung oder
Wiederherstellung des jonischen Dialects geschwankt, und
Schäfer hat dabei manche Reue und Inconsequenz em-
pfunden.

Jenes m a k erinnert mich an b e w a k das auch vorkommt (für b e w o g) und das ich durch: entschloß sich, bewog sich erklärt hatte. So der von Gliers (bei Ihnen
S. 129) „ich mich des bewag" mir das vornahm; der Infinitiv ist bewegen. (intransitiv) Zu b e w u g weiß ich in
der Eile keinen Infin. anzuzeigen, glaube jedoch mit Ihnen,
daß er b e w a g e n lauten wird (wagen, moveri, das Neutrum
von wegen movere, das indeßen auch nicht immer activ ist).
Morungen 1. 53 gewûc (hier wieder das c, k.) wankte.
Sonderbar steht in Werners Marienleben S. 175 gewuch
(dem Sinn nach: wohin ihr Sinn stand, was sie verlangte,
wohin sie bewegt wurde, commovebatur.) Mehr über alle
diese Wörter, sobald ich einmal meinen Titurel wieder habe
und Zeit meine übrigen Excerpte durchzusehen. Vorläufig
besten Dank für Ihre | Bemerkungen über p r ü f e n. Im Ti-
turel steht einmal in einer auch sonst wichtigen Stelle (weil
sie bestimmt auf ein p r o v e n z. Gedicht weist) „und edolanz
den ein provenciale p r ü f t für die werden alle (hanöv. MS.
1039 wird seyn gegen str. 5000 des Drucks. Es ist viel
beßer die einzelnen Abenteuer sonders zu beziffern und ich
will mein Ex. auch danach einrichten; übrigens fehlen mir
schwerlich nur 5, sondern 40 Strophen; es läge mir sehr
daran, einmal die Lücken ihres Ex. bestimmt zu wißen)

dem Sinn nach: „rühmt, preist (in seinem Gedicht) über die andern, probat, billigt. Es ist sehr wahr, daß dies Wort zu den vielen andern gehört, die aus ihrer neutralen Grund-bedeutung in eine halb active übergehen; so: finden und suchen (trouver) — fragen 1.) hören 2.) interrogare — spü-ren 1.) Spur finden 2.) Spur suchen — intelligere 1.) ein-sehen 2.) einsehen wollen, fragen. Prüfen 1.) hören, mer-ken. 2.) erkundigen, forschen. Meine Meinung wie sich das: ein mär prüfen, wat prüfen dazu verhält, und ob prüfen z. B. in obiger Stelle aus Tit. nicht dichten heißen kann, ein andermal ausführlich.

Herr Stein empfiehlt sich sehr, Ihre Obligation ist, wie alle andern, erst den 20. einlöslich und soll dann bestens besorgt werden. bei Übersendung des Betrags folgt auch Antwort wegen der Anleihe von 1812 [1]).

Den elenden Rec. des altd. Mus. in der Jenaer L.Z. kann ich nicht rathen, er muß aus der Gegend von Giesen oder Frankfurt seyn; Wagner in Darmstadt ist es aber auf keinen Fall. Dem guten Docen hat Eichstädt ganze Blätter seiner brauchbaren und fleißigen Recensionen abgezwackt und ein andermal wird so Papier und Raum verthan.

Wir grüßen beide Sie freundlich und herzlich
Gr.

Was Sie uns zu den altd. Wäld. beitragen wollen, soll vor allem lieb und werth seyn und gleich abgedruckt werden.

Haben Sie die costumes français par Beaunier et Ra-thier und wie viel Lieferungen?

20.

Caßel 22. Jan. 1813.

Beikommend die Zahlungsanweisung auf den dortigen Receptor über die für Sie eingelöste Obligation von f⁷ 250. Es war gut, daß Sie es so gemacht hatten, denn nur wenige solcher Posten sind gleich baar gezahlt, die meisten auf ½ oder 1 Monat später angewiesen worden. Von den noch verlaufenen Zinsen ist indeßen keine Rede mehr, seyn Sie

---

1) Über die erzwungenen westfälischen Anleihen, an denen sich auch die Göttinger Professoren beteiligen musten, vgl. Göcke-Ilgen das König-reich Westphalen S. 83. 233. 236.

froh, das Capital so wieder zu haben; ich hatte mein Papier längst viel schlechter verkauft.

Was die neue Serie anlangt, so sind die Obligatt. noch nicht fertig, Ihr Interimsschein ist bis dahin eben so gut. Da ich den Brief durch Einschluß sende, so melden Sie mir in zwei Worten den Empfang.

Haben Sie das erste Stück des neuen hagenschen Journals? [1]) es ist viel unbedeutender, als eins der drei vorigen.

1. eine Aufklärung über die hohenemser Mss. der Nibel. Interessant aber schon aus dem Grundriß bekannt.

2. Paris u. Vienne. schlecht nach dem elenden Auszug der Bibl. d. rom; worüber abgesprochen wird, dennoch übersetzt.

3. Beham. der brauchbarste Artikel des Ganzen, als Quellenabdruck. Aber mit Fehlern und ohne Erklärung mancher merkw. schwierigen Wörter.

4. u. 5. Auszüge aus Blomsturvalla u. Wilk. Saga. Ganz roh u. eilig, ohne mythische Auskunft.

6. Etzels Hofhaltung. Der Anmerkungen wegen, die gelehrter | aussehen als sind.

7. 8. von Docen. Unbedeutend.

9. über Meistergesang v. Büsching. ohne eigene Meinung zu wagen, sonst Abdruck der bekannten Sachen aus Puschmann und Wagenseil (ich hätte noch viermal so viel andere und ungedruckte Quellen, die ich absichtlich, als Ballast aus meinem Buch wegließ.) hier alles roh und unverarbeitet. Einzelne Bemerkungen mir zum Tort nachgeschrieben, ohne mich zu citiren, z. B. S. 203. daß sie gedichtet, ohne von einander zu wißen (s. mein Buch 118.) Das erste Resultat daß Mainz die erste Schule gewesen, ist gar keines, denn es ruht gleichfalls auf späterer Tradition u. dgl. m.

10. Miscell.

In Eile

Grimm.

---

1) Sammlung für altdeutsche Litteratur und Kunst hsgg. von F. H. v. d. Hagen, B. J. Docen, J. G. Büsching und B. Hundeshagen. Breslau 1812.

21.

Ich muß Ihnen diesmal wider meinen Willen auf Ihre
werthen Briefe vom 24. und 26. Januar das meiste schuldig
bleiben, weil es die ganze Zeit über mit Arbeiten fast zu
stark ging, und ich das, was ich Ihnen schreiben wollte,
noch nicht habe zusammensuchen u. untersuchen können.
Es soll aber alles noch diesen selben Monat nachfolgen und
ich bitte Sie heute mit dem Wenigen und Nöthigen vorlieb
zu nehmen.

Durch Herrn Bauer habe ich den Ihre und meine Ausgabenliteratur des C.J. richtig empfangen, von wem sind
die Zusätze zu letzterer? von Herrn Prof. Bunsen? so ersuche ich ihm vielmal zu danken. Und woher rühren die
tübinger Notizen? — Sie erhalten durch dieselbe Gelegenheit auser der begehrten Quitung über Ritson, deren Betrag
ich Röwern auf Sie anweisen werde, des Görres eben ein-
getroffenen, uns unverdienter Weise zugeeigneten Lohengrin
für Villers, den ich Ihnen aber darum zuschicke, daß Sie
das Buch erst ein wenig ansehen können; hernach seyn Sie
doch so gut, es jenem zuzustellen und das Titelkupfer käme
nach, weil darauf erst noch der Umriß des Graltempels soll
gestochen werden. An dem Gedicht und selbst an der Einleitung wird Ihnen manches doch gefallen. Ich habe den
Text noch nicht Zeit gehabt, genau zu durchgehen, sehe
aber wohl, daß es weder an (unangezeigten) Druckfehlern,
noch an einzelnen Wortmisverständnißen fehlt. Die Handschrift war nicht correct und mit Glökles sorgfältiger Vergleichung der zweiten darf es sicher nicht streng genommen
werden. Offenbarer Mangel war, daß Görres den wartburger Krieg nicht in der Maneß. Samml. und Docens Miscell. vor Augen hatte, so hätten die anstößigen Fehler in
der Einleitung des Gedichtes können gebeßert werden. Über
den wartburger Krieg kommen wir immer noch nicht aufs
Reine, rücken aber näher (wiewohl die meisten hauptsächl.
Strophen schon Hagen im Grundriß aus Tieks Abschrift
gegeben hatte.) Wegen des Namens Klingesor habe ich
jetzt eine eigene Vermuthung. Unrecht ist es, daß die
Strophen nicht beziffert und einige falsch abgesetzt worden
sind. Die ersten hundert sind freilich die intereßantesten
und das übrige, also der größte Theil handelt im ganzen
langweilig, im einzelnen nicht unzierlich und voll schöner

Gleichniße (z. B. S. 97 das bekannte schöne, nur wenig anders ausgedrückt: naße Augen haben süßen Mund) von brei-
ten Kriegen und Schlachten. Dabei sollen wir aber billig
seyn und zweierlei betrachten 1.) daß | die Zuhörer dieser
Sänger an diesem ritterlichen Detail ohne Zweifel ein ganz
anderes Intereße hatten, nämlich ein sehr lebhaftes. 2.) daß
selbst da, wo dies vorliegende Gedicht von Lohengrin
chronikenmäßig erzählt, es dies vor allen andern, die ich
kenne, umständlich und lebendig thut und wie ich mit dem
Herausgeber glaube, uns von dem historischen Zustand
dieser Zeiten ein deutlicheres Bild geben und vielleicht die
Geschichte selbst hin und wieder ergänzen kann. In dem
was Görres in s. Untersuchung über den Ursprung der
Fabel geleistet hat, sind unstreitig glückliche und geist-
reiche Ansichten und Aufschlüße (z. B. über den orient. Sinn
der Namen Parcifal und Flegetanis) neben gewagten Hypothesen, dagegen scheint es mir daß er die innere Fabel nicht
genug beleuchtet hat und daß sich da manches weiter führen
läßt. Doch wie gesagt, ich habe das Buch auch kaum in
Händen und will das nächste mal auf einiges zurückkommen.
  Aus Holland habe ich neulich angenehme Briefe; v. Wyn
hat mir sein Ms. des Reynaert Vos, wodurch der Gräter-
sche Abdruck sehr ansehnlich ergänzt wird, zur Herausgabe
überlaßen. Bilderdyk arbeitet an einer Geschichte der holländ. Sprache, die nach allem was ich von ihm gesehen und
gehört, gar ausgezeichnet werden wird; von seiner früheren
Schrift über das Geschlecht der Nennwörter erscheint jetzt
eine vermehrte Ausgabe; ein Buch, das Sie nicht versäumen
dürfen, für Ihre Bibl. zu bestellen. In vorigem Monat war
zu Harderwyk die Verganthung der Bibliothek des gelehrten
Steenwinkel, (eines der Mitherausgeber v. Maerlant) ich erhielt aber den Catalog erst so spät, daß meine Commißionen
meistens zu spät gekommen seyn werden. (Haben Sie denn
gewußt, daß van der Schuiren Teutonista 1804 zu Leiden
neu edirt worden ist?) Es befanden sich darunter herrliche
linguistische Werke, auch nicht wenige nordische.
  Docen hat mir nicht nur Beiträge zu den altd. W. [1),]
sondern auch das eben fertig gewordene Novemberheft der
Aret. Beiträge gesandt, worin von ihm eine umständliche
critische Beschreibung eines Meistergesangbuches steht, die
er aber schon vor meinem Buch geschrieben haben will,
wenigstens sich anstellt, nachher nicht revidirt zu haben.

---

  1) Aus des Stricker's Fabelbuch die Welt, altd. W. 2, 1. Über
Hartig's von dem Hage Leiden der heil. Margareta, das. 3, 148.

Also durchaus keine Antwort auf mein Buch. Im Ganzen intereßant und zehnmal beßer, als was Büsching im Breslauer Journal gesagt. Sonst sind noch andere altd. Aufsätze von Docen darin, u. a. ein großes | Stück aus Fürterers Lanzilot; er will überhaupt diese Hefte als einen dritten Band seiner Misc. angesehen wißen. Wenn Sie einmal doch vor das Gefach der sächs. Specialgeschichte zu stehen kommen, so seyn Sie so gefällig in dem Register eines gelehrten Folianten nachzuschlagen, ob und wo sich das Genaue über den Namen Miriquidi, Miriquida findet, wie vor Alters der große Wald im Erzgebirg und Meisen, (auch wohl in Böhmen) soll geheißen haben? Das Wort mirkvidr ist nordisch und sagt so viel als unser Schwarzwald, silva nigra oder Speßart (silva spissa).

Mit unserm Journal geht es vermuthlich sehr schlecht und kann auch kaum anders in dieser Zeit; doch habe ich Ms. zum vierten Heft bereits in Druck gesandt und das dritte muß gegenwärtig in Ihren Händen seyn (im 2^{ton} ist S. 73 not. 5 der Ehren Hagel nicht richtig oder gezwungen erklärt, da es wohl nichts als der Ehre Verderben, also: Schande heißen kann).

Und nun leben Sie wohl, Ihre Dem. Tochter wird hoffentlich längst wieder hergestellt seyn, empfehlen Sie mich Ihrer ganzen Familie und behalten Sie mich lieb. Sie sind recht gut, daß Sie uns so viele Bücher und so lange leihen, sobald uns aber einmal die Edda vom Hals ist, soll ein großer Transport erfolgen. von Herzen Ihr

Jacob Grimm.

rein eschenbachisch ist die Sprache im Lohengrin auch nicht, (der Parzifal merklich edler und geistreicher) eher titurelisch; allein sonst spricht wieder so viel für Eschenbach; sollte auch hier eine spätere Umarbeitung in die Strophenform erfolgt seyn; Görres Gedanke an Frauenlob ist gar nicht uneben; für Albrecht stimme ich weit weniger. Das rheinische ist unverkennbar und ein Wort wie trekken (niederd. reisen) das als Reim dasteht hätte der Baier nicht gebraucht; so kommt dreimal runic oder gerunic vor, u. gerade dies Wort hat auch Frauenlob b. Maneße. Über die schwierige Stelle: hier sollte Erek nu sprechen ꝛc. [1]) befriedigt mich Görres nicht.

---

1) W. Parz. 826, 28.

22.

Caßel 6. März 1813.

Lieber Freund

für den uns zum Journal gesandten Beitrag ¹) danke ich Ihnen verbindlich und habe beiliegend den Drucker beauftragt, ihn noch in das schon angefangene vierte Heft einzurücken, da die Götter wißen, ob unter den jetzigen Umständen ein fünftes, wenigstens bald erscheinen kann. ferner habe ich nicht umhin gekonnt, meine in diesem Punct Ihnen widersprechende Meinung in einer Anmerkung darzulegen, die ich, falls Sie nichts dawider einzuwenden haben, unmittelbar hinter Ihren Aufsatz abdrucken zu laßen bitte ²), denn Sie müßen schon so gut seyn, | da Sie jenen selbst zu corrigiren wünschen, auch die andern Artikel des Bogens mit zu corrigiren. Deshalb sende ich auch die andern gleichfalls grammatischen Bemerkungen (da wir doch einmal im Schuß sind) zu Ihrer vorläufigen Ansicht, und es steht Ihnen überall frei, Zusätze (Widersprüche und Bestätigungen) hinzuzufügen.

Ich sehe, daß Sie die citirten alten Wörter mit latein. Lettern geschrieben haben, vermuthlich um die Diphthonge so genauer auszudrücken. Deutsche Lettern hat Röwer leider nicht dafür, versprach ¦ sie aber anzuschaffen. Indeßen fange ich an, über diesen äuserlichen Punct gleichgiltiger zu denken, und es für ziemlich einerlei zu halten, daß man blût oder bluot druckt. Denn pflegen wir nicht auch i n zu schreiben, statt i und schreiben nicht die älteren Handschriften, z. B. das fr. Hildebrand. immer uo, nicht û? Indeßen richten Sie das bei der Correctur, auch in meinen Aufsätzen nach Wohlgefallen ein.

Der Auctionscatalog dient blos als Ballast, um | das Paket für die Fahrpost wichtig genug zu machen. Übrigens gilt dieser Brief für keinen rechten. behalten Sie uns lieb.

Jacob Gr.

Den Zettel an Röwer bitte ich gleich abzugeben, damit er nicht wegen mangelnden Ms. verlegen wird.

Ich erhalte eben aus Copenhagen intereßante Dinge,

---

1) Die Abhandlung über einen vorzüglich der älteren deutschen Sprache eigenen Gebrauch des Umlauts a. W. 1, 168 fg.
2) Das. 1, 179.

unter andern Hallagers norweg. Wörterbuch [1]) mit Volks-
liedern; Abhandl. der Antiqnitätengesellschaft
iterum valeas.
haben Sie die aesop. Fabel mit Vorliebe angesehen? ich
finde nämlich in Schneiders neuster Ausg. daß Sie Huschke
eine Copie des Ms. mitgetheilt [2]).

23.

Caßel 4. Mai 1813.

Diesmal war ich Ihnen schon lange Antwort schuldig
und die Abreise eines Studenten, der so gut seyn will ein
Paar Bücher mitzunehmen, ist wenigstens ein äuserlicher
Trieb dazu, denn von innen kann einem doch nichts recht
zu Muthe seyn, als in solchen schicksalsvollen Tagen der
Gedanke und gleichsam das Saugen an den liebsten Hoffnungen des Vaterlands, Zagen über jeden Zweifel am Ausgang, gegenseitiges Trösten und Aufrechthalten. Wie wenig
erscheint dagegen alles Wißen und Treiben des einzelnen
und wie gern wollte ich das meinige aufopfern, wenn es
daran läge; also gedeiht das gewöhnliche Arbeiten nicht an
und für sich fort, sondern mehr weil es wirklich abzieht,
erleichtert und tröstet. Nicht anders wird es Ihnen auch
gehen und darum nehmen Sie auch heute vorlieb mit dem
wenigen, was ich gerade mitzutheilen weiß, denn das beste
setze ich voraus, wißen Sie schon, unseres Freundes
S. glückliche Ankunft am Ort seiner Bestimmung. Obgleich wir Deutsche lange nicht von Herzen haben singen
können: nun ruhen alle Wälder, da Wälder, Felder und
Dörfer verwüstet werden, so müßen doch jetzo die altdeutschen Wälder ruhen [3]), seitdem nichts mehr nach Leipzig
versendet kann werden; Aufsätze liegen fertige da, auch
hat mir Docen einiges zugeschickt, einen Brief von ihm
über das vierte Heft [4]) habe ich noch nicht, um seine Meinung zu dem befragten Umlaut zu wißen; vielleicht daß er
und auch Radlof [5]) sich in dem ihnen bequemen Münchner

1) Norsk Ordsamling, Kjobenh. 1802. Vgl. oben Bf. 16.
2) Der letzte Absatz am Rande.
3) Vgl. den vierten Brief von W. Grimm.
4) Der altdentschen Wälder.
5) J. G. Radlof, geb. 1775, 1818 Professor zu Bonn, seit 1822 in
Berlin, † 1824.

liter. Verkündiger vernehmen laßen. Mir ist noch allerlei
zu meinen Bemerkungen eingefallen. S. 174* sollte i nicht
auch umlauten können, nämlich in e i, so wird z. B. aus
dem neutralen i n ein activeres e i n? Unsere Aussprache
m e i n ꝛc. für das alte min wäre vielleicht auch eine Um-
lautung auf demselben Grunde ruhend, welcher hat h i n n a n
zu h i n n e n werden laßen. S. 175* hätte ich an das d i e m
und d i e n (ei und eis) erinnern müßen, das mehrere Minnesänger, z. B. Reinm. der Zweter häufig für d e m und d e n
setzen. Die Note S. 184 belieben Sie zu S. 185. ad verbum
b l e i b t zu referiren, die folgende aber (sollte hier ꝛc.) zu
hazerse u. s. w. Das schottische stondis war vielleicht nicht
als medial beizubringen; wie erklären Sie, daß die tertia
sing. praes. bei den Engländern auf es ausgeht? Versteht
sich bei regelmäßigen verbis, z. B. gives, loves (schottisch
givis, lovis) im a. s. ist ein th also ein Lispel t. woraus
dann nach und nach völlig s. wurde? — S. 187 scheint die
Anführung von agier, claudier darum nicht recht paßend,
weil auch in der ersten Conjug. luctarier, spoliarier | vor-
kommen. S. 194 hätte vor allem auf Conrads Bell. troj.
als Beispiel dieser metrischen Verschränkung (enjambement)
verwiesen werden sollen, wo fast regelmäßig der Sinn mit
dem ersten Reim ruht und schließt. ꝛc. ꝛc. ohne Druckfehler
gehts bei allem Aufmerken nicht ab, z. B. S. 143 Z. 2 v. u.
l. secundum st. secundam.

Die Wichtigkeit der S. 189 aufgefundenen Stelle übers
Hildebrandslied wird Ihnen nicht entgangen seyn; es kommt
nun dazu, daß sie gerade auch Görres in seiner neulichen
Rec. der Abhandlung zu unserer großen Überraschung noch
näher und anderswoher nachgewiesen hat, aus Conradus
ursperg. oder Lichtenau (edit. argentor. 1609 fol. p. 85) [1]
wiewohl mir noch gar nicht ausgemacht scheint, daß dieser
Chronist sie wirklich niedergeschrieben und nicht vielmehr
selbst aliunde ausgeschrieben habe; denn hätte ihm solche
Kenntnis alter Lieder beigewohnt, so würde sie wohl auch
an andern Stellen hervorgebrochen seyn. Sollte die neuere
Ausgabe dieser Chronik keine Varianten liefern. Sie wären
recht gut, wenn Sie gelegentlich einmal vergleichen wollten.
Das wichtigste ist das Einschiebsel nach dem Wort Odo-
uaccare: „item ut ajunt patruele suo de Verona pulsum";
dann weiter: apud Attilam Hunnorum ꝛc.

Dunkel drücken Sie Sich über Görres Lohengrin aus,
daß er Ihren Erwartungen nicht entsprochen. Dies kann

---

1) Vgl. W. Grimm D. Heldensage 36.

aufs Gedicht selbst oder des Herausgebers Arbeit gehen;
ich gebe Ihnen wohl in beider Hinsicht nicht Unrecht, muß
aber auch an beiden manches wieder loben.

Haben Sie Hinsbergs Nibelungen gesehen? ich nicht
und mag auch nicht. leider verkündigt auch Büsching eine
seinige Bearbeitung, davon er elende Proben in mehrern
Tageszeitungen hat drucken laßen; was ich vermuthe, so
soll sie etwa August Schlegels Bearbeitung vorbeugen, auf
den einer Auserung im Museum wegen Büsching und Hagen
jetzt nicht gut zu sprechen sind. Beide laßen jetzt auch
aber aus ganz anderer Absicht, wogegen ich gar nichts habe.
Götz v. Berlich. Selbstbiographie wieder auflegen. Dieser
Tage finde ich endlich eine Rec. meines Buchs über den
Meistergesang (Jenaische Lit. Z. Ergänzbl. n. 45. 46) aber
nicht von Hagen, dem sie schon seit 2 Jahren demandirt
war, sondern unverkennbar — von Gräter. Einmal, keine
Anticritik ist hier nöthig, ich werde fast zu ehrenvoll behandelt und die Schrift ist in der That unwichtiger als es
hiernach scheint. aber von der Sache versteht Rec. wiederum blutwenig. Denn herzlich gern will ich seinem Tadel
die Weide laßen an Etymologie (das ist hier ja nichts gegen
einige Sündenversuche in den altd. Wäldern) mystischer
Schreibart, Sophisterei. | Mein Buch ist an gar vielen Seiten
fehlerhaft. Aber gegen die Hauptsache wird so nichts gethan. Ich meine doch ein für allemal gezeigt zu haben.
daß hier nichts auf die Entgegenstellung der Poesie und
Unpoesie ankomme (insofern sie meine Meinung widerlegen
soll) und doch hebt Rec. wieder damit an und geht davon
aus, ja was noch ärmlicher, er will mit ausgesuchten Stellen
aus Meistersängern (von schwachen Herzen, bei schwachen
Geistern) Effect machen. Ich habe ja eben gesagt und
glaube es noch fest. daß die Möglichkeit der Unpoesie erst
aus der Unpoesie der Minnesinger zu erklären ist. Die ge-
gründetste Bemerkung ist wohl die über die Tänze unds
Trio, jedoch einseitig und wenig entscheidend, (können Sie
mir denn nicht wieder von Forkel die Musiknoten zum
Wartburger Krieg schaffen?) die albernste aber, daß ich
die Minnelieder aus kaltem Formenstudium blos schätze.
(Wenn ich mich nicht sehr albern und hölzern darüber ausgedrückt habe, was gibt ihm Recht zu dergl. oder woher
will ers wißen?) Wo er nun eigentlich eingehen will,
col. 362. 363 räsonnirt er blos und macht die wenigen Ano-
malien wichtig, die er sicher ohne mich nicht gemerkt hätte,
(folgt schon daraus, daß er meint, die 50 Weisen könnten
auch weit mehr als 50 Lieder in sich schließen. Als wenn

nicht fast jedes Minnelied eigene Weise hätte?) [1] die sich
aber noch auf manche andere Art werden entschuldigen
laßen; oder er bringt Falschheiten vor, z. B. daß in den
S. 52 angeführten Fällen kein Abgesang sey. Das ist ja
nicht wahr. Noch schlimmer, wenn er unverschämt die
Regel erfindet: daß der Abgesang größere Verszahl als der
Stoll haben müße. Ich bin das Gegentheil mit Belegen zu
beweisen gleich bereit. —

Da wir doch einmal an den Recensionen sind, die letzte
nordische des Delius war wieder sehr unbedeutend; ihm
gegenüber ist Rühs immer ein großer Gelehrter und insofern mag er ihn natürlich verehren; wie so Leute, die nicht
das leichteste isl. Gedicht im Original lesen können, nicht
vor sich selbst und ihrem Aburtheilen erschrecken! Desto
mehr hat mir die Anzeige von Lacretelle gefallen; ich rathe
aber nicht von wem sie seyn kann? Villers deutscher Stil
ist nicht so gewandt, obwohl seine Sinnesart damit zufrieden
seyn muß. Dieser wegen aber kann sie nicht von Sartorius [2]),
Salfeld [3]) oder so einem geschrieben seyn. — Büsching recensirt jetzt über Maßen, in Leipzig, Halle (neulich Wekher-
lin und Hennig Nachr. von Königsb. Mss.) und Jena (signirt
α. β. γ.) es ist ordentlich ein Spaß daß sich seine Schreib-
weise und Gedankenfolge augenblicks verrathen. |

Die neue Aufl. des Theutonista höre ich kostet nur
4, 5, holl. Gulden; eine Vorrede ist zugekommen, vermuthl.
fehlt der lat. deutsche Theil, dann müßte er aber sorgfältig
eingetragen seyn und überhaupt alles äuserlich beßer geordnet. Verschreiben Sie Sich auch Y p e y Gesch. der nie-
derl. Sprache (Geschiedenis der nederl. taal 573 S. gr. 8.)
der Vf. ist Prof. der Theol. zu Harderwyk, jetzt zu Grö-
ningen und hat brauchbar compilirt. Bilderdyk rühmt mir
gewaltig das Buch eines Engländers (über die Partikeln)
Namens Horne Toke [4]) u. d. Titel: επεα πτεροεντα. Ich
möchte es gern lesen. Wenn es aber ein neues ist, wird
es auch noch nicht zu Ihnen geflogen seyn. Auserdem haben
Sie die Güte uns mit Gelegenheit zu senden: Ganander my-
thologia fennica. Åbo 1789. 4. und Joh. Malalas Chro-

---

1) Die eingeklammerten Worte am Rande.
2) S. Sartorius Freiherr von Waltershausen, geb. 1766 in Cassel,
Professor in Göttingen seit 1797, † 1828.
3) J. Ch. Fr. Saalfeld, geb. 1785 in Hannover, Professor in Göttingen seit 1811, quiesciert 1833, † 1834.
4) John Horne Tooke, Επεα πτεροεντα or the Diversions of Purley,
P. 1. London 1786. Eine neue berichtigte Auflage in zwei Bänden von
Rich. Taylor, London 1829.

nologia a mundo condito edid. Edm. Chilmead Oxford 1691. 8.
letzteres haben Sie gewiß. Mit Dank kommen hier zurück
(und Hr. Bauer bringt bald noch andere.) 1.) Duchesne
scriptt. franc. T. 1. 2.) Einari hist. lit. Island. 3.) Fischer
typogr. Seltenh. Lief. 3. 4. — Gibt es kein specielles, gelehrtes Werk über Strich, Namen und Geschichte der großen
Wälder in Deutschland? Das wird aber schwer zu finden
seyn. Aber gelegentlich denken Sie daran.
    Wie verstehen Sie das Adj. unrunic, ungerunic, das ich
im Lohengrin dreimal finde Strophe 364. 432 und 527 auser
dem einmal im Titurel und eb. einmal in einem Lied Frauenlobs. (Ein Schein für die Hypothese, daß dieser am Tit.
und Lohengrin Autortheil habe). Sonst aber nirgends. Es
scheint bald unsäglich (von runen, raunen, sagen) bald un-
geheimnisvoll, unverschwiegen (von rune Geheimnis) zu bedeuten und reimt immer zu künic (König) wie Ritter zu
bitter und Mauern zu trauern. Also würde sich auch die
Form rönig finden laßen. trecken (ziehen) findet· sich
aber auch im Oranse Wolframs.
    Erklären Sie talanc, talung, tageling, Deutschl. day-
lynk sonst auch noch dolin, duling ꝛc. was heute hodie bedeutet aus Tag und lang? Man hat auch so jarlanc, jar-
lunc ꝛc. sommerlang aber das „liebe lange Nacht" das sich
in unsern Volksl. findet, ist ein Misverstand für lebenlange
aus dem plattd. lif. Beweis in schott. Liedern: livelang
summersnight.
    Leben Sie herzlich wohl und behalten uns ferner lieb.
An eine Reise nach Göttingen läßt sich jetzt nicht denken.
J. Gr.

    Den 4 Abends. Sie sollen wieder in Halle seyn u.
Piautaz seines guten Betragens wegen den Orden bekommen
haben. Wahrscheinlich bei Leipzig vielleicht auf dem lützener
Feld bald eine Schlacht. Gott walte dabei.

24.

Caßel 12. Juni 1813.

    Herr Bauer ist so gut und nimmt Ihnen wieder (mit
Ausnahme des ungar. Bel [1]), den mein Bruder noch nicht
fertig hat, und des mir sehr wichtigen Gananders mythol.

---

1) Belii apparatus ad Historiam Hungar.

finn.) alle zuletzt mitgetheilten Bücher mit. Unser vielfacher Dank versteht sich von selbst.

Den Tooke [1]) habe ich dieser Tage mit Vergnügen gelesen. Abgesehen von der mir wenigstens unangenehmen Einkleidung in Gesprächsform und dem Polemisiren gegen Loke, Monboddo und Harris, auch den zu vielen Beispielen — man könnte das Buch recht gut in vier Bogen zusammenfaßen und es würde klärer und fester (ich habe mir es gar auf einen halben excerpirt) — urtheile ich so darüber: der Verf. ist scharfsinnig und glücklich, aber es fehlt ihm an durchgreifender Kenntnis der germanischen Sprachen; offenbar ist er von philosoph. Ideen aus- und so zu seinem a. s. und goth. Wörterbuch (Lye-Manning) gegangen. Ich gebe ihm seine meisten Hauptsätze zu, weniger die daraus gezogenen Folgen. Gewiß sind sehr viele Partikeln aus unserer eigenen Sprache erklärbar und lebendig, andere aber sind auch uralt, ziehen durch alle Sprachen und wir können sie mit unserer Axt nicht klein spalten. Überhaupt kann keine Etymologie auf den wahren Ursprung graben, bei keinem einzigen Wort; sondern die gute und gelungene liefert blos eine fortgesetzte, zusammenhängende Reihe von Mittelgliedern. z. B. daß d u r c h und t h r o u g h mit Thüre verwandt ist, scheint mir auch unbezweifelt (schon Adelung weiß es ꝛc. ꝛc.) aber darum ist es noch nicht aus T h ü r e entsprungen, sondern ich halte d u r c h eben so gut verwandt mit f ü r, pour, dur- der- ur- er- ir- for (dieses erklärt Tooke sehr schlecht aus fairina delictum bei Ulfila) ver- u. viel anderen. Daß with aus withan jungere, b u t aus be-out, oder sine aus sit ne entspringe, kann ich auch nicht glauben, eben so wenig als by aus beon, to be herführen, da sträubt sich das nordische på, wie bei if aus gif unser o b. in und o u t werden scharfsinnig aus I n geweide und H a u t, cutis erklärt, wie aber daß die Römer gleich e x ta sagen? und gerade das Gegentheil liegt in den Worten s k i n, R i n der, aber dennoch ist wahres in seinem Satz. am übelsten gelingen ihm j a und n e i n, die ich ursprünglich für e i n Wort halte; so kleine Wörter haben den Vortheil, daß sich an ihnen der Ursprung näher betrachten läßt, als an einem Subst. z. B. aus dem sie um so weniger springen können. Wohl aber kann das Subst. ihnen verwandt seyn. — Dergleichen allgemeine Etymologieen | haben unleugbar ihr wahres und rechtes, allein gar zu oft füllen sie den Zwischenraum, der zwischen Anfang und Ende liegt nicht aus

1) Vgl. S. 63, Anm. 4.

und geben das Gefühl von einer Leerheit; und es bleibt
viel erfreulicher eine kleine Etymologie eben in dieser Mitte
aufzufinden, deren man mit Leib und Seele gewiß ist, z. B.
die, daß das isl. Wort þyr, tyr m. genau unser Dirne f.
und das altd. deo, theo ist.

Docens Critik der Hagenschen Samml.[1] im zweiten
Stück der schellingischen Zeitschrift[2]) werden Sie wie ich
mit großem Vergnügen gelesen haben. Sie ist die beste
Arbeit, die in dieser Art erschienen. Seinen verwickelten,
grammatisch terminologisirenden Stil muß man ihm auch zu
gut halten, denn er ist ihm eigenthümlich. Was ich im
Ganzen wünsche: mehr Achtung der handschriftl. Dialecte
(darin aber weiß ich, sind Sie mehr seiner Meinung); im
einzelnen sind mir nur wenige falsche Berichtigungen aufgefallen, z. B. die von tot in got im S. Georg; dagegen
hat er ziemlich viel dunkele Wörter auch nicht heraus gebracht. Ich bin vor allem auf die Critik des K. Rother
begierig, der ohne Vergleich das wichtigste Stück der Sammlung ist. (ich habe hierin und in vielem andern schon lange
meine heidelberger Recension[3]) zurückgenommen. zum Glück
haben Recensenten und Autoren beiderseits in der Folge
gelernt und keiner hat in sofern dem andern vorzuwerfen.
Was mich betrifft, so ließe ich von allem vor einigen Jahren
von mir geschriebenen jetzt keinen Stein auf dem andern.
Indeßen mußte man sich selbst treiben und es gehört zur
Ausarbeitung eines guten Buchs, daß man vorher ein Con-
cept, eine Schabelune macht.

Dies Wort fällt mir gerade ein, weil ich Ihnen etwas
darüber schreiben will, denn eigentlich paßt es nicht ganz.
die Werkzeuge der Zimmerer und Maurer sind ja an sich
so vollkommen, wie ihr damit und darauf gebautes Werk.
Sie erwähnten voriges Jahr die zweifelhafte Abstammung
dieses Wortes; ich will wenigstens, was ich gefunden habe,
vorlegen. im dän. heißt es skabelon, im norweg. (nach
Hallager) skapelun, im schwed. skamplun, skampe-
lun, holländ. schampeliren, Deutschlender scapliren.
engl. scantling, scantlet, schott. scantilone. Nun
zweierlei Erklärung. 1.) Ihre trägt im großen und im Dialect Wörterbuch auf das nord. skaplynne an. von skapa.
schaffen, dän. skabe. skaplundi ist im isl. ein sehr gang-
bares Wort, und heißt indoles, natura rei, Art und Weise.

1) Deutsche Gedichte des Mittelalters I.   2) T. 1, 216 fg.
3) Heidelberger Jahrbücher 1809, Bd. 2, S. 148 fg. Vgl. Kl. Schriften
4, 22 fg.

Dies scheint sehr befriedigend, denn wie von schaffen leitet
man vom gleichbedeutenden bilden, formen, modelliren ähnl.
Terme ab, wie Form, Modell (modus.) | Ein kleiner Zweifel
entsteht aus 2.) dem französischen echantillon, Muster, Mo-
dell, ohne Frage demselben Wort. vgl. Roquefort v. chantel
(cantellum? kante) chantille, aber auch v. chape chevron, bois qui soutient la couverture d'un batiment. Allein
dies führt zwar auf Nebendeutungen, doch auf keinen latein.
Ursprung. Am Ende leitet sich daher alles aus unserm
schaffen bilden, und vielleicht selbst Kappe und Ka-
pelle gehören eben dahin, unerachtet des Scheins von ca-
put, Capital herzunehmen. In die höhere Verwandschaft
von schaffen, kaufen, kopf, Haupt ꝛc. wollen wir uns nicht
versteigen. Entscheidender wäre hier, daß die Formen des
Worts unserm schaffen sinnlich näher liegen, als dem
franz. chef, Kopf. Aber eins kann ich nicht übergehen:
warum sagen wir Holzbock, Sägebock? (ein ähnl. Gerüst,
echaffaud) wegen jenes chevron span. cabra? Da
kommt aber die natürliche Gestalt, von gleichsam 4 Beinen
und 2 Hörnern, wie am Thier und macht auch Anspruch.
Kurz, dies Wort ist recht dazu gemacht, einen in Schwierig-
keiten zu verwickeln. Kanne würde uns hier noch Ziege =
Säge, (beide haben Zähne) Bock = Block setzen u. s. w.
(das Lamm bidens; in Schaf haben wir gar wieder
schaffen!)
Was halten Sie vom altdeutschen zafen, zowen? — — [1]).
Zu unsern Umlautszweifeln. Manche Wörter
haben ihn gewis nie gehabt, ex usu et auctoritate. z. B.
Art. (auch eins der dunkelsten Wörter an sich, das auf einmal weitgreifend in der Sprache steht, die älteste kennt es
nicht.) Ferner: Hans Sachs lautet Hand noch häufig um,
und hat im abl. hend, nie aber im nom. merkwürdig ist
auch der Umlaut weibl. Beiwörter, z. B. all, fem. elliu,
der andere, diu endriu schon in alten Denkmälern. auch
plur. elliu. ferner merkw. daß einige fast gar nirgend
umlauten, z. B. Veldeck in der Eneidt, statt hände hat er
selbst im Plur. hande. der Umlaut soll wie die Endung
etwas verändern und die Sprache bedient sich seiner inconsequent, bald hier, bald da, wie auch der Endung. Er ist
eine Art augmentum tempor. des Subst. wie $\alpha v \xi \omega$ und $\eta v \xi o v$.
ich bin in der letzten Zeit auf eine wichtige Sprach-
quelle sehr aufmerksam geworden; in den lat. Urkunden

---

1) Hier folgen Belege zu den Wörtern zâfen und zouwen mit
Erklärungsversuchen.

des 8. 9. u. 10. Jh. stecken örtliche und persönl. Namen,
worin uns Wörter bewahrt sind, die in allen unsern Monu-
menten, oder den meisten fehlen, und ich habe schon überraschende Beispiele, selbst zu einigen bisher inextricabeln
malb. gl. Das Wort a l h Tempel findet sich blos bei Ulf.;
u. in der cotton. E. H. a l a h, aber auch in Namen alah-
stat u. s. w. Wir müßen blos darum einmal nach Göttingen, (aber wann?) um die alten besten Diplome zu lesen;
hier ist nichts wie Schannat, Pistorius ꝛc. in den monum.
boicis und paderborn. im chronic. gottwic. muß viel herr-
liches stecken. Marini papiri ant. haben Sie wohl auch
gewißlich. — Der Waffenstillstand hat mich mancherlei
Scheins ungeachtet beruhigt und ich erwarte alles Gute.
Wir grüßen Sie vielmal

Jacob Grimm.

25.

Caßel 30. Jul. 1813.

für Ihr letztes Briefchen vom 20. Juni komme ich erst
heute dazu Ihnen herzlich zu danken. Über Tookes Ur-
grundsatz, den Sie annehmen, hätte ich wohl Lust mit Ihnen
weiter zu streiten. Auch ich glaube vollkommen, daß es
kein Wort gibt, selbst die kleinste Partikel nicht, die nicht
anfänglich b e d e u t s a m gewesen, allein ich würde in meinem
Sinne die einzelnen Sprachen viel zu viel isoliren müßen,
wenn ich weiter setzen wollte, daß diese Bedeutsamkeit für
jede einzelne Sprache a b g e s o n d e r t existirt, und sich
gleichsam immer von neuem formirt hätte. Darum, wenn
ich die deutschen Partikeln abhandeln wollte, würde ich
diese Bedeutsamkeit in n a h e und w e i t e eintheilen, nachdem sie aus unserer Sprache selbst, oder aus anderen, älteren hergeholt werden müßte, und gestehe daß mir sehr
viele dieser Redetheile kaum ohne die letzte Verfahrungs-
weise, wie man zu sagen pflegt, klein zu kriegen dünken.
Schon lange habe ich mir das w i l l k ü r l i c h e, ja überhaupt die Idee von Spracherfindung verworfen und bestritten. Übrigens müßen wir uns bei etymologischen Forschungen bescheiden, daß wie nirgends so auch hier der
eigentliche e r s t e G r u n d n i c h t d a r g e l e g t werden
kann, allein philosophisch mag er wohl genannt werden
und dies ist längst geschehen; was uns fehlt und was wir

mit dem größten Scharfsinn nicht erschöpfen werden, ist
s e i n e G e s c h i c h t e. Auf der andern Seite bleibt es zu
reizend und belohnend, einzelne Minen und Adern zu verfolgen. Lieber aus diesem allgemeinen (immer halb trivialen)
ins Besondere:
      ist Ihnen die altdeutsche schwere Partikel p o r a, b o r a,
b o r, b u r auser folgenden Stellen noch sonst vorgekommen:
Otfried II. 11, 6. II. 3, 25. IV. 24, 56. Notker 139, 6.
Ludwigslied 87. Rother 5094. gl. mons. 327. 392. gl. doc.
226 (wo falsch para-) 229. Ich glaube jetzt damit im Reinen
zu seyn, es ist das schwed. u. dän. for- för- a. s. fore-
und hat vim corroborativam, steht aber (im altd.) nie allein,
sondern nur als Präfix. |
      Ich sammele sorgfältig die überhaupt dunkelen (manch-
mal scheinen sie hell, ohne es zu seyn) componirten Beiwörter, wie m u t t e r a l l e i n ꝛc. und habe schon an 300 beisammen. Alle deutsche Dialecte sind überreich daran;
Stalder hat ein uraltes r e g e n b l i n d beigebracht, erklärt
es aber total falsch. Stoßen Ihnen dergleichen auf, so notiren Sie mir sie doch, ich denke einmal darüber eine eigene
Abh. auszuarbeiten; gewöhnliche, wie mutterseligallein,
funkelneu, bitterbös u. dergl. können sie übergehen, und
bemerken Sie mir nur solche, die Ihnen selbst d u n k e l und
s e l t e n vorkommend auffallen.
      Noch über folgende Wörter spreche ich Ihre Collec-
taneen an:
b i l, ze bile (Oberlin col. 2087 befriedigt schlecht) steht
auserdem Conr. bell. troj. 967, dur pil. Gottfr. Trist.
2655. 2661. Fabel vom Häselin (Fragm. p. XXI.) v. 3.
Wartb. Krieg. (Jen.) 69. 75 scheint sonders ein Jagdterminus.
b r y d e n? schießen. gl. malb. b r i o d e r o vom Schußfinger.
digitus sagittatus. aus nordischen Sprachen und Mythen
ließe sich allerhand beibringen, vielleicht leitet es auf
eine gute Erkl. von A r m b r u s t.
Oranse II. 27ᵇ ¹) das Pferd dreste und grazte (? weidete,
aste sich oder hier ein Fehler? drehte paßt kaum.) —
könnte wie grasen von Gras von Dres (Trespe) stammen,
das jetzt Unkraut, ehdem allgem. Kraut (farrago Futter,
fourrage. scheint mir alles probabel) geheißen haben
müßte? ²).
was heißt e r v a r Chlage 3924? Irrefahr, Gewirr, Lärm?

---

¹) = W. Wb. 59, 17.
²) Die Worte von k ö n n t e bis m ü ß t e am Rande.

Beiträge zu altviel¹) (s. Oberlin) entw. aussätzig oder Hermaphrodit. Kilians altoveel, qui nimium habet ist lächerlich; vergl. aber Ulfilas thrutsfill Aussatz von faul. ful, fyl? (cf. Rozfäule der Pferde).

flöwen Klage 1889 los machen. |

gänster Parcifal 3082. 13072 Funken, ganest, ganeist, genist, knister.

geit. sturmgeit, Lohengr. 54. geiten ibid. 413. auch im Titurel.

wie deriviren Sie Hagestolz? in altd. Gloßen heißt hagustalt hagastalt mehr als einmal mercenarius, Krämer s. Adelung h. v.

Etymon von heyen. Manezze freude heyen mehrmals. Tit. sich erhayen freuen (isl. heyia prüfen) erhöhen? aufrichten. Interjection (gaudentis) Hey!

Das schweiz. hirmen (ruhen) macht Stalder viel zu schwer. es ist vom isl. hyrr, unserm heuer (geheuer) ruhig. still und in alten Gloßen steht hirrot ruhet, unhirrer vagus, gl. doc. ungihirmigon = unstillon insolescere.

Doch mit diesem Drittel genug und die zwei andern nächstens. Erwiedern Sie es mit ähnlichen Fragen, auf die wir antworten wollen immer nur, was wir gerade wißen und das übrige ad notam halten. Der Zufall thut sehr viel und findet in dergl. am meisten. Aber man muß ihn äuserl. anregen.

Docens Rec. habe ich nun zu Ende gelesen. Über den Rother hat er mich am wenigsten befriedigt und darin sogar manche alte (ihm dunkele) Wörter zu voreilig wegconjecturirt. Die ganze Arbeit scheint mir nicht sonderlich gut angelegt; sie ist sonst, wie gesagt, unter allem dergleichen die beste und gründlichste.

Mein Bruder kehrt dieser Tage von einer kleinen Reise zurück; der meinigen zu Ihnen schiebt sich jederzeit etwas in den Weg.

Leben Sie wohl

Jacob Grimm.

---

1) Vgl. Gesch. d. d. Spr. 947. Zeitschr. f. D. A. 6, 400.

26.

Werthgeschätzter Freund

Da Bauer schneller gekommen ist, als ich dachte, es aber verlautet, daß Villers hierher reist, so ist wohl dieser so gut (den Sie gewiß vorher zu sehen bekommen) mir Hormayers Gesch. v. Tirol Lehmanns Republ. Graubündten Bd. zwei Math. Höfer Volkssprache in Österreich und Ungar. Magazin Theil oder Stück 4. Gottsched von gleichbedeut. Wörtern mitzubringen. Sie können Sich denken, daß man jetzt am liebsten solche Arbeiten (Durchlaufen von Wörterbüchern) vornimmt, | weil es mit den ordentlichen Arbeiten nicht so recht nach Lust gehet. Sonst steht es übrigens gut. Haben Sie denn nun Docens Critik b. Schelling gelesen? Ich bekenne, so sehr mir die Beurtheilung des Georg, Ernst, Morolf gefallen hatte, so wenig befriedigt mich die des Rother; die schweren alten Wörter bringt er nicht sonderlich heraus und seine meisten Conjecturen sind ungültig. Ich denke ihn, in unserm Journal wieder umständlich weiter zu recensiren. Man findet freilich manches durch Zufall (so vergißt man auch unbegreiflich Parallelen wie z. B. zu den zwein Kaufmann v. 342 Nibelungen 3481.) | aber Docen hat mir doch diesmal gar zu wenig gefunden.

Leben Sie wohl und seyn Sie von beiden gegrüßt
J. Gr.

26a.

Caßel Montag 27. Sept.

Villers, der mir erst gestern Abend spät Ihren Brief vom 23. schickte, droht schon vielleicht Morgen früh, weil es gut geht, wieder abzureisen, ich will also gleich zu antworten anfangen.

Die Ihnen aus dem Volksräthsellied [1]) erinnerliche Stelle

---

1) Dem Traugemundsliede, gedruckt in den altdeutschen Wäldern II, 8.

steht gerade so im Wunderhorn 2, 407—409, welches ich
auch p. 21 oben citirt hatte. Die zwei letzten Strophen im
Wunderhorn sind aber sicher eigene Fabrik und kühn zu
streichen. Kommt Ihnen einmal vor was Sie aufgezeichnet
haben, worin wohl auch noch anderes beßer steht, so theilen
Sie mir es mit. D r a g e m a n für Tragmund scheint mir
doch bedenklich, Sie wißen daß die Ableitung dieses Wortes
selbst nicht unbestritten ist; ich habe neulich weiß aber
gerade nicht wo, Bemerkungen eines französ. Orientalisten
darüber gelesen. Wenig Zweifel habe ich über W e i d e
eigentl. und | ursprüngl. Speise, Nahrung. Dieser Begriff
geht überall in den von Lust, Freude, Vergnügen über.
sich an etw. weiden, se repaître de q. ch; Herzensspeise
und Lust. l a b e n einen mit Speise oder Lust erquicken.
eßen ist = n-ießen, genießen und Genuß ist auch voluptas,
Vergnügen, aber eßen, = beißen heißt auch in einer activen
Anwendung: Eßen, Speise suchen, d. h. jagen, und mit
beißen ist einerlei b e i z e n, nordisch beda, venari, dieses
wiederum mit w a i d e n wovon unter Waide, oder Weide,
Jagd; wie das Thier auf die Weide (pascuum) geht nach
Gras (sich ast) so geht der Mensch auf die Weide nach
Thieren (weidet, beizet). — Die R a m e kann freilich die
Brombeere seyn, wiewohl ich bei Nemnich nur Rambeere,
nie Ram allein finde; auch in einem dän. Lied wird die
Schwärze der S c h l e h e verglichen. Bei Rabe dachte ich
indeßen an Notkers rammo, das ostgothländ. ram, und a. s.
hräm, sämmtl. für corvus — das rehter dan gemäß der
folgenden Antwort in reht alsam zu verwandeln, wäre mir
auch zu kühn, u. wiese sich jene Lesart aus, so gedächte
ich auch noch die Vergleichung mit rather zu bestätigen,
denn gerad, recht, stark, schnell scheinen mir mannichfach
verwandt. Ihre Warnung vor etymolog. Verführungen trifft
mich meinem Gefühl nach nur halb; insofern ich nämlich
die allgemeine und specielle Ableitung oft unter einander
mische, muß der kleine Satz einem dritten manchmal·hals-
brechend vorkommen, während er mir, der ich mir viele
nicht dazu geschriebene Ketten denke, weniger gefährlich
dünkt. Überhaupt der beste Beweis für die Zuläßigkeit
und Wahrheit der Etymologien scheint mir darin zu liegen,
daß selbst der Rigorist in diesem Fach | gerade an der
Grenze seines Kreises sich die Nothwendigkeit oder Billigkeit auch über den Kreis zu schreiten unmöglich wird ver-
halten können. Allein so lange ich nicht beßern, d. h. recht
umständliche Beispiele aufstellen kann, (u. dies gelingt mir
etwa einmal in Zukunft) habe ich eigentlich noch kein Recht

zu solchen und ähnlichen Behauptungen, und Sie ein gegründetes, sie vorläufig zu misbilligen. Finden Sie es paradox, wenn ich versichere: daß mir Reinwald und Stalder nicht selten mit einer Kühnheit und Freiheit etymologisiren, die ich mir niemals verstatten würde? Es freut mich meine Emendation S. 48 von swarb in scharb auch durch Sie bestätigt zu sehen; die Sache ist mir jetzt unbezweifelt; auch bei Nemnich steht unter pelicanus carbo Cormoran ausdrückl. scharbe und Gesners Sprichwort entscheidet völlig. Vergl. auch Scherz v. scarba col. 710. Es bleibt nur übrig, die Fabel, daß er ein Ohnemagen ist noch ein andermal zu finden.

Ungeachtet der beiden Parallelstellen in den Nibel. und 2 Kaufmännern über gouch ist der Sinn dennoch nicht recht klar. gouch, isl. gaugl heißt urspr. nichts wie Vogel fugl allgemein und beide Wörter fließen zusammen. | vergl. gagl (Schwan) und Gäkel, Gokel, Hahn, pullus. bei Reinmar 2. 134ᵃ steht der junge Gouch offenbar für Vogel, später wurde es wie jenes Gukel auf den Hahn, auf den Gukuk und Heher ꝛc. ꝛc. (Geck) doch mehr auf ersteren beschränkt. Zu jenen Stellen müßten wir auch erst noch anderswo das Sprichwort auffinden.

Die Elster hat, wie ich aus meiner Jugend noch genau weiß, grüne Eier. sollte aber hier darauf Rücksicht genommen worden seyn, da doch das Ei außer dem Vogel existirt und ein nestbrütender nicht wohl ohne weiteres angenommen werden darf?

Daß Wernh. Marienleben ein treffl. altes Gedicht sey, hatte ich Ihnen schon lange gerühmt, u. unterschreibe nun auch Ihr Urtheil über Otter genau. Ihre Verbeßerungen des letzteren sollen uns, wie alles von Ihnen, für die A. W. sehr lieb seyn, nur kann ich nicht den sofortigen Abdruck versprechen, da jetzo alles ruhen muß. Bringt es dies Journal zu keiner langen Dauer, so liegt die Schuld nicht an uns, denn wir haben Aufsätze und Eifer genug, immer beßere zu liefern. Täuschen wir uns auch selbst über den Werth des bisher Geleisteten (und ich bin fast unzufriedener mit dem, was ich von mir gedruckt sehe, als ich sollte) so traue ich mir doch so viel | Unparteilichkeit zu, um zu sehen, daß viel geringere und mittelmäßigere Sachen im altd. Fach gedruckt und aufgenommen worden sind.

Dunkelheiten stoßen uns beinahe täglich auf, aber immer steckt darin eine neue Schönheit der alten Sprache und ein neuer Reiz sie zu verstehen. Selbst in den Nibelungen sind noch einige aufzulösen; so hatte eben Hagen das genozzen

3742 in seiner Übersetzung schändlich misverstanden und Sie fühlen ganz richtig den Jagdterminus. Ich weiß nicht, warum ich zu S. 22 ad v. Leithund u n g e n o ß e n das Wort nicht erläutert habe, das es so sehr verdient; ich wollte es eigentl. bei der vollständigen Ausgabe der merkwürdigen Waidsprüche ¹) thun. Schlagen Sie in Döbels Jägerpractica, einem überhaupt braven Buch ²), Th. 1. Cap. 146. (p. 95) über das G e n i e ß e n der L e i t h u n d e nach, so wird alles klar seyn. Grammaticalisch steht hier: u n g e n o ß e n als partic. praet. oder praesentis activi (n'ayant pas mangé oder ne mangeant) gerade wie wir nach einer noch nicht genug bemerkten Eigenheit unserer Sprache sagen: ein weit gereister Mann, ein geseßener ꝛc. ꝛc. beflißen seyn heißt: befleißend seyn, ungesungen seyn = unsingend. g e n o z z e n [steht in diesem neutralen Sinn Parcifal 8639. In den Nibel. 3742 in der gewöhnl. paßiven Bedeutung. Was bleibt noch so viel zu thun und zu sagen!

Ihre intereßante Sammlung über die i und e i folgt hier mit Dank zurück; es wäre schön, wenn Sie einmal mit Zuziehung der i e förmliche Resultate daraus ableiten wollten. es ließe sich dabei auch die orthographische Anwendung machen und zeigen: ob man die Diphthonge beßer über- oder neben- schreibe. Die Norden lieben und pflegen jenes (die Isländer haben á, é, í, ó, ú neben den einfachen) die deutsche Sprache hat sich entschieden fürs letztere, und so lange wir in den Gedichten des 13. J.H. liebe, hier ꝛc. statt lébe, hér drucken laßen, ist es wenigstens inconsequent bei ú, û stehen zu bleiben. Auch die Holländer unterscheiden jetzt nicht mehr genau ihre ij (ei) und y.

über b o r habe ich seitdem sehr glücklich gesammelt und jetzt 26 Parallelen beisammen; im Rother steht es dreimal 1387. 2676 (borsenfte st. hors. Docens gar ist aus der Luft gegriffen) u. 5099. auch die Stelle aus Maneße I. 9. hatte ich schon gefunden. Ich denke über das Wort einen eigenen Artikel zu schreiben | und will also hier den Platz zu etwas anderem brauchen.

zu b i l hilft besonders der Wartb. Krieg Jen. Ms. str. 69 und 75 (in Docens Misc.) wo es auch als Jagdterminus steht (Döbel hat diesmal nichts zur Erläuterung.) viell. vom oder zum nordischen b e l l a , pollere, violentem esse. b i l Zorn, Wuth, Ärger, heftiger Kampf.

---

1) S. altd. W. 3, 97 fg.
2) übergeschrieben: „auch zur Erklärung der Jägerterme im Tristan".

fortgesetzt am 19. Octob.
so weit war am 27. Sept. geschrieben; seit dem 28.
früh wurde alles durch die bekannten Vorfälle unterbrochen,
welche ich glücklich überstanden habe. An einen ruhigen
Schluß dieses Briefs konnte ich aber nicht eher kommen.
In wie vielem Betracht sind Sie ruhiger, unabhängiger!
Hier reibt sich alles viel leichter und härter an einander;
der Himmel wolle das übrige gnädig entwickeln; ich fahre
jetzt ruhig fort:
bei d r e s e n dachte ich auch wohl an niesen. Aber Parcifal 13037 ungetrest [1]) gras? unabgeweidet, oder u n g e -
t r e t e n, ungedrescht (dreschen) weil dreschen eigentl.
treten (a bovibus triturantibus)
ad e r v a r. ich denke dabei an e r r e, i r r zornig aber auch
b e t r ü b t, v e r s t ö r t, var konnte wie in vielen compo-
sitis, f a r b i g seyn. trauerfarbig, bleich. beßer aber ist
ervar ein subst. und wird wie wage von e n regirt.
dann heißt es freilich wohl v a r timor, Gefahr, Furcht,
Schrecken [2]).
Was heißt bei Walter V.W. 1, 114ᵃ „als ich mit ge-
danken irre var"? herumschweife? oder tobe? |
f l ö w e n ist ganz gewiß f l e a. holländ. vlaen, a. s. flean,
schwed. flå [3]).
g ä n s t e r gewiß F u n k e n, g a n e i s t. sungelt und sang
(Parc. 3081) ist: sengelte und sengte (zwei Worte für
eins) von sengen, sängen, brennen, sengeln eine frequent.
Form. holländ. zengen gehört wohl zu c i n i s, i g n i s
(inis) aber auch zu z ü n d e n, to tine. cf. tine Zinke,
Dorn, t e i n n, d. h. das stechende, brennende (wie N e s s e l)
das Feuer gnistert.
(ad Nessel. vid. Nettel, n e i t i Funken G - n e i s t u. ezzel,
o e s e l, u s e l Feuer, cinis)
was halten Sie von folgenden:
k u r g reimt im Oranse II. oft auf Kyburg. z. B. 30ᵇ 103ᵃ
5ᵃ Titurel X. 58. kurch Wolfram b. Maneße 1, 148ᵃ wohl
Druckf. für kurz)
cf. das alte zorst, zorft, torst conspicuus, offenbar u. kiesen,
küren, urspr. s e h e n c e r n e r e.
müding s. Strikers Fabelbuch altd. W. p. 6. cf. Klage 888.
Fabl. von der wibe list 138. von der Minne 98.

---

1) ungetretet Parz. 437, 4.
2) Die Bemerkung bezieht sich auf eine Stelle in der Klage (1848 L.):
dô waz en wâge und och en vâr daz volc mit lûtem ruofe, wo C ervar hat.
3) Dazu von W. Grimms Hand: vgl. Lohengrin str. 757: so manic
sel het er enpflohet. Gold. Schmiede v. 20: diu wirde sich enpflöhen kan.

p f u c h Tristan 16608. ir erbe pfuch streichen ¹) NB Stalder hat p f u c h ä h n Urgroßvater Stinckahn, p f u i p f u c h a h n. pfui ist aversantis, conf. f e u defunctus. s c h i f t e u r Trist. 8584? ²) s e t m u n t ibid. 12086? ³) w o l d a n reiten. kommt häufig vor und wäre viel zu sagen ⁴). Das eigentl. ist mir aber dunkel.

Zum Hildebr.lied habe ich seitdem viel gewonnen. ein Hauptfehler war untar heriun tuem heißt: u n t e r e i n · a n d e r. tuem ist: zweien, duobus. isl. undir hverotveggiom. unmettirri lies: unmet- irri (unmüßig zornig, irr, erre s. oben, u. so noch anderes, weniger bedeutendes. Man lernt nach u. nach u. sonst ist es auch nicht möglich. |

Haben Sie s p u l, das im altholländ. gemein, gewöhnlich bedeutet, sonst gehört? Davon kommt klar das oberrheinische s p u l g e n, s p u l w e n, solere, das schon Notker hat.

ich mache Ihnen hier ein kleines Geschenk mit zwei holländ. Ankündigungen, beide neue Ausg. des fries. Gysb. Japix ⁵) betr. Die Concurrenz ist an sich fatal, Hoekstra aber scheint gelehrter als Epkema. Hätten Sie vielleicht die vom letzteren gewünschten Dorilis und Cleonice, u. Ph. de Mornay auf der Bibl.? Hoekstras Noten sind unbändig weitläufig, enthalten viel Unnöthiges aber einiges Scharfsinnige. Auf das fries. Wörterbuch bin ich am meisten begierig, denn die Sprache ist sehr merkwürdig. Haben Sie dort Wassenbergs Beiträge ⁶) und Hoeufts Zusätze dazu?

Sobald es sich fügt kaufen Sie ja doch Jamieson's schott. Wörterbuch, das ich sehr gerne durchlesen möchte. Neulich fand ich über H. Tooke einen Aufsatz im monthly repertory und sah daraus was ich nicht wußte, daß er ein gewaltiger Politiker war, der aber mit jedem zankte, mit Pitt wie mit Fox und seine Partikeln überall einmischte. Von einem zweiten Theil der ἐπ. πτερ. war aber keine Meldung. Die Ausl. wird Ihnen Villers erstattet haben. Leben Sie wohl und da Ihre Ferien sich wohl von selbst verlängern werden, schreiben Sie bald einmal wieder.

Ihr herzlich ergebenster Gr.

---

1) Vgl. Trist. 16846: in streich diu liebe ir erbepfluoc.
2) l. schiftür Trist. 8701.
3) Trist. 12220. Setmunt = Septimer, s. Zeitschr. f. d. Phil. 2, 183.
4) s. Zeitschr. f. d. a. 5, 494 fg. Kl. Schriften 7, 182.
5) = Gysbert Japiex, Friesche rijmlere.
6) Everwijn Wassenbergh, Taalkundige bijdragen tot den frieschen tongval, 1802. 1806.

Damit das Pak. fortkann, lege ich H ö f e r [1]) bei, der nicht uninteressant, aber unreif und unordentlich ist. Mit den übrigen Büchern müßen Sie jetzt Gnade haben. Einl. an Röwer, den ich leider auch trösten muß.

27.

Caßel 17. Nov. 1813.

Theuerster Freund

Tausend Glückwunsch, daß Sie wiederum aus dem westphälischen Joch entbunden sind, Ihre Postknechte wieder Georg Rex peitschen dürfen und Ihre gelehrten Anzeigen nicht mehr schwere und oft dreifache Complimente zu drehen haben. Wegen des gemeinschaftlich getragenen Unglücks werden Sie auf uns arme Heßen auch in Zukunft nicht mehr so stolz blicken, als es wohl sonst geschah, wiewohl nicht zu leugnen ist, daß wir uns gleich im Anfang etwas schwerfällig und langsam zeigen; aber nur Geduld und Vertrauen! Wer wollte jetzt, der an Deutschland denkt, das wieder ganz und eins geworden ist, an dem einzelnen tadeln und darüber unruhig seyn oder ungeduldig? nun gar an mich selbst denke ich am wenigsten eifrig und verzweifele aber auch nicht. Das wird sich schon geben. Ich kann Ihnen daher wenig von dem melden, was aus mir werden wird. Die Bibliothek mußte eingepackt werden (größtentheils) und ist fort. Meine blaugestickte Uniform hat wohl keiner unter allen Mittragenden so leichtes Herzens weggelegt.

Ihrer Bibliothek wünsche ich nun reiche baldige und freigebige | Ergänzungen aus London und aus dieser Fülle werden Sie mir dann auch leihen, wie ich in der Hungersnoth mit meinem geringen Vermögen gethan habe. Es fällt mir ein, daß noch die zwei Bände von Douces Shakesp. in Ihren Händen sind, diese behalten Sie nun, bis sie mir einmal gefodert werden, was ich aber nicht glaube.

Hierbei bringt Herr Bauer zwei Pakete mit 6 Bänden 1.) Gottsched 2.) Ungar. Mag. 3.) Lehmann 4.) Dahnert. 5. 6.) Hormayr.

für die gütige Recens. der a. W.[2]) danken wir beide.

---

1) M. Höfer, Die Volkssprache in Oesterreich. Wien 1800.
2) Götting. Gel. Anzeigen 1813, S. 1713.

Ich komme diesmal nicht dazu, Ihnen eins und anderes darüber zu schreiben. Wenn Sie Villers oder Constant sehen,
so bitte ich zu fragen: ob ein von letzterem bei seiner Abreise von hier für Feder [1]) in Hannover mitgenommenes Pa-
ket besorgt worden ist? Wo nicht, so nehmen Sie es doch
in Schutz, bis Sie einmal dafür sichere Gelegenheit finden.
Ich fürchte mich sonst, daß es verloren gehet. Leben Sie
wohl und seyn Sie herzlich gegrüßt

Grimm.

ist denn D. Sjöbring abgereist? und weiß man nichts von
Sieveking

28.

Caßel 27. Nov. 1813.

theuerster Freund

Sie werden bei der Nachricht, die ich Ihnen zu geben
habe, mancherlei Bedenken über mich und meine Zukunft
bekommen. Ich gehe Morgen als heßischer Gesandtschafts-
secretär ins große Hauptquartier ab. Eine andere gute oder
nur leidliche Anstellung stand mir in der jetzigen Zeit nicht
offen und ein schneller Schritt für mich und meine Ge-
schwister war durchaus nothwendig. Wie viel es mich
sonst verwirrt, da ich alles vorerst im Stich laßen muß,
brauche ich Ihnen nicht zu sagen; | doch muß ich wie billig
erst einmal näher zusehen, dann werde ich bestimmter klagen, vielleicht auch mich trösten können. Immer ist es ja
nur auf eine Zeit, und nicht auf sehr lang; grüßen Sie vielmal den guten Villers, der gewiß an mir Theil nimmt, und
behalten Sie mich lieb, ich bleibe stets der Ihrige J. Grimm.
N. S.
Da wir kein Geld für die Freiwilligen hatten, versuchen
wirs mit der einliegenden Pränumeration. vielleicht können
Sie dort etwas sammeln, | es ist für die Deutschen, die
Heßen sind.

---

1) J. G. H. Feder geb. 1740, seit 1768 ord. Professor in Göttingen
1797 Direktor des Georgianums in Hannover, † 1821.

29.

Caßel am 24. Juli 1814.

Lange habe ich Ihnen nicht geschrieben und lange nichts von Ihnen gehört. Seit drei Wochen bin ich wieder aus Frankreich zurück und dachte mich gar nur acht Tage aufhalten zu können; weil sich aber der Wiener Congreß aufschiebt, zu dem ich auch wieder abgehen soll, wird mir hoffentlich Ruhe bis in die Mitte Septembers vergönnt. Ich müßte Ihnen mündlich verzählen, was ich unter der Zeit böses und gutes erfahren habe; zwei volle Monate zu Paris zu bleiben, freilich in einer zerstreuenden Zeit, war mir schon viel werth und ich bin für unser Studium nicht umsonst da gewesen. Gleich den ersten Tag fand ich etwas lang gesuchtes, einen mittellateinischen Reinardus et Isangrinus, eine wiederum ganz verschiedene und merkwürdige Fabel, von der keine Seele wußte und der oberflächliche Le Grand d'Außy doch so leicht hätte wißen können und sollen. Dieses feingekritzelte, schwer leserliche Ms. (in 18ᵐᵒ u. auf Perg.) habe ich meinen armen Augen zum Trotz und Tort ganz abgeschrieben; es sind 7000 Hexameter und nahmen mir 4 Wochen weg. Dann habe ich unter den unsäglichen zahlreichen altfranz. Mspten das für mich wichtigste ausgewählt und was sie von altdeutschen besitzen durchgesehn. Unter diesen ist des unbekannten nicht viel; aus der ersten carlingischen Zeit, worauf ich am meisten gehofft hatte, fand sich an Gloßen ꝛc. ꝛc. gar nichts; allein wer weiß was noch unter den vielen latein. Mss. stecken kann, wovon die oberfläch. Cataloge nichts wißen. Man müßte Jahre suchen. | In dem Maneß. Codex ist für die Lebens und Liedergeschichte der Minnesinger die Untersuchung der vielen Bilder mit Wappen und Figuren sehr wichtig und namentl. wieder von Raßmann ganz vernachläßigt worden. Ich konnte nur schnell und oberflächlich dazu thun, vielleicht beschäftigt sich A. W. Schlegel der selbst dort und ebenfalls aufmerksam ist, damit.

Aus dem altfranzös. und provenzalischem ist für unser altdeutsches viel zu lernen und an sich selbst verdienen die darin vorhandenen Gedichte Aufmerksamkeit. Ganz falsch ist die Meinung, daß die Provenzalen keine epischen Lieder gehabt. Sie waren reich daran und noch jetzt existiren einige z. B. aus dem Kreis von Karl d. Gr. Ich habe einen Mann N⁺ F a u r i e l kennen gelernt, der sich auf eine gründ-

liche und rechte Art damit abgibt. Roquefort ist persön-
lich noch oberflächlicher, als in s. Büchern, aber doch recht
gefällig gegen mich gewesen.

Hin und her waren unterwegs manche Bibliotheken zu
sehen, nur selten mit Ruhe und Muße. In Carlsruhe habe
ich doch den lang gesuchten Titurel wieder gefunden, die
H.S. ist aber noch schlechter als die hannöv. wiewohl com-
pletter. Zu Basel, Troyes, Dijon war einiges, doch nichts
wichtiges. Nach S. Gallen konnte ich leider so wenig, als
nach Bern. in Chalons und Nancy war nichts und in Metz
verdarb mir der grobe Bibliothecar (Jaubert, bei dem ich
mich dazu auf Villers berufen durfte) alle Lust. In Strasburg hingegen blieb ich 14 Tage und daselbst ist noch gar
manches; auser den Mss. auch brave, deutsche Leute, so
daß mir mein Herz dort wieder aufging. Engelhard, Schweig-
hausers Schwiegersohn, studirt das altdeutsche fleißig und
wird das wichtigste gern benutzen und bekannt machen.
Jetzt arbeitet er an einer Abhandlung über altdeutsche
Kleidertrachten nach einem Ms. des 11. Jh. recht verständig
und gründlich [1]). Die große gereimte Heiligenlegende (über
30/m Zeilen) die ich schon einmal zu Jena fand und die bei
Hagen ganz fehlt, ist in Strasburg in einer viel beßeren
Handschrift, und hat besonders Sprachwerth, aber auch
poetischen. Die von Oberlin oft citirte Handschrift Phonasc.
johann. war in der Revolution weg gekommen, ist aber
wiedergefunden und von der Strasburger Stadt mit 12 Ca-
rolin wieder erkauft worden; viel zu theuer (da fast alles
daraus gedruckt ist, namentlich im 3ten Theil der Müller. S.)
aber der Zug hat mir sonst gefallen. Oberlins Papiere sind
in seines unwißenden und verarmenden Sohnes Händen in
Paris. Ich habe sie dort mit traurigem Gefühle betrachtet;
etwa 20 Kasten voll, ungemein ordentlich und fleißig, aber
wie ich glaube ohne bedeutenden Werth. Auch einige Mss.
hat er noch und sind ihm feil. (ein Renner, ein Tristan sowohl Gottfrieds als Vriberc's auf Papier, derselbe wonach
im Gloßar citirt wird; ein Bd. Muscatblut). Haben Sie reiche
engländische Göttinger Lust dazu? Das durchschoßene
Exemplar des Gloßars mit den Zusätzen in 2 Folianten hat
ihm die große pariser Bibl. abgekauft, in der es rein verloren steht. Ich konnte blos hineingucken. vom Gloßar
habe ich ein ganz neues unbeschnittenes Ex. in Strasburg
für mich gekauft für 4¹/₂ ℳ, die Buchhändler forderten

---

1) Chr. M. Engelhardt, Herrad von Landsperg und ihr Werk Hortus
deliciarum. Stuttg. u. Tübingen 1818.

12 *₰*; es sind nur noch wenige Ex. vorhanden und stehen,
wenn man sich an die rechte Quelle wendet, zu 24 francs.
Die kleinen Oberlin - Abh. sind gänzlich vergriffen und nur
mit Mühe habe ich einige davon aufgetrieben.
Auser einem guten Bündel Excerpte habe ich eine kleine
Kiste voll raren Büchern, bes. über französ. Patois, Volks-
bücher aus Troyes und dergl. mitgebracht. Des W. Scotts
Tristrem fand ich zu Paris und eine Woche darauf empfing
ich einen ungemein artigen Brief von ihm und Weber (einem
Deutschen) zur Antwort auf einige Anfragen, worin er mir
den Tristrem u. alle seine Bücher als Geschenk ankündigt.
Er gibt mir auch Aufschlüße über den jetzigen Stand der
altengl. Lit. Allein Ihre Bibliothek wird jetzt aus England
so reich beschenkt werden, daß Sie in den Schätzen schwel-
gen können; des Jamieson's (es gibt zwei verschiedene jetzige
Autoren dieses Namens) schott. Wörterbuch und Whiters
etymologicon universale Oxford 1811. vermuthl. in 4 Quartanten werde ich einmal expreß nach Göttingen zu lesen
kommen müßen. vom Whiter habe ich zu Paris zwei Bände
durchgelesen; es ist ein ungemein scharfsinniges Buch, voll
lebendiger Ideen über Sprache u. Sprachbildung, und wiewohl unvollständig und einseitig in diesem ungeheuren Meer,
dennoch auf allein rechtem Wege. Ich bin | auch überzeugt,
mit Whiter und Kanne (trotz einer neul. göttinger Rec.) [1])
hat die Etymologie bedeutende Schritte gethan.

    Jetzt einige Bitten, woraus Sie auch sehn, daß ich ganz
der Alte bin:

1.) wir wünschen Pauli's Scherz [2]) und Ernst zu einer
Vergleichung aus Ihrer Bibl. geliehen.

2.) grüßen Sie Villers u. er möge mir die ihm im Oct. v. J.
aus der kön. Bibl. geliehenen drei engl. Bücher a.) the
Ramayana of Valmiki [3]). 8ᵛᵒ b.) east-India Vademecum
2 voll. remittiren. Ist er nicht da (es heißt zu Hannover) so wißen Sie vermuthlich wo sie stecken und können
das näml. bewirken.

3.) sind die einmal Constant mitgegeb. hanöv. Mss. wohl
Federn zugelangt?

4.) wißen Sie jemand der das englische unserm jungen Prinzen
lehren könnte? er muß die feine Aussprache haben, steht
sich 400 *₰* sicher und braucht 16 Stunden wöchentl. zu

---

1) Über dessen System der Indischen Mythe; Götting. Gel. Anz.
1814, S. 734.
2) = Schimpf. — vgl. den folgenden Brief.
3) = Valmccki.

ertheilen. Mit andern Privatstunden kann er so viel dazu verdienen, als er Lust hat. Ich arbeite hier wie sonst unabgesetzt und lebe vergnügt; meine Brüder sind Gott sey Dank unversehrt aus dem Krieg zurück und jetzt bei uns. Dies Beisammenseyn, die alten Studien und die lebendige Regsamkeit Deutschlands nehmen mich so ein, daß ich an meine Zukunft nicht denke. Mit Görres rhein. Merkur sind Sie gewiß mehr zufrieden, als mit seinen Ausgaben altdeutscher Texte; es ist eine brave, deutsche und viel wirksame Zeitung, wie ich noch keine weiß. Man sollte aus allen Ländern frei sprechen. — Ich habe kurz vor dem Einzug in Paris dem Min. Stein eine schriftliche Vorstellung eingereicht, daß die vatican. und pariser altd. Mss. zurückgegeben würden. Er hätte gern geholfen, wie er überh. unter allen der beste war; aber wie war durch die andern Verkehrtheiten zu dringen? Die näheren Umstände vom Plan sowohl als was noch etwa zu thun übrig bleibt, mündlich einmal. Ich bitte Sie indeßen gegen niemanden dieser Sache zu erwähnen. Vorgeschlagen hatte ich Caßel, Göttingen oder Berlin, um unparteiisch zu seyn und doch einen Anlaß zu haben.

Laßen Sie bald was von sich hören und zweiflen Sie nicht daß ich stets unverändert bin

Ihr Freund Jacob Grimm.

30.

Caßel 30. Aug. 1814.

Das Buch, worum wir Sie, liebster Freund gebeten haben und das Ihnen, wie mir Villers meldet, vergeßen ist. war des Pauli Schimpf und Ernst, das ich früherhin unrecht Scherz und Ernst betitelt hatte. Seyn Sie so gut es mit der Post an meinen Bruder zu senden, (auch die deutschen Gesta Romanor. falls Sie solche besitzen beizuthun) er wünscht aber mit der nächsten, da er es zu etwas braucht. was er gerade nicht länger verschieben darf. Ich reise verm. schon Ende der Woche nach Wien ab [1]). Unter mancherlei Arbeit kann ich also nur noch die

1) Zum Congreß. Gr. war von Okt. 1814 bis Juni 1815 in Wien. S. Kl. Schriften 1, 13.

von Ihnen gewünschte Stelle aus W. Scotts Brief beischreiben und mich Ihnen aufs herzlichste empfehlen. Von
Wien aus sollen Sie mehr von mir hören

Stets Ihr Grimm.

I should also explain that Robt Jamieson editor of the
ballads though alike in name and pursuits is different from
Dr Robt Jamieson author of the scottish Dictionary. The
latter is a clergyman not of the etablished church but of a
particular class of scottish dissenters hitherto only remar-
kable for religious zeal. but this excellent | man upon a
very small means in proportion to his exertions has bred
up a family of fifteen or sixteen children, formd a library
and collection of medals and employs his whole leisure in
the study of antiquities without forfeeling [1]) the attachment
of his hearers or neglecting his professional studies.

31.

Caßel den 14. Febr. 1816.

Ich muß Ihnen, theuerster Freund, die mir von Berlin
und Heidelberg aus zukommende angenehme Nachricht melden, daß die vaticanischen altdeutschen Hss. vom Pabst
herausgegeben werden. Der Cardinal Consalvi hat den
30. Dec. sehr freundlich an Hardenberg geantwortet: zuerst
ganz vernünftig behauptet, daß der Universität Heidelberg
jetzt kein eigentliches Recht mehr zustehe nach der langen
Verjährung und dem rechtlichen Titel des päbstl. Stuhls
(natürlich, sonst dürften wir auch den Schweden den zu
Verden genommenen Cod. argenteus, oder was sie sonst
z. B. aus Erfurt mitgeführt haben, wieder fordern, oder die
Franzosen manches altfranzös. aus England), daß aber aus
Dankbarkeit rilevando il santo padre — che Sua Maesta pone
la piu grande importanza nel conseguire i preziosi Codici
ed i famosi manoscritti, che formano un raro monumento
dell antica letteratura tedesca, vuol darli una nuova prova
del prezio sommo, che fa dei desiderj | della Maesta sua
ed e pronto a farne un dono alla università di Heidelberga o
a qualicunque altro corpo piaccia alla Maesta sua destinarli.
Weiterhin wird die Zahl der angebotenen codici risguardanti
la scienza nazionale angegeben: essi sono nel considerabile

---

1) Wohl verlesen für f o r f e i t i n g.

numero di 847. e sorpassano di gran lunga quelli, che la
santa sede attualmente ricupera. (Ja, aber die 500 aus Paris zurückerhaltenen sind für Rom unverhältnismäßig wichtiger.) Vermuthlich wird Wilken bald nach Rom abreisen
und den Sommer kann schon | Heidelberg im Besitz des viel
ersehnten Schatzes seyn, der vermuthlich zu der Blüte der
Universität selbst beitragen muß. An Oesterreich ist wahrscheinlich eine ähnliche Antwort ergangen, allein es leidet
keinen Zweifel, daß Preußen und Oestreich das in ihre
Hände gelegte Gut völlig und ganz den Heidelbergern geben,
nur daß man es für allgemeines deutsches Nationalgut erklären wird, welches der badische Hof keinem weigern darf.
So hätten wir Deutsche schon Bundesfestungen und Bundes-
handschriften. Diese Begebenheit ist recht erfreulich und
doch auch eine gute Frucht der Zeit.

Ich dachte längst nach Göttingen zu reisen, werde aber
nicht können vor Ausgang dieses Monats. Bis dahin spare
ich nun vielerlei, was sich Ihnen mündlich beßer sagen läßt
als schreiben. Auch daß die·Maneß. Samml. von den Franzosen herausgegeben und nach Berlin kommen wird bleibt
noch die größte Hoffnung. Übrigens habe ich doch zu Paris
für Preußen drei unbekannte Pergamenthss. ausgemacht und
ihre Auslieferung bewirkt 1.) Gottfr. Tristan, mit Thürheims
Fortsetz. aber defect. 2.) Barlaam. 3.) Wilh. Orlenz. Alle
stammten aus der Blankenheimer Bibliothek (im Trierischen)
die den Nummern nach zu schließen, nächst der Heidelberger
ehdem die vornehmste altdeutsche gewesen seyn muß. Denn
anderwärts z. B. zu Cöln besitzen jetzt Privatleute manches
daraus, z. B. den gottfriedischen Tristan noch einmal.

Der neulich von Hundeshagen in der Wetterau gefundene,
mit etwas viel Geschrei angekündigte Nibelungen-Codex hat
vermuthlich auch zu den palatinis gehört, ist übrigens auf
Papier, soll jedoch manche neue Strophe enthalten. Was
sagen Sie zur neuen Ausgabe Hagens? Der Abdruck des
Galler Codexes ist schon recht und mir lieb (Schlegeln gewiß nicht) nur hätte er ihn ganz rein geben können und
z. B. die neuen hohenemser Strophen weglaßen mögen, zudem ich noch erst die meisten künftig mittheilen werde [1].
Im Wörterbuch ist das schwere noch nicht alles gelöst,
z. B. daß forewise von verwerden (verwesen, perire) kommen
soll, glaube ich lange nicht. In der Vorrede vergröbert er
meine Vorstellung und schlägt dann einen Mittelweg ein,
der aber auf Dinge führt, wie z. B. daß Wolfram das Hel-

---

1) S. Altd. Wälder 3, 1.

denbuch gedichtet. Manches andere ist indeßen gut und scharf bemerkt.

Ich bringe Ihnen einen Haufen Bücher mit zurück, die sonst schon jetzt erfolgen würden; auch ist uns für die Gött. Bibl. von D. Bunsen: Thorkelins voriges Jahr edirtes angels. Gedicht [1]) zugesandt worden, welches uns der Vf. selbst geschenkt hat; Sie müßen es also gelegentlich dem Bunsen bezahlen. Ich bringe das Exemplar auch mit. Wir laßen jetzo deutsche Sagen drucken, woran wir lange gesammelt; besitzen Sie von dem bekannten J. Prätorius [2]) außer folgenden von uns schon genutzten Schriften (1.) Weltbeschreibung oder Anthropodem 2.) Glückstopf. 3.) Weihnachtsfratzen 4.) Schwalbenwinterquartier) noch einige andere, vielleicht unter den Gebauerschen Büchern [3]), so würden Sie uns durch deren Mittheilung verbinden, es könnte manches noch für unser Buch nöthiges | darin seyn. Widmann Höfer Chronik (von Hof in Franken und Draudts Tischreden wünschten wir in gleicher Absicht, sowie der heß. Major Kellermann, für den wir bürgen, das auf einlieg. Zettel stehende Buch. Seyn Sie so freundlich, uns dies Paket mit einer der nächsten Posten zu besorgen, ich hoffe seinen Inhalt dann auch noch selbst mit zurück zu nehmen.

Hierbei theile ich Ihnen das noch ungedruckte Gedicht oder Lied Gottfrieds mit, das ich mir aus dem Maneß. Codex geschrieben. Es ist weder ganz so schön, als ich mir dachte, noch völlig correct.

Auf ihren Boner laßen Sie lange warten. Der wird dafür aber so vollendet seyn, daß nichts daran auszusetzen bleibt. Ich sehe täglich lebhafter ein, je reifer und wenigerlei man arbeitet, desto beßer ist es und will mich für die Zukunft beßer zusammen zu nehmen suchen. Leben Sie herzlich wohl, der Wilhelm grüßt, und behalten Sie lieb

Ihren Freund
Jacob Grimm.

Die Einl. an H. v. Haxthausen
bitte abgeben zu laßen.

---

1) Dessen Ausgabe des Beowulf, Havniae 1815.

2) Die Schriften des Prätorius sind mehrfach für die Sagen der Brüder Grimm benutzt.

3) Die Bücher des Rechtsgelehrten und Historikers G. Chr. Gebauer, geb. 1690 zu Breslau, der von dem Freiherrn von Münchhausen nach Göttingen berufen wurde und das. 1773 starb, wurden der Göttinger Universitäts-Bibliothek einverleibt.

32.

Caßel am 11. Juni 1816.

An Dumbek habe ich so geschrieben, wie Sie es verlangen, d. h. wie es recht ist und ich hoffe daß er in sich geht. Mit dem „aus den Zeiten der Tafelrunde" meint er wohl nicht die Zeit der Abfaßung des Gedichts sondern die Zeit, worin es spielt. Ich lege Ihnen hier ein Paar Auszüge, die ich vor Jahren über diesen Wigolais gemacht habe, bei, zweifle aber, daß Sie etwas daraus brauchen können. Klar ist Giglau, Gigulan = Wigulan, Wiglan, folglich = Wigalois oder nach Ihrer richtigen Ansicht Gui Galois, indem Gauvin, Galwin (ebenfalls Walwin genannt) stets als gallischer König vorgestellt wird. Merkwürdig schien mir stets im deutschen Gedicht die Einflechtung des Hoyer von Mansfeld. Wenn ich wüßte, in wie fern Ihre Arbeit sich auch auf den Inhalt und die Fabel miterstrecken soll, so würde ich, etwa die alte Prosa, einmal wieder durchlesen und dann könnte mir vielleicht noch eins oder das andere einfallen. Den Schwanritter [1]) habe ich nicht herausgegeben, sondern Wilhelm hat ihn besorgt. In dergl. Fällen pflegt zwar jeder des andern Arbeit durchzulesen und seine Anmerkungen und Verbeßerungen vorzuschlagen, allein es hängt vom Herausgeber ab, was er davon brauchen will. Ich erinnere mir bestimmt, daß ich Z. 322 das doch und noch der Hs. beßer fand, als die Änderung, desgl. 849 das lützel in Schutz nahm. Ihre Auslegung von grûz (234) durch Grausen bezweifle ich, die Redensart kommt noch sonst vor, Oberlin v. gruss „seinen gruss aus einem machen" ludibrio quem habere (aus ph. joh. fol. 50.) Z. 140. „sunder wer' ist eine Note von mir, und ich nehme Ihre Übersetzung ohne Irrung nicht an. Es heißt mir: ohne daß ich euch den Umstand zu bewähren brauche, ihr könnt mir unbedenklich glauben. | were ist im altdeutschen Recht die Leistung, Erfüllung der Verbindlichkeit. vgl. 701 tugende wer, Erfüllung. lide 320 halte ich ebenfalls nicht für Leid. vgl. 689 lit (auch zu Godefrit) und 1334 lide (im selben Reim) Herzen-lit, ist hier: die Vergliederung der Verwandtschaft. 689 instûnt sich intellexit, mögen Sie recht

---

1) Altd. Wälder 3, 49.

haben. 866. **vierschrötig** vgl. Weinschwelg 291. 1054.
bûsche oder bûsche. Man erkennt den Conrad an diesem
Wort; vgl. sein Ged. von der Bir 160. „dem sclahent ein
gebûsche". es ist unser Bausch. — Übrigens räume ich
die gründliche Verschiedenheit zwischen u und u o ein, behaupte aber dennoch, daß sie, wie alle Vocale in einander fließen. Über einzelne Beispiele ließe sich rechten,
und daß nie und nirgend hûs vorkomme, ist doch gegen
gute Hss. z. B. die S. Gallener der Nibel. 342 ce hûse sowohl als die Analogie vom engl. house oder uns. Haus, da
doch unser aus ebenfalls ûz geschrieben wurde.

In Ihrer Recension der northern antiquities[1]) haben Sie
einiges sehr glücklich ausgedrückt, von dem was auch überall meine Meinung ist. Das Ganze hätte ich noch strenger
mitgenommen; nichts ist mir widriger, als die in England
noch stärker, wie bei uns, herrschende Manie, alles Alterthum in noch für die heutige Welt genießbare Speisen zu
zermahlen. Dann, meinen sie, könne man die alten Knochen
und Rippen in eine Ecke werfen; das Gericht wird geformt
und bestreut, aber in der Küche geht es zum Abscheu bunt
und unsauber her, auch wird die Speise ungesund und un-
verdaulich. Jamieson irrt sich aber halb, wenn er glaubt,
der Staufenberg sey im Wunderhorn nach der strasb. Ausg.
1595 blos modernisirt abgedruckt, es ist vielmehr bloßes
neues Machwerk Arnims und blos dem Stoff nach entlehnt.
(Haben Sie jetzt Jamiesons schott. Wörterbuch? ich möchte
es wohl einmal durchgehn und habe zu Göttingen vergeßen
danach zu fragen.) — Die Ditmarsenlieder sind schwerlich je
angelsächsische, welches aus einem Misver|stehen der Ähn-
lichkeit des heutigen Plattdeutsch in Holstein u. Schleswig
mit dem friesischen u. angels. entsprungen seyn muß. Diese
Lieder sind keine andere als die Volkslieder aus Vieths und
Neocorus Chronik. Daß Sämund auf der Univ. Erlangen
und Cöln studirt, ist ein prächtiger Spaß und kommt daher,
daß er in Deutschland und Frankreich auf Reisen war.
Wenn Weber toll geworden ist, so hat er sich nicht an der
altdeutschen Poesie vertrunken.

---

1) Gött. Gel. Anz. 1816, S. 897. — Die erste Hälfte der Illustrations of Northern Antiquities (Edinburg 1814) enthält einen kurzen Ab-
riß der Geschichte der deutschen Poesie mit einem Auszuge des Helden-
buches und des Nibelungenliedes nebst der Klage, auch das Lied von
Hildebrand und Hadubrand nach der Ausgabe und mit der lateinischen
Übersetzung von Eckhart nebst einer neuen Übersetzung in englische
Prosa von Heinrich Weber.

Da Sie nicht erwähnen, wie Ihnen meine Rec. des Bonerius[1]) gefällt oder mißfällt, so vermuthe ich mit Recht, daß Sie sie noch nicht gelesen haben und lege sie darum nur mit der Bitte um baldige Rücksendung, bei, weil ich sie in einer Lesegesellschaft umlaufen laßen muß. Es hielt schwer, Ihnen in etwas beizukommen und wenn ich einigemal zu allgemeine Dinge abhandele, so liegt das theils darin, theils habe ich die Beurtheilung zu schnell nach einmaligem Durchlesen niedergeschrieben. So sehe ich jetzt, ist die Berührung der Endung en S. 322 leicht unrecht zu verstehen; die gen. pl. diebono, tierono sind blos fingirte Beispiele. Das Nähere könnte erst in vollständiger Abhandlung der altd. Declin. klar werden. Meine Vindication der Nominative kal, mel (abl. melme und melwe) u. s. w. scheint mir aber gerecht; auch Hagen in seinem Nibelungenwörterbuch hätte uns blos einen leu und keinen leuw aufstellen sollen.

Lesen Sie Bücher, wie Göttlings Nibelungen und Gibellinen? Es sind grundlose Hypothesen, allein nicht ohne Scharfsinn.

Mein Bruder ist noch nicht zurück. Empfehlen Sie mich den Ihrigen und behalten Sie lieb

Ihren treuen Freund J. Gr.

K. Karel steht gedruckt im letzten Bd. der aretin. Beiträge.

33.

Caßel den 31. August 1816.

Theuerster Freund

Ihren letzten Brief und die geliehenen Bücher (Jamieson 2 vol. Philipps de subhastat.) desgleichen auch Lachmanns Schrift über die Nibelungen habe ich richtig erhalten. Danken Sie letzterm doch gelegentlich recht sehr für das angenehme Geschenk; wenn ich Zeit finde, will ich durch eine Recension[2]) öffentlich zu danken suchen, denn das Ganze stimmt völlig in meine von jeher gehabte Meinung von der Beweglichkeit und volksmäßigen Natur des Liedes

---

1) Kl. Schriften 6, 211.
2) S. Kl. Schriften 4, 92. Vgl. auch 5, 476, wo Grimm anders urteilt.

und hat sie durch eine weislich auf das Gedicht selbst beschränkte, durchgeführte Untersuchung trefflich bestätiget.
Dazu paßt nun auch alles andere, nicht nur das Verhältniß
der ausheimischen Fabeln und Sagen, sondern auch deren
innere Form, wenn man jede Gestaltung an und für sich
betrachten will. Lachmanns Abh. ist unstreitig das beste
bisher über die Nibelungen geschriebene und ich sehe nicht
ab, wie Schlegels Hinzielung auf Ofterdingen und Oestreich
noch Schein behalten kann; auch Hagens Schwanken zwischen den verschiedenen Ansichten wird damit abgefertigt. —
Man kann jetzt schon zehn Nibelungenhandschriften zählen
und dieser glückliche Umstand wird die fernere Untersuchung höchst begünstigen. Die Hss. auf die Sie mich etwas räthselhaft nach Göttingen einladen, enthalten wohl
auch einmal das Nibelungenlied? Wenigstens höre ich von
Frankfurt aus, daß ein | D. Schönlein den glücklichen Fund
gethan hat, und der ist es doch wohl, welcher sie Ihnen
zuführt?
Auch in der wichtigen Wiener Hss. die Primißer unter
den Ambraser Rüstungen entdeckt hat [1]) stecken die Nibelungen, freilich auf Papier. Hagen hat dies alles schon
an sich gezogen. Höchst wahrscheinlich befindet sich auch
Hartmanns Erek und Enite mit dabei, auf deßen Bekannt-
werdung ich nicht weniger hoffe. Hagen tritt, wie Sie gehört haben werden, mit Unterstützung des Königs eine Reise
nach Süddeutschland und Italien an, vermuthlich ist es ihm
aber zumeist auf Heidelb. und S. Gallen abgesehen. Ich
will froh seyn, wenn ich bloßen Urlaub nach Heidelberg erlangen kann und werde so bald als möglich darum anhalten.
Es kommt mir vor allem auf eine genaue Vergleichung der
glöcklischen Abschriften von Reinhart Fuchs und den Hai-
monskindern mit den Originalen an; das möchte ich auch
mit Rother thun. Sonst bin ich weiter nicht begierig noch
mehr Gedichte zur Herausgabe auf mich zu nehmen, also
auch auf Hagen gar nicht mißgünstig
Den altd. Wäldern ist neulich ein schlimmer Streich
gespielt worden. Der Bekannte, der die Correctur, so gut
es ging, aber doch einigermaßen erträglich besorgte, verreist
und überträgt einem Dritten die Last, der so gut wie gar
nicht corrigirt, die albernsten Fehler dick beisammen stehn
läßt und so werden zwei Hefte und drüber abgedruckt, eh
wirs gewahr werden. Dies hat uns die Lust fortzufahren

---

[1]) Die große Ambraser Handschrift, auf Befehl Kaiser Maximilians I.
von Johann Ried 1504—1515 geschrieben. vgl. Pfeiffer, Germania 9, 381 fg.

so verbittert, daß ich dem Verleger geschrieben habe, es
solle mit dem Schluß des dritten Bandes nunmehr beruhen. |
In einigen Wochen sollen Sie diese traurigen Hefte erhalten. Ich habe mir fest vorgenommen, nun nichts mehr
drucken zu laßen, als was ich mit eignen Augen corrigire.
Eine gute Last Bücher liegt zum Zurücksenden an Sie
bereit, namentlich die drei Bände Heimskringla, die wir
nun selbst angeschafft haben. (Können Sie den 4ten Theil
in einem sehr gut brochirten, unbeschnittenen Ex. für Ihre
Bibl. für den Ladenpreis brauchen? Ich habe ihn zufällig
doppelt.) Ich warte blos auf eine sichere Gelegenheit. Den
früher einmal zugesagten Staricius ¹) haben Sie wohl mitzu-
senden vergeßen? ich bemerke dies blos, damit kein Irrthum möglich wird, sonst liegt mir am Gebrauch des Buchs
wenig.
Können Sie mir den Catalog von Reinwalds Vergan-
tung, die bald seyn wird, auf einige Tage borgen? Kein
Buchhändler hat mir damit Wort gehalten. Auch um den
dritten Band von Kosegartens Dichtungen muß ich, falls
Sie die Greifswalder Ausg. von 1812 besitzen, bitten.
Noch eins. gangheil kann ich Ihnen jetzt bestätigen.
Es steht im Simplicißimus Theil II. Buch 2 (oder: wunderb.
Vogelnest. Cap. 12. ed Nürnberg 1713. II. p. 292.) nachdem
erzählt worden, daß von zwei eingebrochenen Spitzbuben
einer Arm und Bein gebrochen hat und liegen bleibt: der ge-
sunde oder gangheilige stund gleich wieder auf ꝛc. ꝛc.
Überhaupt liest man selten in diesem Werk, ohne bald etwas
Neues für Wort oder Sache zu finden. Wilhelm grüßt herz-
lich; Sie haben doch unrecht, daß Sie Sich der stralsunder
Reise entziehen. Den Ihrigen bitte mich zu empfehlen und
zu glauben, daß ich unverändert bin Ihr Jacob Grimm.

Die zugedachte Anzeige der Sagen haben wir noch
nicht gefunden ²).

---

1) Johann Staricius aus Schkeuditz bei Leipzig lebte Mitte des
17. Jahrhunderts. Vgl. Goedeke Grundr. 2, 73. Aus seinem Newrefor-
mirten Heldenschatz hat W. Grimm in d. d. Heldensage S. 319 eine
Stelle mitgeteilt. S. auch S. 491 der dritten Ausgabe dieses Buches,
Gütersloh 1889. S. 491.
2) S. Götting. Gel. Anz. 1818, S. 1766.

34.

liebster Freund,

lange hab ich nichts von Ihnen gehört und Ihr halbes, mir im September geäußertes Versprechen, uns in den Michaelisferien zu besuchen, haben Sie nicht gehalten. Ich bin die letzten Monate über recht fleißig gewesen u. habe namentlich meine grammatischen Sammlungen neu durchgearbeitet, den ganzen Otfried beinahe wieder durchgelesen und zwar sehr genau. Der vielbesprochene Umlaut in unserer alten Sprache ist mir nun völlig klar geworden, d. h. ich kann ihn historisch begründen und beweisen. Man braucht sich nur die Frage zu beantworten: wie haben die Feminina zit (tempus) worolt (mundus) dad oder dat (facinus) im Genitiv oder jedem andern obliquen Falle? Offenbar bei Otfried, und häufig in der Evang. harmonie ꝛc. ꝛc. z i t i (temporis) dati (facinoris), worolti ꝛc. ꝛc. Im 12 u. 13 Jahrh. verschwand das i der Endung, (wurde zum e) und trat gewißermaßen in den Wurzelvocal zurück, der nun umlautete, oder richtiger umlauten konnte. Dieselbe Erscheinung ist beim i des Verbum. d a t i heißt fecisti (oder auch facere͞t) w a r i fuisti (oder auch fore͞t). Bei den Minnesingern lauten diese Formen: w ä r e, t ä t e oder were, tete. Heutzutag haben wir diese Biegsamkeit, also diesen Umlaut nur noch in facerem, forem (ich wäre, thäte) aber schon nicht mehr in der secunda imperf. indicat., noch weniger in der declin. fem. sing. Wir wißen überhaupt das fem. im sing. nicht mehr zu decliniren und auch unser masc. und neutr. wird täglich ungelenker, die Grammatiker eifern vergebens, daß man im Abl. T a g e, F r e u n d e stets statt | Tag, Freund sagen müße, sic linguam fata trahunt. Wenn ich daher in meinem ersten Aufsatz über den Umlaut [1]) S. 177 diese willkürliche Elision und Nicht Elision des Dativs zum Beweis brauchte, so traf ich den Nagel auf den Kopf. Denn die Minnesänger und selbst frühere Zeiten standen in ganz gleicher Lage zum fem. (d. h. e i n e r Art der Declination des fem.) sie sagten für temporis, bald: der z i t und bald der zite, der werlde (mundi). Hingegen nominativi sing. die zite, die werlte, die megede (statt zit, werlt, maget)

---

1) Altd. Wälder 1.

können nie vorkommen. Diese alte Declin. der fem. geht
aber die zweite Declin. fem. (wo der nomin. auf a, später e
ausläuft) gar nichts an und Docens Zweifel: warum schar
nie in schäre umlaute, war daher thöricht, denn der nom.
heißt schare (schara); eben deßhalb liegen die Wörter
geba und gabe völlig außerhalb der Untersuchung x. x.
Ich könnte noch manches hinzufügen. —
Die altdeutschen Wälder unterbleiben vorerst; (doch
bitte ich in einer etwaigen Rec. des dritten Bds. [1]) dies
nicht zu erwähnen) wenn ich das ganze übersehe, so ist
wenig tüchtiges darin, das stehen bleiben könnte, manches
ist angeregt. Unreife und gewagte Etymologien sind zu
viel gedruckt, ich hätte sie noch einbehalten sollen, doch
gebe ich nicht alle auf und bereue nicht, gezeigt zu haben,
welchen innern Weg ich hier zu betreten denke; im Zusammenhang und später hoffe ich das Beßere zu leisten. —
Die Sprachnoten zu den Thierfabeln sind zu flüchtig gemacht (meistens gleich in Wien beim Copiren der Texte
niedergeschrieben.) ich hätte jetzt vielerlei Nachträge. Zu
vernúgiren Seite 11 addatur: Maneße I, 32[b] daran vernú-
gert ich nie. Frigedanc 2793 verniugeret nach Docen Misc.
II. 19[b]. Über tagalt S. 193 ist Hauptstelle mit, Notker
34, 15. 62, 5. sinden (ibid.) kann auch heißen: sinnen,
trachten; verwandt mit jenem Begriff. S. 174 ist das niht
vor: deheinen gewis zu streichen, denn es gehört zur Ver-
balnegation. Wie erklären Sie Klage 2756? u. s. w. |
Hoffentlich haben Sie durch Hrn Holweg im October
die übersandten Bücher (Snorris Heimskringla u. s. w. auch
die letzten Hefte der Wälder) richtig empfangen; jetzo
wünsche ich gelegentlich zu erhalten
    Michaeler tabb. parall.
    Gunnlaugssaga Hafn. 1775.
    Botins schwed. Gramm. (wenn sie fehlt, bestellen
        Sie sie doch gelegentl.)
    Sjöborg Samlingar til Skånes historia och beskrifning.
Wie stehet Ihr Wigalois? hat sich Dumbek erklärt
und hat Reimer den Verlag übernommen? — wißen Sie
nicht, warum Müllers nordische Bibl. [2]), welche Bunsen und
Lachmann übersetzen sollten, nun unterbleibt? Haben Sie
Wilhelm Müllers Blumenlese aus den Minnes. angesehn?
Er stellt in der Abhandl. einige ganz vernünftige Fragen,

---

1) Götting. Gel. Anz. 1818, S. 1761.
2) = wohl Sagabibliothek von P. E. Müller. Die deutsche Übersetzung
des ersten Teils von Lachmann erschien Berlin 1816.

beantwortet sie aber abenteuerlich, unwißend und albern
genug. Köstlich sind die Proben von seinen Reimen in verschiedenen Langzeilen. —
Noch ein Paar adversaria zu Ihrem Bonerius. Im
Wörterbuch stehen folgende meiner Ansicht nach fehler-
hafte nominativi: svalm (pro svalme) slang (pro slange) und
umgekehrt: höstuffen (pro: höstuffe) huffen (huffe) laden
(lade). So auch die fem. muse (pro: mus) bette (pro: bet).
Ich räume ein, daß manches im Text stehen kann, was in-
correct ist, d. h. was bei Wolfram nicht vorkommen könnte,
z. B. der nom. siechtag (statt: siechtage). Auch sind die
gen. plur. kinden, worten, tieren, dieben, gotten gegen die
frühere Sprache unerlaubt, dagegen fursten, herren, blü-
men als gen. pl. völlig recht lautet. — Das Wort Kelben
ist verdächtig und vermuthlich Kolben zu lesen.

Leben Sie wohl, liebster Beneke und seyn von uns
beiden schönstens gegrüßt. Die heutige Sonnenfinsternis hat
hier gar keine Wirkung gethan.

Ihr

Jacob Grimm.

Auch Haßenpflug will empfohlen seyn.

werliche im armen Heinrich laße ich jetzt fahren. legen-
dum: wetliche, pulcritudine [1]).

35.

Caßel 5. Juli 1818.

Herzlichen Dank, lieber Freund, daß Sie Sich mit meinem Pseudopoßeßivum ihrer, ihre, ihres so viel Mühe
gegeben haben; ich stelle wenigstens als nicht unwahrschein-
liche Muthmaßung auf, daß es in Gedichten aus dem ersten
Drittel oder der Hälfte des 13. Jh. noch nicht vorkomme,
d. h. nicht in guten Hss. derselben. Sicher ist es etwa bei
Otfried, Notker ꝛc. unerhört. Die Analogie von min, din,
sin kann aber nicht dafür sprechen, denn aus dem Gen. des
substantiven persönl. Pron. läßt sich freilich ein poßeßives
Adjectiv machen, nicht aber aus dem selbst adjectiven Pron.
er, sie, es. Der Lateiner bildet sein Poßeß. meus, tuus,

---

1) Die Worte werliche — pulcritudine am Rande. Vgl. Kl. Schriften
6, 280.

suus richtig aus dem Gen. mei, tui, sui, aber nichts dergleichen aus ejus oder illius.

Wenn Sie nun zu der aus Wigalois angeführten Zeile: irre mûter was der selbe berch bemerken: sie wäre unverständlich, wenn man ir statt irer setzte, so möchte ich letzteres nicht damit rechtfertigen. Mehrdeutig ist ohne den Zusammenhang schon irre mûter, der Berg könnte der Mutter ejus feminae, oder eorum oder earum zugehören. Das richtigere ir muter würde zwar dies auch nicht unterscheiden, sondern mit der neuen Ungewißheit vermehren, als ob es hieße: ihre Mutter (nom.) war der Berg. Vor solchem Misverstand würde aber der Sinn des Ganzen leicht bewahren. Das irre zeigt uns zwar sogleich an, daß mûter nicht im nom. stehe, welches das zufällig indeclinable Wort mûter selbst nicht zeigen kann. Aber dadurch wird ein an sich unrechtes Mittel nicht erlaubt. Fühlte der Dichter (angenommen, daß er ir mûter gesetzt hätte) eine Zweideutigkeit, wie leicht hätte er die Phrase anders drehen können. Fühlte er sie nicht, so durfte er dabei ruhig dem Tact der Leser oder Hörer so gut als bei hundert andern Zweideutigkeiten trauen, die bei der schon | damals eintretenden Mangelhaftigkeit der Sprachformen unvermeidlich waren. Welcher Minnesänger hätte sich gescheut z. B. richer zu setzen, wo aus nichts als dem Zusammenhang ersehen werden kann, ob es dives, oder divitis (fem.) oder diviti (fem.) oder divitum, oder ditior oder ditius bedeutet.

Ihre Bemerkung, daß am u der Umlaut früher nicht habe bezeichnet werden können, weil ú = iu und û = ue (diphthongisch) gelte, ist sehr scharfsinnig. Ich stimme völlig für die genaue Unterscheidung des û und ú und bin leider erst, als schon zwölf oder mehr Bogen meiner Grammatik gedruckt waren, von einer frühern Ansicht zurückgekommen, wonach ich glaubte, daß, zwar nicht immer, doch in gewißen Fällen, û und ú gleichbedeutend wären, z. B. in hûser für húser. Denn daß dú, lút ꝛc. niemals dû, lût geschrieben werden dürfe, sieht man ohne weiteres und umgekehrt, daß für gûte, sûze, kûne kein gúte, súze, kúne gültig sey. Darin bin ich jedoch nicht Ihrer Meinung, daß am u kein Umlaut bezeichnet worden sey, vielmehr wird er gerade sehr oft durch die Diphthonge ú und û ausgedrückt, vielleicht auch durch das zuweilen wie unser heutiges ü ausgesprochene û. Ich will Ihnen mein System näher vorlegen und bitte mich nöthigenfalls aus guten Hss. zu widerlegen, deren Sie mehrere, als ich, oder doch mit mehr Aufmerksamkeit auf diesen Punct untersucht haben.

A.) im Gothischen gibt es gar keinen Declinationsumlaut.

B.) im Althochdeutschen wird

1.) blos das reine a umgelautet und zwar in e, als gast, Pl. geste. durch æ oder ein anderes Zeichen habe ich diesen Umlaut nicht ausgedrückt gefunden. Häufig aber tritt er gar nicht ein, wo er eintreten könnte. Ist dies nun ein Schwanken zwischen Umlauten und Nichtumlauten? oder, wie Sie annehmen, | zwischen Ausdrücken oder Nichtausdrücken des (dennoch ausgesprochenen) Umlauts? Ich bezweifele letzteres, weil die Schrift immer strebt so zu schreiben, wie man spricht und hier war das Zeichen (nämlich das e) bei der Hand

2.) das o lautet nicht um z. B. korp Plur. korbi

3.) das ou - - - - loup - loubir

4.) das iu - - - - liut - liuti

5.) das uo (ua) - - - fuoz - fuozi (oder fuaz Pl. fuazi)

6.) das u - - - - lust - lusti, hus Pl. husir

7.) beim i und e versteht es sich von selbst. Den Diphthong u e gibt es um diese Zeit noch nicht.

Seit dem 10. und 11. Jahrh. gibt es aber von n° 6 Ausnahmen, nämlich das u ist ein doppeltes: a.) schwerer und gleichsam uu, in Wurzeln die heutzutag au haben, als chrut, hus, brut. Diese lauten bei Notker um in chriuter, hiuser, briute (Kreuter, Heuser, Breute, wie man jetzt richtiger schriebe, als: Kräuter ꝛc.) b.) das leichtere u lautet nicht um, z. B. lust, brust ꝛc.

C.) Im Mittelhochdeutschen (13. Jahrh.) lauten um

1.) a in e, wofür aber auch æ und å geschrieben wird

2.) o in ô, als korp, kôrbe

3.) ou (ŏ) in öi als loup, lôiber

4.) ú (iu) kann nicht umlauten

5.) uo (û) lautet um in û (ue) sûz Pl. sûze, blût Dat. blûte, und so wird aus dem Adj. gût das umgelautete Subst. gûte, aus mût das Compositum gemûte. (Im Althochd. noch ohne Umlaut guati, gimuati wie guat, muat.)

6.) das u anbelangend, so lautet

a) jenes schwere u um in ú, (d. h. den wirkl. Diphthong) als: hus húser, chrut, chrúter

b) das leichte u scheint mir ebenfalls in û umlauten zu können, welches man wohl weniger diphthongisch aussprach. Denn weil | man a in å, o in ô umlautete, warum hätte man es beim u unterlaßen sollen?

Nb. in allen Fällen von 1—6 schwankt der Umlaut, d. h. (nach oben B. 1) ist bald da, bald nicht da.

Worin ich vermuthlich von Ihrer Ansicht abweiche, ist: daß ich ú und û gerade für Umlaute erkläre, jenes von der Wurzel u, dieses von û und u. Eine unumgelautete Wurzel ist û niemals, und steht namentlich nie für den alten Diphthong uo, ua, man darf nicht mût, gût schreiben, aber man kann bald umlauten, bald nicht umlauten, z. B. sûze ist so richtig wie· sûze (súze ist falsch), grûne so richtig wie grûne ꝛc. ꝛc.

Meine frühere Ansicht von den gewißen Fällen, wo sich û und ú vertreten könnten, gründet sich auf in Hss. gefundene: brûte, hûser, fûste und deren consequente Zurückführung auf die Wurzel: brût, hûs, fûst, die mithin (nach C. ō) in û umlauten. Allein die richtige Lesart ist unstreitig: brûte, húser, fúste und man schreibe auch die Wurzel: brut, hus, fust und nicht: brût ꝛc. auch û f statt u f scheint falsch. Dagegen muß hûn (pullus) Pl. hûner geschr. werden. —

á, ó zur Bezeichnung des Uml. habe ich nirgends gesehn. — ú würde consequenter geschrieben ǐ, das sich zuweilen findet, wie ſ (ie). Docen im alten Titur. setzt ŏ bald für o u, bald für u o, ist letzteres zuläßig? Ich würde blos lŏp schreiben, nicht mŏter.

Eine Probe auf die Schreibung ú ist unser heutiges eu. äu und auf û unser heutiges ü. Darin liegt mir auch ein Grund für die Vermischung des û in seinen beiden Fällen a.) als Umlaut von û. b.) als Umlaut von u. Denn wir sprechen und schreiben heute völlig gleich: Güte und Lüste. Schreiben correcte Hss. des 13. Jh. auch: zu, pflug, krug, hut (pileus) ꝛc. statt zû, pflûg, hût? Dann wären dreierlei u in hus, krug und brust. |

Die im Mittelhochdeutsch gedehnten Präpositionen abe, mite führen sich auf althochdeutsche Endungen -a und -i zurück, z. B. abe auf aba, mite auf miti. So folgt der Umlaut in für aus furi, furc, während vor von fora stammt, von von: fona ꝛc. Daß der Syntax einen bestimmten Unterschied mache (etwa wie der Lateiner zwischen cum und con-) finde ich in der älteren Sprache theils beobachtet, theils nicht.

1.) beobachtet
a) zwischen z i und z u o (zua). z i (mittelhochd. z e) ist die vorstehende Präposition (regirt so wie m i t außer dem Dat. zuweilen den Acc.) zû stehet als Compositionspartikel vor Verbis, als: zuo- niman ꝛc. u. überhaupt nachgesetzt, z. B. wenn es heißt: schließ z u , d a z u. Zuweilen noch vor ze, als z u a - z i mittelhochd. zûze, zûz˙

b) zwischen mit und miti
z. B. mit fater (cum patre) aber: miti-wari (benignus) miti-pim (intersum) liafun miti, thara miti.
2.) nicht beobachtet
a) bei aba. Im althochd. stets aba, vor oder nachstehend, nie: ab auch Nibel. (Müller) 148 abe liehten spangen, neben 2158 gie von den schifen abe
b) bei fona, das auch vorstehend fona heißt z. B. fona romu Otfried I. 11, 4. neben fon druhtine I. 3, 12. fon themo I. 3, 19. So Maria (von Werner) 197. vone got. Isidor p. 354 fona dhemu fater ꝛc. ꝛc.
c) bei oba (ob) oba wazsserun Isidor 361. oba hohsetele 368. demu — oba (ibid.)
d) furi heißt im Althochd. nie fur. z. B. furi cast (pro hospite) furi-magan (praevalere) |
e) bei umbi. z. B. umbi dhen Isid. 357. (dies umbi dürfte später umlauten ûmbe. Finden Sie das in Hss.?)
u. s. w.

Diesen Brief sollte Hr. v. Arnswald mitnehmen, ich konnte ihn aber nicht fertig bringen.

Mir haben die Berliner keine solche feierliche Ausfertigung gesandt[1]), halten mich also für unwürdig. Dagegen schickt mir Zeune seinen uncritischen und rohen Abdr. des Wartburger Kriegs, für deßen Erklärung er auch nichts zu thun vermocht hat.

Der Kurfürst ist bloß nach Hofgeismar und geht schwerlich nach Nendorf. Am Ende nöthigt mich die Scham, einmal nach Göttingen mit den abzuliefernden Büchern, die ich nicht mehr brauche und immer auf diese Gelegenheit warten laße, zu reisen. Denn sonst möchte ich gern einige Tage länger und ruhiger bei Ihnen bleiben.

Ihr treuer Freund
Gr.

Wie lesen Codd. collati Tristan 219 statt giwe?

Eine eben erhaltene Preisschrift von Rask: om det gamle | Nordiske Sprogs oprindelse. Kjöbenh. 1818 kann ich Ihnen nicht genug rühmen. Sie ist voll der scharfsinnigsten und richtigsten Gedanken; es freute mich sehr, manches ebenso gefunden und gedacht zu haben. Das Buch verdient in mehr als eine Sprache übersetzt zu werden, aber von Leuten, die es laßen könnten, wieder ihre Anmerkungen beizufügen. Also übersetze ich es nicht.

---

1) Betrifft wahrscheinlich die Berliner Gesellschaft für deutsche Sprache.

36.

Caßel den 13. Juli 1818.

Werthester Freund, Sie müßen vorige Woche einen
Brief von mir erhalten haben; heute schreibe ich Ihnen
schon wieder und zwar über Ihre mir gestern erst zu Hand
gekommene Recension der Frankfurter Sprachverhandlungen [1]),
worauf Sie mich neulich selbst aufmerksam gemacht.
Über das unnütze Wesen der Sprachgesellschaften, ja der
Gesellschaften insgemein, haben Sie Sich trefflich ausgedrückt und alles war mir aus der Seele geschrieben. Ich
gehe sogar noch etwas weiter. Gelehrte Gesellschaften
werden entweder gestiftet von Fürsten und vornehmen Pa-
tronen, die dadurch ihre Eitelkeit befriedigen, vielleicht auch
der Mode des Zeitgeistes nachgeben, (wie viel Gesellschafterei
ist im 18. Jahrh. entsprungen?) oder von gutmüthigen Leuten.
die den natürlichen Trieb des Menschen mit seines Gleichen
zusammenzukommen und sich zu unterhalten aus Irrthum
auf gelehrte d. h. nur in der Stille des Geistes gedeihen
könnende Arbeiten, hinwenden und sich nur zu leicht in
einer gewißen Mittelmäßigkeit (die fast nothwendig aus einer
gleichsam physischen Vertheilung der Kräfte unter alle Mitglieder folgt) gefallen und beruhigen. Ist ein guter Kopf
darunter, so arbeitet er entweder allein und lenkt alle andern (also er misbraucht die Gesellschaft, indem er sich der
andern Mitglieder gar nicht oder wie seiner Werkzeuge bedient) oder er läßt aus Bescheidenheit den übrigen Mit-
gliedern Raum und schadet damit seiner eignen Kraft.
Sind zwei gute Köpfe darunter, so beginnt ein ähnliches
Spiel und die Gesellschaft wird entw. durch die Eifersucht
der beiden, (selbst im milden Sinne des Worts), oder durch
die Nachgiebigkeit des einen in dem andern gestört und
heruntergebracht werden. Wer Beruf hat, etwas tüchtiges
auszusinnen und zu bearbeiten, bei dem bildet sich natür-
licher Weise ein sicherer Plan, der keine | Einmischung
eines dritten oder gar einer ganzen Gesellschaft verträgt.
aus der Unabhängigkeit allein entspringt aber die Stärke
zur Ausführung. Adelungs Wörterbuch z. B. würde sicher
durch keine Gesellschaft so schnell zu Stande gebracht
worden seyn. Es geht mir wenigstens, bei kleinen Neben-
arbeiten sogar, nur dann von statten, wenn ich selbst darauf

[1) Götting. Gel. Anzeigen 1818, S. 1003.

verfalle, aufgetragene Recensionen kosten mir eine gewiße
Überwindung, (diese Bestellung der Arbeit ist der Fluch,
welcher auf dem Recensirwesen lastet) theils weil mir das
fremde Buch näher oder ferner liegt, theils weil es gerade
nicht in meine jetzige Zeit paßt. — Die scheinbarsten, auch
von Ihnen angeführten Vortheile der Gesellschaften sind
Geld (zur Herausgabe von Werken, wozu Privatleute die
Kosten nicht erbringen könnten) und Erleichterung oder
vielleicht Möglichmachung der Sammlung zerstreuter
Gegenstände durch Vertheilung der Arbeit unter alle Mitglieder. Das Geld ist erst gut, wenn die Ausarbeitung des
Werks schon vollbracht ist, Subscriptionen und fürstliche
Unterstützungen finden sich aber auch in der gewöhnlichen
Verbindung des Publicums, ohne daß man engere Gesellschaften zu schließen braucht. Ich glaube nicht, daß ein
recht gutes Werk aus Mangel an Unterstützung zurückblieb
und umgekehrt, wie leicht wäre Geld zu finden, wenn Ar-
beiter da wären. Mit 10- bis 20000 Gulden, sollte man
meinen, wären alle wichtige Denkmäler altdeutscher Literatur zu drucken, eine kleine Summe für die deutschen Fürsten, aber wo liegt der correct ausgearbeitete Text, der den
Druck verdiente? Die fruchtbringende Gesellschaft ꝛc. | hätte
freilich beßer gethan, alte Poesien, Mundarten, Volkssagen
u. dgl. herauszugeben, als sich mit ihrer eigenen Reimerei
zu ermatten; allein dasselbe hätten auch einzelne gesell-
schaftslose Schriftsteller des 17. J.H. die eine Menge mittel-
mäßiger Bücher drucken ließen, vollbringen können. Warum
hat Goldast nichts von dem herausgegeben, was er unter
Händen hatte? vermuthlich weil ihm seine paraenet. vett.
des Drucks viel würdiger schienen, als die Quellen selbst;
so wird es wiederum schwer halten, die jetzige Berliner
Gesellschaft davon zu überzeugen, daß das Verdienst ihrer
orthographischen Untersuchungen weit unter dem der Herausgabe eines Dorfidiotikons steht. Sollte das Sammeln
gesellschaftlich beßer gehn? Meine Erfahrung spricht dagegen. Leute, die beitragen können und wollen, thun es
auch unangespornt von der Ehre, Mitglieder einer Gesellschaft zu seyn. Das bremer Wörterbuch ist meiner Meinung
nach einem oder zwei Männern zu verdanken, die Eifer genug
für die Sache hatten, um sich auch von andern Orten im
Lande her Materialien zu erbitten und sie zu sichten und
zu nutzen; das nämliche hat Stalder ohne Gesellschaft, mit
derselben Operation bewerkstelligt. Das zu erregen wißen
und antreiben zum Sammeln ist dabei das eigentlich thätige
Princip, geht also wieder vom Einzelnen aus. Ich bin fest

überzeugt, daß weder die berliner noch die frankfurter Ges.
eine Grammatik oder ein Idioticon zu Stande bringt, wenn
sie nicht in ihrer Mitte jemanden hat, der es auch ohne sie
verfertigen könnte. Einzelne (gute) Arbeiten werden eben
so leicht einzeln auftreten können, was aber der Ge'sell-
schaft als solcher zukommen wird, erregt zu haben, das
sind — einzelne, mittelmäßige Studien. Die Nothwendigkeit,
ja die Herrlichkeit von Einwirkungen, Einflüßen, Mittheilungen der Menschen unter einander will ich gewiß nicht
leugnen, es deucht mir nur, daß sich alles dies von selbst
und unschuldig auf einem andern Wege darbieten müße, als
den die förmliche Gesellschaft dazu eröffnet.

Ihre Ansicht der Streitfrage über die Endungen -er
und -isch war mir etwas neues, ich kann ihr aber nicht
beistimmen, aus vielen Gründen nicht. Seel[1]) mit seinem
Adject. auf -er hat völlig Unrecht, das sieht man augen-
blicklich. Aber Grotefend mit dem Gen. Pl. scheint mir
einleuchtend Recht zu haben; ich weiß nicht mit welchen
Gründen er seine Meinung bewiesen hat (da ich die Ver-
handlungen nicht gelesen habe und schwerlich sobald lesen
werde, will aber hernach Gründe dafür beibringen; doch
zuvörderst die, welche mir gegen Ihre Theorie sprechen:

1.) Sie sagen: pariser in der Zusammenstellung: Pa-
riser-Dame ist weder Gen. Pl. noch Adjectiv. Also was
denn? Nach Ihrer Vergleichung mit dar, her, unter, über —
bleibt nichts übrig, als: Adverbium oder Partikel. Nun
aber werden Adverbien in der Regel mit Zeitwörtern verbunden, ausnahmsweise mit Substantiven (gewöhnlich durch
die Vermittelung des Verbums) Das Analogon: Dar-stellung,
Dar-kunft, Her-kunft ꝛc. stammt von dar-stellen, her-kom-
men ꝛc. und man kann auch getrennt sagen: ich stelle dar,
komme her ꝛc. Soll aber Thüringer-Bote einen Boten bezeichnen, der aus Thüringen kommt, oder nach Thüringen
geht, warum | kann man nicht sagen: thüringer-gehen, thü-
ringer-kommen oder gar getrennt: ich gehe thüringer? Kurz,
warum findet sich die Bewegeform niemals bei Verbis?

2.) „in der alten, genaueren Sprache wurden alle diese
Wörter, auch wenn sie allein standen, sobald die
Bewegeform erf. w. auf er geendigt". Mir ist kein Beispiel bekannt, daß die bestrittenen Formen: Pariser ꝛc. in
der früheren Sprache allein, so wie: dar, her, unter ꝛc.
ständen, was sich doch zuweilen finden müßte. (Daß die
altdeutschen Genitive allein- und dem Subst. nach-

---

1) Vgl. unten S. 103. Anm. 1.

gesetzt werden dürfen, werde ich hernach zeigen, schwerlich
aber ein mittelhochdeutscher Gen. Pl. auf -er im 13 Jahrh.)
3.) Wenn e r Ausdruck der Bewegeform ist, so muß
wie aus da: dar (etwa statt da-er) aus Frankfurt Frankfurter werden. Nun aber ist dieses er eine unleugbare Sub-
stantivableitung; von Fisch oder fischen kommt: Fischer und
dieses e r kann mit jenem e r nicht zusammenfallen. Es
wäre also zwischen Frankfurter analog mit: Fischer und
Frankfurter analog mit: her dar ꝛc. ein Unterschied, und
welcher? Jene Subst.endung lautet im mittelhochd. -ere,
áre (statt des heutigen er) als: viscære, im althochd.
-ari, fiskari, und diese Endung beweist klar den Abstand
von den Partikeln dar, her, die niemals dari, heri haben.
Überhaupt, wie soll in früherer Zeit das befragte e r in Pa-
riser- lauten? e r gewiß nicht, eben so wenig -a r, während
gerade die Partikeln: hinter, über, oster ꝛc. damals hießen:
hintar, ubar, ostar ꝛc.
4.) Ich stimme Ihnen bei, wenn Sie gegen Grotefend
behaupten, daß das r in dar, her, war ꝛc. keine leere An-
schwellung ist. Was bedeutet es aber? Meiner Vermuthung
nach einen untergegangenen Casus, und zwar einen uralt-
deutschen Ablativ oder Locativ. Übrig ist dieselbe
Form in unserm heutigen m i r, d i r (mihi, tibi) und zwar
merkwürdigerweise ganz analog im lat. ubi, ibi, ullibi,
die man für bloße Adverbia nimmt, während es alte Casus
(wie tibi, sibi; im Dat. Pl. hat sich die Form in ibus
länger erhalten) sind. (Auf gleiche Art ist nunc, tunc, hinc
die Accusativform, wie hunc) Hieraus folgt, daß das alte
d a r, h e r keine Bewegung, sondern das ruhige i b i, u b i
unser heutiges w o, anzeigt. Aber im 13 Jahrh. bedeutet
doch dar so viel wie unser: dahin, her: von da? Dies klärt
sich so auf: im althochdeutschen z. B. beim Otfried heißt
a.) t h a r: ibi. b.) t h a r a: eô, illuc. c.) t h o: tum, cum.
Im 13 Jahrh. wo die Endungen abgeriebener sind hingegen
a.) d a: ibi. b.) d a r: dahin. c.) d o: cum. Endlich heutzutage a.) d a: ibi. b.) dahin: illuc, zuweilen noch dar. c.) da:
cum, tum. Ebenso ist w a bei den Minnesängern ubi, w a r
wohin (früher wara, quô?) Das a r, e r drückte daher im
althochd. die Ruhe, das -a r a die Bewegung wohin aus, das
-a n a die Bewegung woher: o s t a n a (ab oriente) o b a n a
von oben, verschieden von o s t a r versus orientem (vermuthl.
früher o s t a r a) Da nun später im 13 Jh.) o s t e n statt
ostana gesagt wurde, so ist -e n keine Ruhe- sondern auch
eine Bewegeform, nur in anderer Richtung. Ich könnte dies
näher ausführen, das Gesagte scheint mir aber hinzureichen,

um alle Analogie mit der fraglichen Endung er in Pariser- ꝛc.
abzuwenden, denn

5.) Diese lautet im althochd. deutlich und stets -aro,
-ero und ist eben so gewiß von den vorher besprochenen
Adverbialformen verschieden, als deutlich der Gen. Pl. der
männl. Subst. auf -ari. In der altdeutschen Geographie
und Gaueintheilung finden Sie hundertmal z. B. hoh-
stedharo-marcha, morineshusaro-marcha. d. i. hochstädter
Mark, Morenshäusermark, d. h. die Mark, wo die Hochstädter wohnen. Unser Caßeler Zeitung ist also der alte
Gen. chassalaro, d. h. die Zeitung der Caßeleinwohner, das
kann in der freien Bedeutung unserer Genitivzusammen-
setzungen mancherlei bedeuten: die für die Bürger, unter
den Bürgern, von den Bürgern zu Caßel geschrieben wird.
Der Gen. kann vom Subst. getrennt oder ihm nachgesetzt
werden, z. B. chuning persaro heißt: Perserkönig oder persaro mari chuning, der berühmte Pers. König. Also kann
auch heute zur Noth gesagt werden: Hanauer neue Zeitung
und Göttinger gelehrte Anzeigen. wofern man des Artikels
der vor dem Gen. entbehren will und kann. Frankfurter
Gesellschaft ist dasselbe Compositum wie: Fischerkahn;
wäre nur ein Frankfurter u. ein Fischer in der Welt, so
würde es mit dem Gen. Sing. heißen: Frankfurters-bub,
Fischers-haus. Reutersknecht ist der Knecht eines, Reuter-
knecht der mehrerer R.

Die Engländer setzen die in Frage stehenden Subst.
nicht mit dem Gen. des Bewohners der Stadt, des Lands
zusammen, sondern gleich mit dem Gen. der Stadt und des
Lands selbst, es heißt London's place, Newyork's street,
Paris's papers nicht: Londoner Platz, Pariser Zeitungen.
Die Art der Composition ist aber dieselbe. — Der Gen. Pl.
ist auch daran sichtbar: der Franzose sagt: monnaie de
Hesse, argent de France, journal de Francfort, aber: le ter-
ritoire hessois, français. Wir also: Heßenmünze, Frankfurter Zeitg, das heßische Gebiet. Hannöversche Münze
ist schlechter, aber üblich, weil man Hannoverer Münze zu
hart findet. Hannoveraner ist vollends undeutsch [1]).

6.) Der Unterschied zwischen Frankfurterthor und
frankfurtisches Thor ist in der That sehr merklich, wiewohl in einigen Fällen beiderlei verwechselt werden dürfte.
Frankfurterthor ist: ein Thor in Frankfurt, an Frankfurt;
frankfurtisches Thor aber: ein auf Frankfurter Manier

---

1) Die Worte „Der Gen. Pl. — undeutsch" stehn auf einem besondern Zettel ohne Bezeichnung der Stelle, an die sie gehören.

gebautes. Frankfurtischer Gelehrtenverein ist daher schlechter
wie: Frankfurter G. V. (d. h. G. V. unter Frankfurtern)
Ebenso würde ich auch nicht sagen: Göttingische Gel. Anz.
obgleich sie im Rufe stehen, mitunter göttingisch zu seyn.
Will man aber heutigestags die Göttingischen für Göttinger gelten laßen, so mags hingehen. Heißt doch auch
Pragerschlacht nicht die Schlacht der Pragenser, sondern
bei Prag, beßer wäre auf engl. Sitte: die Pragsschlacht.
    7.) Die Endung -ari in Völkernamen ist vermuthlich
contrahirt aus wari, weri d. h. vir, statt Baier bojoari,
sagte man früher einmal bojowari | wie noch im isländ.
rom-veri ein Römer heißt und cant-wäre im Angelsächs.
ein Kenter, cantuarius, bojoarius. Frankfurter wäre dem-
nach frankonofurt-wari oder frankonofurtuari (im Nom. Sing.)
Darum paßt auf andere Subst. die nicht bewohnt werden
können, die Ableitung nicht, man kann nie sagen: Wolfer-
philosophie statt: Wolfs Philosophie, wohl aber wolfische.
    8.) Warum man hanauer, marburger aber göttinger,
bremer und nicht göttingener, bremener sagt? Ich denke,
weil Göttingen, Bremen kein wahrer Nom., sondern der
Dat. Pl. ist, regiert von der ausgelaßenen Präpos. zu, in.
Göttingener wäre also eben so falsch wie Frankfurtener.
(hiervon in meiner Grammatik (S. 274) [1]).
    9.) Ihren Satz bald am Schluß: „Im dreizehnten, bis —
Fränkische Sprache" verstehe ich nicht recht. Warum soll
kindisch (d. h. im guten Sinn für: jung, nicht im heutigen
schlimmen für einfältig) unnorddeutsch seyn? wegen des
engl. childish? Im Altnorddeutschen hat es wohl eben, wie
im Althochdeutschen die unschuldige Bdtg von puerilis gehabt. Otfrieds frenkisgu zunga durfte etwan auch mit leise
verrückter Bedeutung heißen, frankono zunga, denn wo ein-
fache Völkernamen da sind, bildet man keine mittelst des
ari. — Am Ende ist zwischen -er und isch in der Bedeutung kein großer Unterschied, wiewohl man mit ersterem
in weniger Fällen zusammensetzen kann. Es gibt auch
Subst. auf isco (Mensch, mannisco) aber mehr Adject. auf

---

1) Zu den obigen Erörterungen vgl. die Abhandlung Grimms: Das
er örtlicher Appellative unadjectivisch; Zeitschr. f. d. A. 2, 191. 192.
Kl. Schr. 7, 100. — Die Frage war von Benecke in der oben bezeichneten
Recension der Abhandlungen des frankfurtischen Gelehrtenvereins für
deutsche Sprache angeregt. Das erste Stück (Frankfurt 1818) enthält
auf S. 222—234 eine Abhandlung von Seel „Wie unterscheiden sich die
von Länder- und Städtenamen abgeleiteten Wörter auf er und isch nach
heutigem Sprachgebrauch?" worauf bis S. 286 Gegenbemerkungen von
Grotefend und nachträgliche Bemerkungen Seel's folgen.

i s k (oriundus, ejusd. generis) Die Isländer bilden aus jenen
-veri auch das Adject. verskr, z. B. romverskr. (romanus,
adjective) das verhielte sich zu romskr (römisch) wie schwei-
zerisch zu schweizisch.

Dieses wäre, was ich über den Punct zu sagen hätte,
nehmen Sie es mit gewohnter Güte auf und seyn Sie herzl.
gegrüßt

von Ihrem
Grimm.

37.

Caßel 28. Dec. 1818.

So ungern ich Rechnungen und Register mache, hätte
ich diesmal Ihre Arbeit, lieber Freund, übernehmen und
einen hartnäckigen Schnupfen los seyn mögen, der mich
acht Tage zu Haus gehalten und sogar einige zur Arbeit
unfähig gemacht hat, auch erst langsam weicht. Meine
Christtage waren daher unvergnügt, ich wünsche Ihnen und
mir ein glückliches Neujahr.

Die Sprache, wie die Natur insgemein, thut keine
Sprünge. Es ist auch gar nicht meine Ansicht, daß die
Aussprache au statt u im 15. Jahrh. erfunden worden sey,
sondern sie ist aufgekommen, so daß sich die Triebfedern
dazu (Übergänge und Analogien) nachweisen laßen. Sobald
man das i u in e u gewandelt hatte, euch f. iuch heute f.
hiute schrieb und das e u zumal im Pluralis empfand, war
es bald geschehn, daß man, nach der Analogie von kelber,
menner ꝛc. Sing. kalb, mann ꝛc. auf einen Sing. au kam und
meuse, breute ꝛc. im Sg. maus, braut. Ebenso führte frew-
lich, freulich (fräulich) auf frau, man löste nicht nur die
alten u in au auf (wie hus, us, uf in haus, aus, auf) sondern
auch die alten o u (wie loub, ouch in laub, auch) Ganze
Reihen anderer Umlaute scheinen mir gleichfalls im 15. J.H.
so entsprungen, z. B. die Plurale: Vögel, Fäden, Äcker ꝛc.
statt vogele, fademe vor Alters, denn man folgte der ver-
führenden Analogie von Bälge ꝛc. da doch in Bälge der
Umlaut organisch war u. aus der alten Endung | i (balgi,
belgi) stammt, während Vogel Acker ꝛc. den alten Pluralis
auf a machen (fogela, akkera ꝛc. ꝛc.)

klar scheint mir so undeutsch wie fein, d. h. die
Minnesänger haben diese und andere Wörter erst im 12—13.

Jahrh. eingeführt. Pein (pina) ist gewiß fünfhundert Jahre älter Deutsch.

Von einem Vorhaben der Zürcher, die Maneß. Sammlung diplomatisch genau herauszugeben, höre ich zuerst durch Sie. Ich bin nicht für kostbare, theure Unternehmungen, sondern für einen einfachen Abdruck mit berichtigtem Text, deßen Besorgung in Ihren Händen liegen sollte.

Hagen hat das Diezische Bruchstück einer niederdeutschen (nicht ganz richtig) Psalmenübersetzung drucken laßen [1]), aber ganz unbeholfen und fehlerhaft, so daß keine Zeile correct ist. Das merkwürdigste Resultat ist die Auskunft, daß Lipsius seine Gloßen aus dieser Quelle gezogen hat.

Mit Gelegenheit erbitte ich mir Chardon de la Rochette melanges de critique, aber blos den ersten Band.

Herzliche Grüße

J. Grimm.

38.

Caßel 21. Merz 1819.

Ihr lieber Brief vom 14ten, nach so vielen überstandenen grammatischen Mühseligkeiten, hat mir herzlich wohl gethan, und wenn Sie mir nur halb so viel Gutes von meinem Buche [2]) gesagt hätten, wäre mir das schon wichtiger und werther gewesen, als die Zufriedenheit oder Ungunst der meisten andern Recensenten seyn wird. Ein willkommnes Zeichen war mir zumal, daß der erste Eindruck bei Ihnen für mich gesprochen hat; wenn sich nun auch bei näherer Critik mehr Flecken und Mängel zeigen werden, so kann das nach der Billigkeit und wenn ich bedenke, auf welche Art und Weise das Werk in mir entstanden und ausgeführt worden ist, nicht einmal anders seyn. Vor drei Jahren um diese Zeit wußte ich noch wenig von diesen Gegenständen oder nur oberflächliches, seit dem Herbst 1816 bin ich aber unabläßig dahinter her gewesen und war ein Jahr darauf so weit, daß ich mit einigem Sicherheitsgefühl an die Her-

---

1) Niederdeutsche Psalmen aus der Karolinger Zeit hsgg. durch F. H. v. d. Hagen, Breslau 1816; enthält Ps. 53—73 nach der Abschrift des Legationsraths von Dietz. Vgl. Benecke's Recension in Götting. Gel. Anz. 1819, S. 925.

2) Deutsche Grammatik. Erster Theil. Göttingen 1819.

ausgabe denken durfte. Je mehr man zulernt, desto bedächtiger und nachdenklicher wird man, stände ich noch einmal auf jenem Fleck, so würde ich jetzt vielleicht mit der Herausgabe zögern und warten. Doch bereue ich auch nicht, es so gemacht zu haben, bei langsamerer Ausarbeitung hätte es vielleicht an Strenge und Beharrlichkeit gefehlt; nun der Grund einmal gelegt ist, wird mir die Lust auch nicht ausgehen, man muß nur in solche Sachen erst einmal hinein kommen. Taugt die Ansicht und die befolgte Methode etwas, so wird das Publicum gewiß empfänglich werden und mich oder andere zum Fortschritt ermuntern. Es kann also ohnedem nicht bei dem rechten Ansatz bleiben. Das Feld thut sich immer weiter auf. Wenn ich blos an den mailänder Ulfilas, an die Evangelienharmonie denke! Mit der Herausgabe des zweiten Theils muß ich schon deßwegen wenigstens ein halbes Jahr aussetzen, weil jetzo endlich einmal an den Reinhart Fuchs zunächst Hand angelegt werden soll.

Ich halte zwar auch keine andere Sprache für historisch so wichtig, als unsere deutsche, glaube indeßen daß sich 1.) ungeheuer viel lernen läßt aus den reichen und vortrefflichen slavischen Sprachen, die denn doch auch ziemlich alte Denkmäler besitzen. 2.) viel noch aus den romanischen und dem neugriechischen, welche mit dem Lateinischen und Griechischen, weil der Lebensfaden nie ganz abgeschnitten worden ist, obgleich etwas verdreht und verdünnt, wirklich zusammenhängen.

In der Lehre von der Wortbildung denke ich nachtragsweise noch mancherlei Licht über die Formen der Decl. und Conj. zu verbreiten. Höchst wichtig und im ersten Theil nicht sauber genug geschieden (wiewohl gelegentlich das Richtige gefunden und gesagt worden ist) scheint mir das mit den Casuszeichen nicht zu vermengende Wesen theils der Geschlechtskennzeichen, theils der Suffixe m, n und r x. x. welche historisch in die Decl. u. Conj.formen eingreifen, eigentl. aber nicht dazu gehören. So dürfte sich die ganze schwache Decl. am Ende auflösen. Das | n declinirt so wenig in nami n, als in nomi n is, oder als das r im indischen pita r am (Acc. vom Nom. pita, Vater) und lat. pat r em, wie es denn auch in unserm vate r ganz als bloßes Bildungsmotiv erscheint. Ferner gedenke ich in der Lehre vom Ablaut für die allgemeine Wortbildung manches klar zu machen, z. B. auf die Frage zu antworten, warum neben pa ter = V a ter die Wörter fr a ter und m a ter in allen deutschen Zungen brůder, můter (gothisch o, nordisch ó) haben? Sie haben ganz Recht, die natürliche Philosophie in diesen Dingen, so wie wir sie mit treuem Fleiß an ihnen erkennen mögen, übersteigt alles, was das Auge der gewöhnlichen Sprachphilosophie bisher zu sehen geglaubt hat. Blos die Naturgeschichte hat einen solchen Stoff wie die Grammatik.

Auf Ihre freundschaftliche Mittheilung alles deßen, was Sie an meinem Buch falsch, mangel- und lückenhaft finden werden rechne ich zuversichtlich. Druck und Schreibfehler gibt es auch noch manche unbemerkte, ich kann Ihnen von Zeit zu Zeit Listen davon zuschicken.

Mit der Reise eines von uns nach Göttingen steht es noch unsicher aus mancherlei Ursache; wenn Sie aber hierher kommen, haben wir beide Vortheil davon, das müßen Sie billig auch überlegen. Ich bin Hrn Reuß für den Sarti 3 ℳ 3 ℊ schuldig, muß ich sie gleich schicken, so soll es geschehen?

von ganzem Herzen der Ihrige Grimm.

An Büchern folgen anbei zurück
    Dracontius [1])
    Ten Kate 2 voll. [2])
    Allgem. Lit. Anz. 4to
    Tham 4to [3])
    Sjöborg 8o [4])
wenn ich nicht irre, ist außer einem Bd von Hickes und Palthens Tatian dermalen alles abgeliefert.

39.

Caßel 25. April 1819.

Sie haben mir, liebster Freund, eine große und überraschende Freude gemacht, wofür Ihnen mein Herz dankt. Das Buch [5]) traf auf einen ohnehin feierlichen Tag, auf den

---

1) Dracontius Toletanus, spanischer Priester, der im fünften Jahrhundert lebte, durch mehrere lateinische Gedichte bekannt.
2) Ten Kate (Lambert) verfaßte 1) Aenleiding tot de Kennisse van het verhevene deel der Nederduitsche sprake, Amsterd. 1723. 2) Gemeenschap tussen de Gottische Spracke en de Nederduytsche, Amsterd. 1710.
3) Tham (Karl Ignaz) verfaßte 1) Deutsch - böhmisches National-Lexicon, Prag 1788. 2) Böhmische Sprachlehre, Prag 1795.
4) Vgl. Th. Möbius Catalogus p. 204.
5) Die Grimm gewidmete Ausgabe des Wigalois.

gestrigen Geburtstag eines (jetzt wieder abwesenden) geliebten Bruders Carl ein, und dieses Zufalls gedenke ich, weil mir schon öfters angenehme Dinge zusammen begegnet sind. Auf die Ehre, welche Sie mir erweisen, bin ich zehnmal stolzer, als auf Diplome gelehrter Gesellschaften, die oft nicht wißen, was sie thun.

Über das Schicksal meiner Grammatik bin ich nun viel ruhiger, da sie von Ihnen gleichsam eingeführt wird; für die gütige öffentliche Beurtheilung derselben [1]) sage ich Ihnen auch in dieser Hinsicht den herzlichsten Dank. Von einem solchen Kenner gelobt zu werden, nach vieler ausgestandener Mühe und bei ungewißer Aussicht auf das Gelingen derselben, freut, wie es im Titurel heißt: alsam die Sonne thut nach kalten Reifen. Ihr liebes Buch, versteht sich von selbst, ist zwar schon ganz mit | den Blicken durchlaufen und befunden worden, wie es sich erwarten ließ, aber ich schreibe heute nichts weiter darüber; es will nun erst ordentlich durchlesen und studirt seyn.

Warum sind Sie die schönen Ostertage nicht hierher gekommen? Fräulein Elise [2]) hat es gescheidt gemacht und ihre Reise nach Hannover sehr wohl ausgewählt. Wenn jetzt nicht das Regenwetter eingebrochen wäre, das den eben eintreffenden Nachtigallen und den aufbrechenden Blüten so wehe thut, so regte sich meine Lust zu reisen und zu Fuß zu reisen noch lauter, denn ich bin seit lange nicht weit von der Stadt gekommen.

Wilhelm grüßt und dankt für die richtig angelangten Bücher, auch für das letzte (durch Ruhl); er bereitet eben eine kleine Abhandlung über hier in Heßen unlängst gefundene Steine mit Inschriften [3]) vel quasi — zum Druck vor. |

Nochmals unsern und meinen Dank für alle Ihre Freundschaft und weil es im Wechselgeschäft auf verba concepta ankommt, so acceptire ich hiermit ausdrücklich und verspreche beständige und reelle Aufführung.

Ihr
Jacob Grimm.

Wegen der Tapeten folgt mit nächster Post gründliche Auskunft.

Ich bitte noch um Besorgung der Einl. an Dieterichs.

--- ----

1) Götting. Gel. Anzeigen 1819, S. 665.
2) Benecke's Tochter.
3) Vgl. W. Grimm, über deutsche Runen S. 268 fg.

40.

Nichts soll mich, meines eignen Vortheils wegen, mehr
freuen, als wenn Sie fortfahren, lieber Freund, mir Ihre
beifälligen oder tadelnden Bemerkungen über einzelne Puncte
meiner Grammatik nicht vorzuenthalten. Ich verdiene
eigentlich erst dadurch das mir von Ihnen ertheilte Lob,
daß ich frei bekenne (und das ist gewiß mein inneres Gefühl): es gebrechen dem Buch noch sehr viel nothwendige
gute Eigenschaften. Wie könnte indeßen auch der redlichste
Fleiß solche unbearbeitete Untersuchungen bereits abschließen
wollen? Es wird mir lieb seyn, wenn andere weiter sehen,
wie es mir lieb ist, daß ich selbst schon in manchem weiter
zu sehen glaube. Niemand kann größere Lust haben, als
ich, das Buch streng zu critisiren, denn ich kenne dermalen
seine schwache Seite noch am besten; andere müßen sie
erst auffinden und werden vielleicht anfangs durch das, was
ihnen gelungen scheint, daran gehindert.
Ihren Wigalois lese und studire ich fleißig durch, in Zeit
einer Woche hoffe ich fertig zu seyn und dann sende ich
Ihnen meine dabei niedergeschriebenen Adversarien zu; wenn
Sie urtheilen, daß etwas davon dem Publicum nützlich seyn
könnte, so würde ich sie zu einer Recension verarbeiten und
Köpkes Barlaam mithinzunehmen. — Die Dichtung ist ohne
Zweifel correct und fließend, doch lieber möchte ich sie eine
Stiefschwester des Iwein, als eine Zwillingsschwester nennen.
Bei aller Familienähnlichkeit ist in Wirnts Werke weniger
wahre Poesie, in seinen Gedanken scheint mir oft etwas
leeres und wiederholendes, nicht recht in die Geschichte ein-
greifendes. Schuld daran mag auch der dünnere Stoff seyn,
das altbrittannische (in der ursprünglichen Volkssage gewiß
viel bedeutendere) Märchen ist schon zu sehr durchgeseiht,
die mythischen Hauptpuncte (z. B. eben das wunderbare
Rad, ein offenbares | Glücksrad) treten zurück und Neben-
dinge allzusehr vor, so daß dem Helden alles zu leicht gemacht wird; viel bedeutender und lebendiger wirkt im Iwein
der mythische Brunnen. Wie vielmal habe ich beklagt, daß
die Dichter des 13. JH. ihre schöne Gabe so selten auf ein-
heimische, deutsche Stoffe verwenden; dann hätte alles ihrem
Herzen und ihrer Betrachtung unendlich näher gelegen.
Übrigens ist mir dieser Wirnt mit seiner unschuldigen, auf
eignen Füßen stehenden Übersetzung oder Bearbeitung den-

noch lieber und dichterischer, als unsre heutige streng-
formelle Übersetzer; was Sie in der Absicht bemerken,
trifft vollkommen in meine Ansicht.

Nun einige Antworten auf Ihren letzten Brief, und sodann neue Fragen.

1.) es ist sehr gut, daß wir den Gegensatz des Hoch-
und Niederdeutschen weiter verfolgen; hätten wir nur rein
plattdeutsche Denkmäler aus dem 12—14. JH. übrig.
Die niederdeutschen Abschreiber und Verderber hochdeut-
scher Dichtungen haben unter diesen Umständen dennoch
der Geschichte unsrer Sprache genutzt. Über das Niederdeutsche im Notker, in der Königs Chronik (Cod. pal. 361)
in der Eneidt ꝛc. könnte ich mancherlei Gesammeltes in
einer Abhandlung mittheilen (es fehlt uns an einer Zeitschrift, die dergl. Abhandl. ordentlich aufnähme) und wenigstens in der Eneidt sind die Spuren des Plattdeutschen
gerade die ursprüngliche Lesart des Dichters. — Auch darauf müßen wir hinarbeiten, daß wir im Hochdeutschen den
bairischen und schwäbischen Dialect zu unterscheiden lernen.
Die Minnesänger schreiben den reinschwäbischen, aber die
Copisten mitunter den bairischen oder östreichischen.

2.) Die Untersuchung über die Vocallaute und Umlaute
ist, wenigstens für mich, das allerschwerste in der Grammatik mit und wir werden noch lange nicht aufs Reine
kommen. Ich will geben, was ich kann. Unstreitig wäre
von Vortheil gewesen, wenn die alt und mittelhochdeutsche
Schrift, gleich der Altnordischen, sich einiger Zeichen und |
Accente mehr bedient hätte, durch deren Vernachläßigung
manches in immer größere Verwirrung gerathen ist. Aber
soll man dergleichen nun hinterher einführen? Das hat
auch seine Bedenken. Das î welches Sie im Wig. ganz
richtig vom i in verschied. Fällen unterscheiden, gründet es
sich auf die Hs. C oder L? schwerlich, vielleicht aber auf
den Gießer Iwein? Genaue sorgfältige Schrift zeugt stets
für größere Bildung der Sprache; die angelsächsische ist
genauer (nur nicht in den gemachten Abdrücken) als die
althochdeutsche und selbst aus den Abwegen der engl. Orthographie mag mancherlei historisches zu lernen seyn.

3.) Die Entartung des deutschen Poßeßivpronomens
dritter Person ist ein unwiederherstellbarer Verlust, der
die logische Einfachheit und Verbindung ganzer Sätze
mehr als man denken sollte, beeinträchtigt. Nehmen wir
z. B. folgende lateinische Wendungen: a.) is amat patrem
suum. b.) ea amat patrem suum. c.) ii amant patres suos.
d.) eae amant patres suos. e.) is amat patrem ejus. f.) is

amat patrem eorum. g.) ea amat patrem ejus. h.) ea amat patrem eorum u. s. w. so können diese (wie im Nordischen) früher auch im Althoch. einmal ganz klar so gelautet haben: a.) er minnot sinan fatar. b.) siu minnot sinan fatar. c.) sie minnont sine fatara. d.) sio minnont sine fatara. e.) er minnot is fatar. f.) er minnot iro fatar. g.) siu minnot is fatar. h.) siu minnot iro fatar; ja es ließe sich das lateinische e und g noch in zwei Sätze zerschneiden. α.) er (siu) minnot is fatar. β.) er (siu) minnot ira fatar, wo der Lateiner beidemal ejus setzt; umgekehrt kann der Lateiner f und h durch eorum und earum näher bestimmen, wo der Deutsche beidemal iro setzt, der Gothe aber gleichfalls entw. ize oder izo. — Heutzutage vermögen wir blos den einzigen Fall a.) der Form nach richtig auszudrücken, | aber nicht einmal der Bedeutung nach, weil N. N. liebt seinen Vater auch den Fall e und g aussagen kann. Der Zusammenhang entscheidet zwar meistens den Zweifel, aber die sinnliche Klarheit ist verloren. Und nun gar unser ihren Vater kann in den Fällen b.) c.) d.) e.*) f.) g.*) h.) gesetzt werden.

4.) in der Gramm. S. 294 ist durch Versehn der zehnte Satz über das neuenglische Poßeßivum ausgeblieben. my, thy, (vorstehend) und mine, thine (nachstehend) ist in der Ordnung; der Mangel des sy oder sine ist ein alter. Für die dritte Pers. wäre das his, her, his der Form nach ebenfalls ordentlich; nun aber kommt noch ein its vor, das neben dem his für gewiße Fälle des Neutr. gelten soll. Dieses its ist unorganisch (es wäre ebenso, wenn der Lateiner den Gen. von id nicht auch ejus, oder der Gothe den Gen. von ita nicht auch is bilden wollte!) und noch im Altenglischen unerhört. Das t im it ist neutrales Kennzeichen, was nie in den Gen. gemischt werden darf und its als wenn wir statt gutes (Gen. von gut oder gutes) guteses sagen wollten. Bei Ihrer großen Belesenheit in englischen Büchern seyn Sie doch so gut, darauf zu achten: wann und wo es zuerst gesetzt wird? wahrscheinlich erst im 15 oder 16 JH. Es scheint durch eine gewiße Substantivirung des Begriffs veranlaßt worden zu seyn (wie wenn wir sagten: das Es, Gen. des Eses) und mag daher unbewußt noch jetzt in abstracteren Fällen, das his in lebendigeren stehen. — ours, yours, hers und theirs sind auch abnorme Gen. Plur. und keine Adjective.

Auch das holländ. Poßeßivum hun ist, wie ich gesagt habe, neuen, unorganischen Ursprungs.

5.) ich pflichte bei und danke für die Bemerkung, daß

yon und yond mit jener verwandt sey, halte es aber im
A.s. und Englischen noch zur | Zeit für bloße Partikel. das
wirkl. Pronomen ist verloren. Wenigstens im A.s. kenne ich
kein adjectives geond und der Begriff unseres jener wird
nie dadurch übersetzt. — Ein wichtiges Bedenken gegen die
Verwandtschaft überhaupt war mir, daß das a. s. häufig
vorkommende geond gewöhnlich so viel als trans und per
heißt, namentlich in der Zus.stzg mit Verbis (vid. Lye V.
geond-) geradeso stehet aber das dän. gjen, schwed. gen
und altnord. gegn, und dies ist gewiß unser gegen, holländ.
iegen (denn das heutige tegen steht für te jegen, zegegen.
zugegen) althochd. gagan, kagan; wäre mithin geond, yond
unser gegen, so schiene es von unserm jener (nord. hin, hen.
en) verschieden.

Indeßen spricht die Vergleichung des gothischen jainar
(ibi) und jaind (illuc) mit dem a. s. geonre und geond (das
d wäre also nicht unbedeutend wie in minder) für die
Identität der Wurzeln jain und geon; es scheint sich auch
(seltner) eon, eond zu finden. gegen (contrahirt gen'
entspricht auch eigentl. dem a. s. gean, gewöhnlich ongean
oder agean, agen (engl. again, against) und vielleicht wäre
in jenen mit geond componirten Verbis richtiger gean- zu
schreiben, wo man nicht eine äußere Verwandtschaft der
Wörter jen und gen (gegen) annehmen wollte, wie sie sich
begriffsweise leicht nachweisen läßt, denn illuc, ibi, jenseits
geht über in trans, ultra, contra, gegenseits, vicissim, rur-
sus. — Auch die Partikeln hin, hinter (wovon hindere)
stammen aus Demonstrativen.

5.) ob es einen Sg. rinder wirklich gegeben hat, weiß
ich nicht, aber völlig analog dem fries. u. a. s. brytber.
rother und dem östr. Sg. air (vgl. Sie den Zusatz S. 652
ist er. Unser Rinderdarm ist von rotheres lunge verschieden, weil es nicht heißt Rinders Darm, es ist also Zu-
sammen|setzung mit dem Pl. Ob alle Wörter, die den Pl.
er bilden, ihn auch auf e bilden durften (d. h. im Alt- und
Mittelhochd. nicht auf e sondern dem Sg. gleich) bezweifle
ich doch einigermaßen. Ich finde z. B. niemals anders als:
Eier. Das Discrete und Concrete der Bedeutung mag
seyn, gewiß aber brauchte man im 13 J.H. kint und kinder.
kleit und kleider, gleichgültig für einander. — Sollten Ihnen
noch weitere Plur. Neutr. auf er im Mittelhochd. aufstoßen.
die ich nicht anführe, so bitte ich darum.

6.) Das holländ. tot steht gewiß für tote, welches
sich auch genug findet, also muß auch zûz (S. 336 muß
über alle u natürlich das o geschrieben werden) für zûze

(althochd. zuo-zi, zuo-za — [zuo-zu ist Druckfehler] --)
stehen. Warum verwerfen Sie die Zus.stzg. der Partikel
zû mit der Präpos. zi? Wir componiren auch: zu-gegen,
holländ. tegen (te-gegen) wie bereits vorhin bemerkt. Ein
zûz statt zûz' (also zûz vor Consonanzen) wird sich schwerlich weisen laßen.

7.) S. 100 der Gramm. baren ¹) Parc. 8604 heißt schwerlich domino. Sollte es ein Wort bare geben in der Bedeutung von Krippe?
Auf ders. S. Zeile 16 bei smerze das Citat Trist. 8887
zu streichen und kl. 3109 zu setzen.

8.) Zu S. 653 und 237. Auch in gern (lubens) ist das
n superlativen Ursprungs, eben so im engl. often, oftener,
oftenest (st. oft, ofter, oftest)

9.) ich strebe nach einem Part. Prät. von zemen (de-
cere). Es müßte lauten: gezomen, will sich aber gar
nicht finden ²).

10.) eine gute Übung wäre z. B. die allergewöhnlichsten
Wörter, als da sind: Theile des Leibs, Namen der Thiere,
Bäume ins Alt- und Mittelhochd. zu übersetzen und dabei die Declinationen richtig zu treffen. Das Hirn heißt
nicht hirn sondern hirni, hirne. Aus Mangel an | Quellen
stoßen wir bei Dingen an, die sich ein altnord. und angelsächs. Grammatiker ohne Anstoß verschaffen kann. Aber
die Abfaßung eines deutsch-altdeutschen kleinen Wörterbuchs müßte fürs Studium ebenso viel förderlicher seyn,
als es ein deutsch-griechisches mehr ist, wie ein griech.-
deutsches. Und werden wir es je dahin bringen, daß ein
deutsches pensum ins altdeutsche aufgegeben würde zu übersetzen? Der Strenge nach halte ich es weder für möglich
noch für nöthig, aber zur Übung unsrer Bescheidenheit und
zur Erweckung des Gefühls: wie viel wir von unserm Alterthum nicht wißen! wäre es zuweilen nützlich.

11.) was halten Sie vom Ursprung des Wortes: er-
beizzen, erbeizzet sin (descendere?)?

Um aber diesen langen Sonntagsbrief zu beendigen,
melde ich noch eine vereitelte Hoffnung. Ich hatte geglaubt
einen wichtigen Schatz für althochd. Sprache in Oxford heben
zu können; von des Junius fränkischen Kirchenliedern ³)

---

1) sinem barne Parz. 289, 4.
2) Belegt mhd. Wb. 3, 886ᵇ. Lexer 3, 1056.
3) Sie sind 1830 von Grimm in dessen Programm zum Antritt der

(S. CIII der Gramm.) sind nur viere gedruckt, es waren
ihrer aber XXVI. (s. Cat. Mss. Angl. p. 255 no 5221) —
ein Citat aus XXV. stehet Symbolae ad lit. teut. col. 182
voce: fastidientibus — nun höre ich, daß die Hs. aus der
Bodl. vor bereits 60 Jahren gestolen worden sey. Ein
wahrer Verlust, denn die 4 Hymnen waren mir vielfach
wichtig und was mag in den 22 übrigen gesteckt haben.
Die Strafe dafür, daß man solche Denkmäler zwei Jahr-
hunderte vernachläßigt hat. Ich lege Ihnen Cohen's eben
empfangenen Brief zur Einsicht bei, weil er sonst noch
einiges meldet. Sie wißen doch, daß dieser Cohen in den
Edinb. Rev. Rec. der deutschen Lit. ist? (mich hat er aber
wenig erbaut.)
    Von Stalder verkündigt Meßcat. eine schweizerische
Dialectologie, worauf ich begierig bin. |
    Bouterwek hat freilich dem Hagenschen Irmin sein Recht
nicht thun können [1]). Wenn ich mich in irgend einem Stück
über Hagen beklagen darf, so ist es bei Gelegenheit dieser
Abhandlung. Die meinige, bereits 1812 ausgearbeitet (s.
Hildebrandslied S. 13) und 1815 gedruckt [2]), ignorirt er in
der seinigen 1817 erschienenen affectirterweise; die Hauptsache war die Auffaßung einer einzigen, sehr merkwürdigen
Idee und es sind nur zwei Fälle möglich: entw. hat er mir
diese selbst abgeborgt, oder er gibt das für etwas neues
aus, was ich schon Jahrelang früher bekannt gemacht hatte.
Beides ist unredlich. Ich denke mit der Zeit das Ganze in
sehr verbeßerter Art umzuarbeiten und klarer zu machen,
als ich und er bis jetzt gethan haben.
    Die Psalmen des Lipsius hat er ganz liederlich hin-
drucken laßen (die Diezelsche [3]) Abschrift war aus dem
17 Jahrh.) und wohlfeile Noten angehängt, worin z. B.
54, 17 riepo für riep; 59, 3 farwirpe für farwurpe; 72, 6
hielta f. hatta zeugen, wie verwirrt er sich die alte Grammatik denkt. — für die neudeutschen Lettern läßt sich manches sagen, aber die fustischen des 15 J.H. zu Texten des
9ten sind wirklich unpaßend.
    Von Hildesheim ist mir unlängst Heft 1 einer neuen
Zeitschrift für Philol. zugekommen [4]), verm. von Hrn Döleke.

Göttinger Professur herausgegeben unter dem Titel: Hymnorum veteris
ecclesiae XXVI. interpretatio theotisca. Neue Ausgabe nach der Handschrift von E. Sievers: Die Murbacher Hymnen, Halle 1874.
  1) Vgl. Götting. Gel. Anzeigen 1819, S. 703.
  2) Irmenstraße und Irmensäule. Wien 1815.
  3) Vgl. Brief 37.
  4) Seebode's kritische Bibliothek für Schul- und Unterrichtswesen.

Können Sie mir sagen, ob sie fortgeht oder schon aufhört? Das Unternehmen scheint unbedeutend, doch wollte ich in jenem Fall zur höfl. Erwiederung einen kleinen Beitrag hinsenden. Können Sie Meinert´ Volkslieder des Kuhländchens (samt Wörterbuch) und von Höfers oestr. Id. Th. 2 und 3. für die Bibl. etwa brauchen? Sie liegen mir doppelt auf dem Hals und ich laße alle zus. für 3 *ß*. Aber Sie müßten dann Th. 1 zu Höfer nachkommen laßen. — Herzl. Gruß.

J. Grimm.

41.

Caßel 14. Juni 1819.

Es freut mich, liebster Benecke, daß Ihnen unter meinen Bemerkungen zum Wigalois ein und das andere brauchbar vorgekommen ist, das weitere folgt nach, sobald ich dazu gelangen kann. Auch zu einer Recension bin ich bereit, überlege aber nur, wo sie erscheinen soll, mit den heidelberger und leipziger Redactoren habe ich die mir lästige Verbindung (aus Widerwillen Bücher zu beurtheilen, die ich sonst fast nicht gelesen hätte) beinahe eingehen laßen. Vielleicht findet sich in Krugs Hermes, wenn er forterscheint, Raum dazu.

Zu den mitgetheilten Fragen folgt hier meine beigeschriebene Antwort. Die Einrichtung ist vortrefflich und soll, hoffe ich, zwischen uns nicht sobald aufhören. Doppeltes Schreiben wird erspart und eine bestimmte, verständliche Beziehung der Antwort auf die Frage nur so erst leicht gemacht. Freilich behält am Ende blos der Frager die Acten zum Aufheben bei sich, indeßen selbst das nöthigt zu fleißigem Eintragen des Wichtigen, ehe man sie von sich läßt.

Auf Ihren Brief vom 23 Mai habe ich noch folgendes zu erwiedern.

Die Formen der mittelhochd. Grammatik schwanken und die Vergleichung der besten Werke in den besten Hss. wird uns allmälig zeigen, was wir als den damaligen Satz der Sprache anzunehmen haben, was wir also in geringeren und schlechten Hss. als fehlerhaft ändern müßen. Für Behutsamkeit bin ich so sehr, wie jemand. Es helfen uns aber mancherlei Regeln, z. B. außer dem Metrum, die: wo eine Abweichung von der althochd. Grammatik verspürt wird, muß sie sich auch in dem Neuhochdeutschen, noch erweitert, finden, wenigstens streitet die Wahrscheinlichkeit wider etwas, worin das Mittelhochdeutsche allein fehlen, das Neuhochd. aber mit dem Althochd. übereinstimmen | sollte. Ich halte darum das û selbst in der Gießer Hs. sobald es keinem althochd. uo oder ua entspricht, also in wûrde, gûrte 2c. für bestimmt fehlerhaft, da weder das spätere Deutsch noch die Volksmundarten jemals wuerde, guerte zeigen. Auch schreiben andere, gute Hss. z. B. der S. Galler Parcifal, oder selbst Ihr Cölner Wigalois wurde 2c. 2c. und der Gießer Aristarch hat in diesem Punct ein falsches System aufgestellt.

Was bin statt bie betrifft, so halte ich immer noch für möglich, daß eine noch beßere Hs. als C. ist, wirklich bie lesen könne oder müße und zwar aus folgenden Gründen: die althochd. Form lautet pia, Gen. Pl. piono, vermuthlich F. 1 schw. wiewohl ich das nicht streng beweisen kann, schwerlich aber geht es nach 1. st. hat also im Gen. Sg. nicht pia sondern piun. Mittelh. pie (welches Titurel 77. im Reim und S. 269 steht) Gen. pien, Nom. Pl. pien oder bien, wofür Maria 1012 bigen geschrieben ist. Das n der schwachen Endung gieng allmälig in den Nom. des Worts ein, daß dies aber schon im 13ten J.H. der Fall gewesen, muß bezweifelt werden, da sich nirgends der Nom. bine findet (denn das e kann zwar abgelegt werden, steht aber doch in der Regel da) und nirgends die Schreibung biene oder bien (im Nom.). Vorläufig halte ich demnach dafür, daß Wigal. 6339 bic, Parc. 8852 bien, Barl. 176, 4. bien und Man. 2, 3ª bien zu lesen sey. G. Schmiede 874 hat den Dat. Pl. binen (st. bien). Kommen Ihnen mehr Stellen vor, so bitte ich darum, so wie das wohl analoge chlie (Kleie). Sollte bie nach 1. st. gehen, so müßte Parc. 8852 u. in den a. Stellen bic st. bien gelesen werden. Die Schweizermundart sagt noch heutiges Tages byhe. Eine ähnliche neuhochd. Verunstaltung hat das alte bir betroffen, wofür wir Birne setzen, das Volk aber noch meistens Bire. |

Der Apostroph, den Sie (gänzlich) und Köpke (meistentheils) nicht gebraucht haben, soll die im Metrum elidirten e nachweisen. Die alten Handschriften schreiben ihn so wenig, als die griechischen, wo er noch häufiger gedruckt, und nicht blos für das fehlende ε sondern auch für α, o 2c. 2c. gesetzt wird. Griechische Drucke sehen mit ihren Apostrophen, Accenten und andern Zeichen noch weit bunter aus, und man hat ihre Anwendung dennoch vorgezogen.

Daß nun der Apostroph das Lesen und das grammatische
Lesen erleichtert, muß wohl zugegeben werden, vielleicht
bindet er auch die Herausgeber zu strenger Aufmerksamkeit
auf alle Formen. Wer die alte Sprache versteht, bedarf
seiner nicht, so wenig als der Interpunction oder der Bemerkung der schließenden und anhebenden Dialoge (welche
letztere Köpke völlig vernachläßigt). Hagen in seinen Nibel. mißbraucht den Apostroph d. h. er setzt ihn an hundert
Stellen, wo gar nichts elidirt ist, ganz unvernünftig z. B.
4405 gab' in, weil er sich wohl einbildet, es müße gap oder
gabe heißen, da doch das folgende i das p in b auflöst, und
die Form gabe ganz falsch ist. Noch schlechter 8911 min'
hant, als wenn es heißen dürfte mine hant! denn min stehet
für miniu so gut als min man, min kint für miner, minez.
Ein vernünftiger Gebrauch, denke ich, müßte das Zeichen
setzen, wo ein elidirtes, in der mittelhochdeutschen Grammatik gewöhnlich noch stehendes e angemerkt werden soll;
ein genaueres Studium der alten Metrik muß freilich erst
bestimmen, wo die Elision Platz greift, ich glaube in 3
Fällen 1.) wegen des Reims, z. B. han': chan, nam': cham;
2.) der Quantität wegen, wenn ein Vocal folgt, z. B. z' einem
st. ze einem 3.) auch wenn ein Consonant folgt, z. B. Wigal. 2521 kost'me, st. koste. Sehr häufig muß auch in
zweiten [so] Fall eben der Quantität wegen nicht elidirt
werden, selbst wenn ein Vocal folgt, z. B. si ir, selbe
ander ꝛc. Nicht gebraucht werden dürfte meiner Ansicht
nach der Apostr. a.) wenn der fehlende Vocal gar nicht
mehr oder nur ausnahmsweise noch in der Sprache gesetzt
würde, sollte er auch ehemals gegolten haben, z. B. wenn
wir heutzutage Engel' schreiben sollten, weil es früher en-
gele (nom. pl.) geheißen. So würde ich auch im Mittelh. vil,
und ꝛc. ꝛc. setzen, weil die Formen vile, unde auch in der
Prosa vergangen sind. b.) überhaupt nicht in der Mitte von
Wörtern, man schreibe folglich lobte, magt, helt, nicht
lob'te, mag't, wiewohl die vollen Formen lobete, maget,
helet noch oft dastehen.

Ich bitte mir die Gründe anzugeben, die Sie (abgesehen
vom schlechten Aussehen der gedruckten Zeilen, was ich
einräume) gegen den Apostroph haben. Z u w e i t führen
kann er nach meiner Ansicht nicht, wohl aber wird es Fälle
geben, wo man im E i n z e l n e n bei seiner Anwendung oder
Weglaßung schwankte. Aber schwanken wir so nicht auch
bei unserer n e u e n Interpunction, die den alten Schreibern
unbekannt ist? Gleichwohl ist es dieses Schwankens unerachtet jetzo nützlich, zu interpungiren.

Die Stellen, welche Sie mir aus dem Heidelb. Iwein
über niwet, nehein ꝛc. ꝛc. mitgetheilt haben, waren folgende
niwet 5254. 5298. 8106. 5356. 5953.
nehein 1307. 1449. 1516. 4015. 886. 7987. 8000. 908. 837.
8017. 7697. 8024. 8029. 8044.
sohein 1598. nach 806. 6342. 6481. 1339. 6605.
dechein 978. 1497. 8038.
verneinende Sätze 1178. 8066. 1104. 1130. 1219. 1395.
1318. 1333. 7673. 7996. 8007. |
Über mer schreiben Sie den 9 Mai folgendes:
„mer wird auch als Positiv angesehen und bildet
einen Comp. merer oder merre Trist. 1363. daz
ander deist merre — ebenso ist wirser engl. worser
ein Comp. von wirs."
Warum ich mer und wirs ebenfalls für Comp. und nicht für
Pos. halte, besagt meine Antwort.

Der westphäl. Dual. (d. h. der Form nach, denn man
braucht ihn jetzt für den Pl.) hat sich wie der bairische
nur im Pronom. 2ter Person gehalten und lautet bei dem
Volk der Grafschaft Mark
Nom. ät, iät (auf einigen Quadratmeilen: gätt)
Gen. inker
Dat. u. Acc. ink.
Im angrenzenden Bergischen weiß man nichts mehr da-
von, sondern setzt: ihr st. ät, wie Niedersachs. ji, gi.

Die westphäl. Mundart scheint grammatisch die wichtigste in ganz Norddeutschland und Holthaus zu Schwelm,
durch den ich obiges mitgetheilt erhielt, will ein umständ-
liches Idiotikon derselben herausgeben. Er hat langsam
und gründlich vorgearbeitet, ich lege Ihnen seine bereits
1809 umgelaufene Ankündigung bei, und bitte mir sie gelegentlich zurück aus. Ich habe ihn gewaltig zum Aufmerken auf das Grammatische angetrieben.

Endlich habe ich Rasks angelsächs. Grammatik (Stockholm 1817) aufgetrieben, ein vortreffliches Buch, woraus sich
viel lernt, und auch manches in meiner a. s. Aufstellung
berichtigt und erweitert werden kann. Doch freut mich die
Einstimmung in den Hauptsachen. Dieser | Rask hat ein
wahres Sprachgenie und soll nunmehr auch zu Petersburg
eine Sanskritgrammatik ausgearbeitet haben, worin sich
vieles ganz anders ausnimmt, als in den ostindischen und
englischen. Wenn er leben bleibt, wird er sicher über alle
Erwartung viel leisten.

Dagegen Bilderdyks Verhandeling over de Geslachten

der naamwoorden Amsterdam 1818 hat meine Erwartung lange nicht befriedigt.

Ihr Wigalois nimmt sich auch auf Druckpapier sehr sauber aus; außer der gleichzeitigen Erscheinung, kostet er im Preis geradeso viel, wie meine Grammatik, und selbst diese Uebereinstimmung freut mich.

Mein gebrochener Bogen mit Fragen folgt mit einer der nächsten Posten [1]), für heute muß ich schließen und wünsche Ihnen recht vergnügte Tage bei dem lieben Besuch, den Sie erhalten haben. von Herzen Ihr

Grimm.

42.

Caßel 3. Sept. 1819.

Sie laßen immer und lange nichts von sich hören, lieber Benecke und sind doch nicht gar mitgereist nach Stralsund? Aber Ihre Ferien fangen, wo mir recht ist, erst später an; ich habe und kriege keine, kann aber dafür halbe Tage spaziren laufen, was auch bei dem schönen Augustwetter fleißig geschehen ist. Ich schicke hier wieder einen gebrochenen Bogen, worauf freilich wenig bedeutendes steht, doch wollen wir uns keine sogenannte Kleinigkeiten erlaßen. Zwei bedeutendere Bitten will ich hier im Briefe thun: theilen Sie mir doch allmälig und gemächlich mit, was Ihnen von Eigenheiten unserer Sprache aufgestoßen ist 1.) über die sogenannten correlativen Partikeln 2.) über die Substantivzusammensetzungen. In Ansehung letzterer habe ich schon reichlich gesammelt, sammle aber noch immer fort, vielleicht zu einer eigenen Abhandlung. Ich hatte mich längst im Hermes gegen Jean Pauls böse Neuerungen erklärt [2]), der ist aber so wenig zu bekehren, daß er in einer besonderen Schrift antworten will. Auf jeden Fall wird der Gegenstand im Publicum lebhaft angeregt. Ich hatte in jenem Aufsatz meine Ansicht (über die ich gerne sprechen möchte mit Ihnen; für einen Brief wird sie allzuweitläuftig) vorbehalten und mich begnügt, die Unzuläßigkeit seiner Neuerungen kürzlich darzuthun. Was Ihnen in dieser Ma-

---

1) Dazu unten bemerkt: „folgt doch hierbei. d. 15ten“.
2) Jean Pauls neuliche Vorschläge, die Zusammensetzung der deutschen Substantiva betreffend. S. Kl. Schriften 1, 403.

terie anomal und auffallend vorgekommen ist, enthalten Sie
mir nicht vor; aber es hat noch Monate Zeit damit. — Die
Correlativpartikeln sind auch ein wichtiger Punct, allerdings
kein glänzender in der deutschen Sprache, abgerechnet die
gothische, in welcher es noch thunlich war, zu sagen: |
dalathro (von Thal her) dalath (Thalwärts) dalatha (im Thal)
ebenso muß es ein bairgathro, bairgath und bairgatha gegeben haben und andre analoge. Aus dem innathro (von innen)
hvathro (von wannen) ꝛc. ꝛc. siehet man, daß im Althochdeutschen dafür andere Formen galten, nämlich a n a (st.
athro) auf die Frage von wo? z. B. innana, hwanana,
ostana (von Osten); späterhin Verwirrung oder meistens
Zuziehung anderer Partikeln, als ze tal, von tal, im tal ꝛc. ꝛc.
Es gibt aber Spuren und Übergänge (z. B. osten, samen,
samet, sammt) auf welche ich möglichst aufmerksam gemacht
zu werden wünsche. Man setzte auch wohl den bloßen Acc.
auf die Frage wohin? z. B. heim. (s. den beilieg. Bogen.)
Die Untersuchung geht auch auf die Präpositionen: hinten
und hinter, unten und unter u. dgl. Das Griechische ist
bekanntlich im Ausdruck solcher Verhältniße besonders be-
gabt und gewandt.

Ich habe die Zeit her einige Briefe mit Grotefend über
grammaticalische Gegenstände gewechselt. Er ist ein scharf-
sinniger, aber wie mir scheint, in seinem System eigensinnig
verseßener Mann; er hat es sich nämlich aus dem Latein
und Griechisch abstrahirt und möchte es auf unsere Sprache,
die sich nicht recht dazu hergeben will, anwenden. Die
Methode, den Buchstab und das Wort treu zu sammeln und
einfach aufzustellen scheint mir viel sicherer zu der wahren
Theorie hinzuführen, als wenn man eine halbreife zu früh
ins Spiel bringt. Aber das gebe ich zu, daß jene bloße
Aufstellung vielleicht demnächst der vollständigeren, tieferen
Theorie weichen wird und muß.

Habe ich Ihnen denn geschrieben, daß schon im Juli
meine Rec. des Wigalois und Barlaam nach Lpz. abgegangen
ist? Sie müßen damit vorlieb nehmen, weil ich zu Besserem
mehr Zeit hätte haben müßen. Nachträge und Zusätze in
Briefen [1]). |

---

1) Die Recension von Köpke's Barlaam und Benecke's Wigalois
findet sich nicht in den Kl. Schriften von J. Grimm, wohl aber in den von
W. Grimm Bd. 2, S. 235 fg. aus der Leipziger Literaturzeitung 1819.
Zweites Halbjahr No. 261, am 20. Oktober 1819. Sie erschien anonym,
ist aber in dem gemeinsamen Konto der Verlagshandlung auf den Namen
des Legationssekretärs J. Grimm eingetragen. Vgl. W. Grimm's Kl.
Schriften 4, 648. Anm.

Raynouards zweiten und dritten Band werden Sie auf
der Bibliothek besitzen? Ich habe sie durchlaufen und finde
diese Troubadours monotoner und geistig viel beschränkter,
als unsere Minnedichter. Wenn nur das Wörterbuch bald
nachfolgte, mehr des Nachschlagens wegen als zum Ver-
ständniß. pundor, pondor habe ich noch nicht angetroffen,
aber es sind auch nur erotische Lieder abgedruckt, der roman de Jaufre [1]) wäre mir jetzt wichtiger.

Ihr
Gr.

haben Sie viel Commißionen zur Zahnischen Auction gegeben?

43.

Caßel 23. Oct. 1819.

Liebster Freund

Thiersch hat völlig Recht, nur nicht, daß er dabei
l e i d e r! ausruft, denn daß alle ächte und den menschlichen
Geist würdig beschäftigende Arbeiten niemals fertig werden,
das ist ja eben etwas erfreuliches. Eine Aufgabe ganz lösen
heißt mit andern Worten: ihr ein beschränktes Ziel setzen.
Je höher man hinaufsteigt, desto mehr flachen sich die
niederen Stufen ab, die man früher erstieg und Sätze, die
uns jetzt in der Grammatik neu und bedeutend vorkommen,
werden künftig zu den trivialen gehören. Aber wie viel
gemeine Dinge sind uns jetzt noch in der deutschen Grammatik verborgen und durch die Sparsamkeit und sorglose
Aufbewahrung der Denkmäler verwischt! wenn ich mir als
Gegensatz Reichhaltigkeit und Ordnung der nordischen denke.
Isländer und selbst Provenzalen haben im 12. 13ten J.H.
Donat und Priscian auf ihre Sprachen angewandt. Wo geschah das unter uns?
Ihren Satz, daß man von Rechtswegen blos in Handschriften, deren Vaterland und Geburtsjahr genau bestimmt
ist, forschen solle, stelle ich doch nicht oben an. Denn diese

---

1) Provenzalischer Artusroman, unvollständig herausgegeben von
Raynouard im Lexique roman I, S. 48—173. Paris 1844. Die Lücken
ergänzte K. Hofmann in den Sitzungsberichten der Münchener Akademie
phil.-hist. Klasse 1868, II, 167—198. 343—366. Ein Stück nach allen
drei Hss. bearbeitet bei Bartsch prov. Chrestomathie. Vgl. Fauriel hist.
lit. 22, 224—234.

Bestimmungen können da seyn und die Handschrift ist doch schlecht oder mittelmäßig. Unsere hiesige von Wilhelm d. Heil. [1]) | enthält Jahrszahl und Bemerkung, daß sie ein heßischer Landgraf habe schreiben laßen. Dennoch habe ich mich ihrer Fehlerhaftigkeit wegen noch nicht überwinden können, Casparsons Menge von Druckfehlern aus den Schreibfehlern des Manuscripts zu berichtigen. Laßen Sie uns also lieber sagen: jede innerlich fleißige und consequente Handschrift des 13 Jahrh. ist der sorgfältigsten Arbeit und Rücksicht werth und da sie irgendwo geschrieben seyn muß, so wollen wir über ihre Provinzialismen schon ins Reine kommen. Ohnehin wer vermag anzuschlagen, was Dichter und Schreiber aus fremden Gegenden, woher sie stammen oder wo sie lange gelebt haben können, angenommen haben.

Daß der Pl. Neutr. jare, worte der schwäbischen hochdeutschen Mundart des 12. 13. Jahrh. nicht gehört und rheinische, westphälische, sächsische Einmischung verräth, wißen wir. Fehlerhaft ist jare, worte gar nicht, ich vermuthe auch im Hochdeutschen früher wortu st. wort (vgl. Seite 152 unter g. und Seite 182) aber in einer critischen Ausgabe des Iwein, Wigalois ꝛc. dürfen wir kein jare, worte dulden.

Wenn ich an die hunderterlei Dinge denke, die ich im zweiten Theil abhandeln will und soll und wie sie am besten gestellt, gefragt und beantwortet werden, so kann mir ordentlich bange werden. Ich tröste mich damit, daß es beßer ist, mancherlei Neues und Fleißiges auf | die Bahn zu bringen, als es länger zurück zu halten, bis sich alles gleichmäßiger setzt. Weitläuftig wird es auch werden, aber in Zukunft laßen sich auch einmal die vielen Citate wegschmeißen, jetzo scheint mirs haben sie etwas anregendes und erleichtern andern die Prüfung des Behaupteten.

Die Adversarien folgen zurück und wieder ein Bogen von meinen. Das Reisen nach Göttingen hat mancherlei Anstände, die selten auf einmal zu heben sind und ich sehe doch, daß man mündlich vielerlei nicht bespricht, weil man sich durch anderes zerstreut. Lotte dankt herzlich für die Einladung der Fräulein Elise und meint freilich, sobald es sich einmal machen ließe. Sie ist ein wenig durch die Schuld des brüderlichen Einflußes an unser einsitzendes und ungesellschaftliches Leben gewöhnt, obgleich sie an unsern altdeutschen Studien nie den mindesten Antheil bewiesen hat und wir sie also damit nicht von der Welt zurückhalten.

---

1) Vom J. 1334, hsgg. von Casparson († 1802), Cassel 1782—84.

Bouterweks [1]) ungemeine Flüchtigkeit und Angewöhnung, dennoch über diese Dinge, als wohl bekannte, zu urtheilen verdient diesmal wirklich gerügt zu werden und ich sende beiliegende Bemerkungen an Herrn Seebode (der mir im Vertrauen gesagt, doch allzu süß ist und mich gewaltig plagt um Beiträge für seine Zeitschrift); laßen Sie sie | nach der Durchlesung versiegelt nach Hildesheim auf die Post geben. Neulich habe ich ihm die Nachweisung eines ähnlichen Bocks zugefertigt, den Fiorillo bei einer Stelle Otfrieds begangen hat [2]).

Ihr
Grimm.

Halten Sie auf der Bibliothek nicht die stockholmer oder upsaler Literaturzeitung? Es stehen jetzt für mich wichtige Recensionen von Rask darin, so wie früher in der dänischen Literaturzeitung, die Ihnen wohl ebensowenig zukommt. Rasks Snorra-Edda Stockholm 1818 ist ein gelehrtes und wichtiges Buch, das ich soeben, so wie seine schwedische, sehr vermehrte Übersetzung der altnordischen Grammatik empfangen habe. In Schweden wird es jetzt ungemein rührig und auch Geijers und Afzelius Folkvisor ist eine ausgezeichnete, wohlgerathene Sammlung (3 Theile in 8⁰ und 1. Band Melodien.)

44.

Caßel 25. Nov. 1819.

Liebster Benecke, hierbei wieder etwas und Schottkys östr. Lieder [3]) (eine hübsche, saubere Sammlung) dankbar zurück. Haben Sie denn Stalders Dialectologie gelesen? Ich mit großem Vergnügen und was mir das meiste machte, sind Füglistallers genaue und gelehrte Mittheilungen aus den S. Galler Notkerischen Büchern, zumal wegen der über-

---

1) Fr. Bouterwek, geboren 1766 in Oker, seit 1797 Professor in Göttingen, † 1828. Das folgende bezieht sich auf dessen Recension von Raynouards choix des poésies originales des troubadours in den Götting. Gel. Anz. 1819, S. 1649 fg., wogegen sich Grimms Abhandlung über die Tageleiter der Troubadours in Seebode's krit. Bibl. richtet. Vgl. Kl. Schr. 6, 295.

2) S. dessen Geschichte der zeichn. Künste 1, S. 16. 17 und dagegen Grimm in Seebode's krit. Bibl. Kl. Schriften 6, 297.

3) Dazu übergeschrieben: „kommt erst nächstens mit".

aus wichtigen Accente, worunter freilich die bloßen Tonzeichen, d. h. die Striche über den Vocalen á, é, í, ó, ú die grammatische Form nichts angeben (dergl. Accente haben auch O. und W.) aber die ʌ sind es (â, ê, î, ô, û) welche eine Lautveränderung andeuten und unsere größte Aufmerksamkeit erfordern. Jammerschade, daß so wichtige Schriften weder gedruckt sind, noch jetzo gedruckt werden. Auch der Schiltersche Notker ist nunmehr verurtheilt und streichen Sie, was ich S. LX. [1]) von dem vermeinten Werth dieser Ausgabe sagte. Wie Sie sehen, war ich gerade über dem â und suchte es aus den Reimen heraus. Die Sache ist entschieden und auch in der Absicht muß die zweite Ausg. meines ersten Theils ein ganz andres Ansehen gewinnen.

Stalder hat auch für sich fleißig und gescheidt gesammelt. Die Anordnung wünsche ich wohl zweckmäßiger, auch ist sehr vieles ü b e r g a n g e n. Zusätze ergeben sich genug zu dem für mich recht nützlichen Buche.

Eine Behauptung wird Ihnen auffallen: daß nach mögen der folg. Infinitiv die Vorsilbe g e - habe. Das scheint mir fast zu viel gesagt und ich finde die Regel weder in der gothischen noch althochdeutschen Sprache bestätigt; auch in der mittelhochdeutschen nicht sehr einleuchtend. T. T.
Gr.

ein Briefchen an Dieterichs abzugeben.

45.

Caßel 23. Dec. 1819.

Der Rahmen ist hoffentlich wohl eingetroffen und gefüllt Ihnen; ich habe ihn nicht gesehen. An dem vorigen offenen Paquet waren Dieterichs unschuldig; das Versiegeln war hier vergeßen worden.

Die genaue und sorgfältigste Benutzung der Reimquelle ist unerläßlich. Sie gewährt Dinge, woran wir noch nicht dachten, vielleicht noch nicht einmal denken. Es ist im Ernste der Fall, daß die mittelhochdeutsche Sprache auf diese Weise Aufschlüße über die althochd. [2]) und gothische sogar gewährt, weil diese die Reimprobe nicht zulaßen. Ob

---

1) Der deutschen Grammatik.
2) Dazu am Rande: „wir können in einiger Zeit den Notker selbst accentuiren, ohne in die S. Galler Hs. zu gucken.“

die mittelh. Gedichte mit Lautzeichen herausgegeben werden müßen? Ohne Zweifel, es ist keine Rettung. In den zwei letzten Monaten habe ich beinahe nichts gethan als Reime ausgezogen und mit Ihnen adversariirt. Nunmehr habe ich angefangen, meine Auszüge in ein förmlich alphabetisches Reimregister einzutragen, es ist ganz weitläuftig und genau angelegt, der Gewinn ungemein einleuchtend. Citirt wird nur bei s e l t e n e n Reimen, z. B. nôt : tôt (mors); got : spot braucht blos eingetragen, nicht belegt zu werden, aber got : tot (Gevatter) verdient den Beleg. Falsch edirte Reime werden gleich verbeßert | eingetragen. Falsch gedichtete besternt. Wißen Sie wer der richtigste Reimer ist? nicht Wolfram, nicht Rudolf, nicht Wirent, — aber, wie mir scheint, Conrad v. Würzb. Ich bitte inständig, theilen Sie mir mit, was Sie von merkwürdigen Reimen finden und lesen[1]). Oder hätten Sie Lust, an diesem gradus ad Parnassum mitzuhelfen? so könnten Sie vorläufig die Reime auf o, auf ô, auf ou, auf u, auf û, auf uo tractiren, ich arbeite au, a, æ, â, e, ê, ei (e und ê sind zumal wichtig und schwierig) in i, î, ie, iu stoßen wir zusammen und wechseln gegenseitig aus und besitzen beide ein zu allen künftigen Arbeiten und Editionen unerläßliches Fundament. Die Legung dieses Fundaments ist nicht so schwer als es aussieht, in Monatsfrist könnte es vollendet seyn, an der weitern Ausfüllung und Verfeinerung werden wir hernach immerfort zu arbeiten haben[2]). Manches wird blos dadurch ausgemacht, z. B. ob es und wie früh einen Umlaut für o und u gibt? Finden wir den Reim hôren : ôren und nichts anders, so spricht das gegen hören. |

Sehr angefeuert und bestärkt worden in dieser Untersuchung bin ich durch einen vorgestern empfangenen Brief Lachmanns. Aus seinen Anmerkk. zu Köpke[3]) sah ich, daß er auf die Reime a c h t e t e (früher als wir andern), schrieb also an ihn und theilte ihm meine Resultate mit. Nicht nur bestätigt er sie mir vollkommen auch als die seinigen, sondern er ist noch weiter gegangen und geht noch weiter, namentlich gewinnt er auch aus den Reimen Wichtiges für die Bestimmung s c h w e b e n d e r und unbetonter Vocale. Dies scheint mir j e t z t n o c h mehr in die Metrik, als in

---

1) Am Rande: „selten ist z. B. der Reim auf - a n n e t - a l l e t".
2) Dazu am Rande: „aber dann findet man unter 1000 Reimen vielleicht nur einen einzutragen".
3) S. dessen Ausgabe des Barlaam von Rud. von Ems, S. 422 fg. Vgl. Lachmann's Kl. Schriften zur deutschen Philologie S. 114 fg.

die Gramm. zu gehören, aber er meint auch für die Gr.
daraus zu ziehen. Ich bin daran, das zu prüfen. Seine
noch nicht fertige Chrestomathie wird mit sehr genauen
Accenten und Zeichen prangen und an Critik alles bisher
geleistete übertreffen. Er hat mir noch wichtige Bemerkungen und Berichtigungen über die starke Conjugation
mitgetheilt.

Bei der Fertigung des Reimregisters fördert es, wie
bei allem Excerpiren, daß man immer einzelne Vocale ins
Auge faßt, nicht mehrere auf einmal und für jeden andern
die alten | Dichter wieder von vornen durchliest. Es geht
geschwinder und man kann das wichtige und unwichtige
genauer unterscheiden und jenes beßer faßen [1]). Leichter
zu excerpiren sind natürlich die erzählenden Dichter, als
die reimverflechtenden Minnesänger.

Der Gissensis ist nicht der einzige genaue oder ge-
nauere Schreiber jener Zeit. Auch der Schreiber Wilhelms
des heil. (wovon Docen Misc. 2, 115. 116) kennt und setzt
Lautzeichen; freilich auch unvollständig. Um so mehr müßen
wir sie vollständig erkennen und wieder einführen.

Eichhorn [2]) und Bouterwek beneide ich um den Raynouard nicht, sie lesen ihn doch nicht und ich habe keine
Zeit, ihn jetzt zu lesen. Wenn mich nur alle Recensions-
directoren und Journalschreiber ungeschoren ließen.
                                        T. T.
                                              Gr.
Beilage. Adv. 45—55. und die Ihrigen zurück.

46.

Caßel 1. Jan. 1820.

Glück zum neuen Jahr und es [bleibe] beim Alten, abgerechnet das, was wir beßer lernen. 1821 wißen wir vieles
mehr.

Mein Register über a und â ist schon geordnet. Vor-
sicht muß allerdings beobachtet werden und ich zweifle über
nicht weniges, schreiben Sie daher meine Mittheilungen oft

---

1) Am Rande: „bei Wörtern, die außer Zusammenhang zweideutig
sind, füge ich in Parenthese das lateinische bei z. B. sigen (vincere)
sigen (ceciderunt)“.
2) J. F. Eichhorn, der seit 1812 Redakteur der Götting. gel. Anzeigen war; † 1827.

nur als Muthmaßungen auf, die sich bald ändern können.
Namentl. das ê darf nicht so häufig stehen, als ich mir
dachte, ich bin jetzt mehr für beren, werfen, sterne als für
bêren, stêrne. Für die Finalconsonanzen lehren die Reime auch. c
(oder k) ist Finale von g. (tac, tages. bâc, bâges. ligen,
lac.) ch. das Finale von h. (sehen, sach. lîhen, lêch. ziehen, zôch.) desgleichen von ch¹) (brechen, brach. tach (tec-
tum) taches) tac reimt nicht auf tach, lac nicht auf sach
u. s. w. Leihen Sie mir wieder einmal Ihre gött. Hs. von der
Lücke im Tatian. Ich habe manches nachzuhohlen und die
Frankfurter machen mir zu lange. z. B. cap. 131 steht
lugina (mendacium) aber ich muß wißen quo numero et casu.
Heute nichts mehr, blos damit Arnswald etwas mit kann
bringen.

T. T.

Grimm.

47.

Caßel 14. Jan. 1820.

Liebster Benecke, Ihre Gründe gegen das Drucken der
Lautzeichen (die ich doch von den Tonzeichen oder Accenten
unterscheide) laßen sich hören, obgleich man auch von dieser
Seite übertreiben kann. Wer sein Deutsch versteht, wird,
wenn er von Jugend auf daran gewohnt ist, etwan alle
Vocale hinzulesen lernen und wir brauchten, wie einige
Orientalen, blos die Consonanten zu schreiben und zu
drucken, z. B. kng kann nichts anders heißen, als König
u. s. w. aber bei vielen andern würden doch Zweideutig-
keiten entstehen, die schlimmer sind, als wenn einer bei
einem Minnesänger pfat fände und nicht wüßte, ob pfat
(semita) oder pfät (padus, fl.) gemeint sey. Der Zusammenhang entscheidet häufig, allein nicht immer und in letzterm
Falle würde es vom Zufall abhängen, wie man herausgeben
wollte. Die neue Orthographie hat sich, als die Dehnungs-
zeichen ^ ungebräuchlich wurden, des dehnenden h. und
meistens richtig bedient. | Dieses h macht unser geschrie-
benes Deutsch nicht wenig breit und ich weiß nicht, warum

---

1) Dazu am Rande: „freilich ein Misstand. Aber es ist nun so und
die Reime sanc (cecinit): tranc (bibit) müssen wir für gute gelten lassen".

Ihnen die übergeschriebenen Zeichen so widrig aussehen. Die lateinischen Quantitätszeichen sind ganz was anders und gehören nicht zur prosaischen Aussprache. Wenn Isländer, Schwede und Däne á, â, aa drucken, warum sollen wir nicht â, für eine Zeit, wo man a und â in der Aussprache gewiß unterschied? Eingeführt wird damit nicht das neue, sondern nur wieder das genauere der früheren Gewohnheit und selbst die des 12. 13. Jahrh. Ihr Gießer Codex [1]) ist nur einer von mehreren ebenso fleißigen der damaligen Zeit. Ich lege Ihnen eine mir von Docen mitgetheilte Probe eines Wolfram. Wilh. Heil. zur Ansicht bei (bitte mir sie aber mit umgehender Briefpost zurück), die ohne Zweifel aus dem Anfang des 13. Jahrh. herrührt. Hier sind auch die Dehnzeichen ⌃ und die Accente ′, meistens, aber nicht immer richtig und oft inconsequent. | Wir aber müßen genauer und consequenter seyn, als die alten fleißigen Schreiber selbst, denn wir können es und wißen warum.

Mein Reimregister ist schon fertig für die Laute a. â. æ. ê und für alle übrige habe ich schon tüchtig excerpirt. Ich bin geneigt außer dem ê noch ein é verschieden von e anzunehmen und für letzteres blos das umgelautete a gelten zu laßen. Ich finde nämlich, daß bei guten Reimern legen (ponere) gegen ꝛc. ꝛc. nicht auf dégen, ségen, gelégen (positum) ꝛc. ꝛc. reimen, häufig müßen in ganz verschiedenen, aber von unsern Handschriften ununterschieden gelaßenen Wörtern dreierlei e gesetzt werden z. B. mêr (magis) mér (misceo) mer (mare) — bêr (illustris) hér (huc) her (exercitus) — bêr (Fischreuß) bér (ursus) ber (bacca) oder auch bér (ferat) ber (feriat) u. dgl. m. Um über den Umlaut des u in ü | zu entscheiden, (denn ausgemacht ist, daß û in ú oder iu umlautet) müßte man Reime suchen und finden oder nicht finden wie: hunde (canes): funde (inveniret) — es scheint beinahe, als ob hunde nur auf grunde, munde ꝛc. nicht aber auf fünde, bünde (ligaret) ꝛc. reime, ich bin aber noch nicht aufs Reine. Und im Fall des Umlauts, wie bezeichnen wir das umgelautete u? ú? und das eigentliche ú (Umlaut des û) stets iu? oder ú?

Für oder wider den Umlaut des ô in œ entscheiden Reime: ôren (auribus) hoeren (audire) tôren (stultis) tœren (bethören) u. s. w. ich bitte auf alle solche entscheidende Reime des u und o zu achten und sie mir mitzutheilen. Die meisten, die man findet, entscheiden nichts.

---

1) Des Iwein.

und soll das o wie ô auch in œ umlauten? z. B. abgœter
von abgot gelten ¦ wie loene von lôn? Ich muß über diese
Frage bald zur Antwort gelangen, denn ich habe mich nach
vielfachem Überlegen entschloßen, die 2ᵗᵉ völlig umzuar-
beitende Aufl. des 1ᵗᵉⁿ Theils vor dem 2ᵗᵉⁿ drucken zu laßen,
um den mich so schwer drückenden Fehler, das Weglaßen
der Buchstabenlehre, aufzuheben und nun das Ganze beßer
und richtiger ordnen zu können. Vieles wird unterdrückt,
vieles aber hinzugefügt, die meisten Belege, als etwas nunmehr unnöthiges, streiche ich. Blos das unsichere und einzelne braucht belegt zu werden.

Nun noch die Bitte, wie ernstlich und herzlich ich sie
meine, brauche ich kaum zu sagen, daß Sie mir, und der
Druck soll in zwei Monaten anheben, allmälig mit Berichtigungen und Rathschlägen an Hand gehen, ¦ zuerst für Buchstabenlehre, dann für Declination und so fort. Das Neu-
und Altenglische können Sie mir gewiß leicht berichtigen.
Ich hätte gewünscht diese Aufl. ruhig in Jahren zubereiten
zu dürfen, bin aber von jeher zu einer gewißen Hast verurtheilt gewesen und sie ist mir nicht gerade unbehaglich.
Aus München empfange ich große Stücke der Harmonie
handschriftlich und höre eben daß Mai's Proben des Ulfilas[1])
heraus sind. Leider noch nicht in meinen Händen. Ihren
Tatian habe ich richtig empfangen; denken Sie, daß Zahns
Bearbeitung aus Versehen in der Auction mitverkauft worden
ist, die Witwe weiß noch nicht, an welchen Bibliothecar
und nun kann er nicht gedruckt werden.

Herzl. Gruß

Ihr

Grimm ¦

Noch ein Grund fürs Druckenlaßen der Lautzeichen:
es wäre doch inconsequent, wenn wir mære, lære (vacuus)
und so alle æ richtig setzen wollten, daß wir das primitive,
nicht umgelautete â zu bezeichnen unterließen? Schreiben
wir rat (rota) und rat (consilium) so müßen wir auch so gut
rete (consilia) schreiben, wie reder (rotae). Schreiben wir
aber ræte, müßen wir auch rât.

Ich bitte achtzugeben, wo gräfe (comes) im Reim vorkommt desgleichen wo sêl oder sêle (anima) reimt. Jenes
muß auf schâfen, wâfen, zâfen, strâfen, trâfen reimen und

---

1) Ulphilae partium ineditarum in ambrosianis palimpsestis ab An-
gelo Majo repertarum specimen 1819. Vgl. Grimm's Recension in den
Götting. Gel. Anz. 1820, S. 398 fg. Kl. Schriften 4, 125. S. den folgenden
Brief.

letzteres finde ich nur auf Namen, wie Michahël, Israhël,
Daniêl, Gabriêl, Jorêl, Kanêl ꝛc. ꝛc. nicht aber auf wel
(eligat) zel, sinewel u. d. gl.
   Zur Probe aus meinem gradus die Reime mit ê.
ê. mê. wê. snê. sê. lê. rê. klê. vlê. tê. (der Buchstab) gevê.
schrê (schrie) schrê (Schrei) stê. gê. geschê.
aloê. aspindê. salamandrê. ´
Valfundê. Tispê. Ninivê. Clamidê. Jessê und alle solche nom.
  pr. rêch (Rch.) gevêch. lêch. zêch. dêch. Melchisedêch.
? bêde: grêde. bêder: cêder
lêhen. vêhen. vlêhen. zêhen Fußzehen, vielleicht auch die Zahl.
? sêl: Jorêl ꝛc. ꝛc. ¹).

<h2 style="text-align:center">48.</h2>

Caßel 1. Febr. 1820

Weder eingefroren in der herben Kälte vor vierzehn
Tagen, noch faul geworden in der Grammatik, zwischen
welchen Vermuthungen Sie in einem Ihrer letzten lieben
Briefe schwanken, war ich, sondern ich mußte die mir aus
München zugekommenen Stücke aus der E. H. ²) schnell ab-
schreiben und die Proben des mailänder Ulfilas trafen ein.
Der Reimauszüge allein wegen hätte ich nicht unterlaßen,
Ihnen zu schreiben. Aber ein hartnäckiger Schnupfen und
Husten hat mich auch beinahe monatslang geplagt und mir
meine Arbeitsamkeit schlecht gesegnet.
   Hierbei folgt doch blos Ihr Excurs über Recke zurück,
das übrige nächstens, nebst einigen von mir.
   Der Ulphilas fällt beßer aus, als ich dachte und wäre
nur das Ganze mit diesem Grade von Genauigkeit gedruckt!
Die Fehler könnte man dann meistens auch ohne die Hss.
berichtigen. Ich habe eine ausführl. Anzeige an Eichhorn
geschickt ³).
   Die neue Auflage meines ersten Theils ⁴) wird freilich
den Käufern der ersten unlieb seyn, welche die zweite Aufl.
nicht gekauft haben würden, wenn sie auf gewöhnl. Weise
nach dem zweiten Theil erschienen wäre. Neue verbeßerte

---

1) Diese Nachschriften finden sich auf zwei besondern angelegten
Zetteln.
2) Dem Heliand.   3) Kl. Schriften 4, 125.
4) Der deutschen Grammatik.

Aufl. sind doch den wahren Theilnehmern in der Arbeit mehr angenehm, als nicht angenehm, letzteres nur, weil sie noch einmal bezahlen müßen. Ich weiß also mit bestem Gewißen nicht anders zu handeln; übrigens wird die neue Aufl. so verändert, daß auch die erste noch einigen eigenthümlichen Werth behalten wird, den ich nicht gut in den Plan der zweiten übertragen kann. Vermuthlich wird das Buch aller Zusätze ungeachtet nunmehr compendiöser.

von Herzen
Ihr
Gr.

Schröters finn. Runen habe ich auch erhalten. Er übersetzt Rasks Gramm. ins deutsche. Also copia Grammaticorum. auch Docen gibt eine fürs 13 Jahrh. [1] |

Dem Durand de Lançon muß ich seine Bitte abschlagen, was mir leid thut, weil Sie ihn empfehlen. Meine Ansichten sind aus vielerlei Gesammeltem noch nicht ins Reine ausgearbeitet und die Hauptfäden stehen mir, da ich die Sache liegen laßen mußte, nicht einmal klar und zusammenhängend vor Augen. Es gehörte also Zeit dazu, die mir gänzlich fehlt, um ihm aus meinen Untersuchungen Auszüge zu machen. Er drucke seinen roman du renard in Gottesnamen; in Geschichte und Verhältniß der Fabel wird er doch nicht gründlich eindringen können. Ich antworte ihm unmittelbar.

Sehen Sie einmal beifolg. Holthaus. Programm an, was die westphäl. Mundart für viel merkw. Wörter hat. Ich bitte mirs gelegentl. wieder aus.

49.

Caßel 16. Febr. 1820.

Liebster Freund, ich bin im Rückstand, aber senden Sie mir nur fort zu, was Ihnen in der langen Zeit aufgestoßen seyn muß. Hier ein Bogen mit wenig bedeutendem. Was ich von Ihnen habe, ist längst fertig bis auf einen oder zwei Puncte, derentwegen ich noch warte.

Da Sie mit mir über die Nothwendigkeit der Lautzeichen für Gramm. u. Wörterb. einverstanden sind und sie nur in den Ausgaben noch nicht wollen, so streite ich gern

---

1) Nicht erschienen.

nicht weiter, sondern finde den einstweiligen Waffenstillstand meinen Intereßen angemeßcn, da ich doch gerade an keine Ausg. eines Gedichts denke. Die Grammatik gewinnt erst durch diese Accentuation Festigkeit, wie ich täglich mich davon überzeuge; z. B. mittelst des Unterschiedes der e und ě lernen wir das primitive stèrben, starp; vèrdèrben, vèrdarp; quèln (cruciari) qual ꝛc. ꝛc. genau trennen von den abgelauteten Transitiven: sterben, sterbte (occidere) queln, quelte (cruciare.) u. s. w.

Unveränderlich

Ihr

Grimm.

49a.

Caßel 6ten Dec.

Dieser Bogen mit advers. 32—37 war aus Versehen nicht ins gestrige Packet gelegt worden und ich schicke ihn deswegen gleich nach, weil mir namentl. 34. zur Erläuterung und Vervollständigung meiner früheren Bemerkungen zu dienen scheint. Es ist mir ordentlich zum Bedürfniß geworden Ihnen brühwarm vorzulegen, was mir Neues einfällt oder Dunkeles aufstößt, daher | dürfen Sie aber auch mir weder gründliche Überlegung, noch gute Darstellung in diesen schnell gerathenen Aufsätzen abfordern. Gleichfalls ist weniger Widerspruchs- und Neuerungsgeist darin, als er unter jenen Umständen manchmal daraus zu blicken scheinen möchte. Bei Caffee und Pfeife sehen Sie gemächlich so ein Paar vollgeschriebene Blätter durch, prüfen und behalten das Gute.

Ihre ewigen, vielen Ar|beiten! Ich habe auch viel zu thun, arbeite aber fast nur, was mir Lust macht und gleichwohl bin ich seit Jahr und Tag bestellter Censor (d. h. einer von dreien). Alles geht aufs liberalste, selbst in so critischen Zeitläuften, ab und durch.

Mone meldet, die S. Galler Nib. seyen 1230, dagegen die lasbergischen um 1180 geschrieben. In Einsiedeln liege ein trefflicher Willeram [1]).

T. T.

Gr.

1) S. über diese Handschrift J. Seemüller, die Handschriften und Quellen von Willirams deutscher Paraphrase des hohen Liedes S. 4. 32 fg.

50.

Caßel 12. März 1820.

liebster Freund,

hierbei 138—148 [1]); ich habe das Reimlexicon fertig und es so im Kopf, daß ich die übrigen Schriftsteller nunmehr schnell durchlaufen kann, indem mir das wichtige gleich in die Augen sticht, die bekannten Reime laße ich fahren. Genau habe ich jedoch den ganzen großen Titurel für die Reime excerpirt und ins Register eingetragen (in Zeit von 4—5 Tagen, woraus Sie sehen, daß ich sehr unfleißig — censire), es sind weit weniger falsche darunter, als ich dachte, hingegen viel sonderbare und sonst nirgends erfindliche. Im Ganzen lernt sich doch viel aus diesem Titurel (einiges finden Sie schon in den heutigen Adversarien gesammelt) und sobald ich kann, will ich auch den ordentl. Text wieder lesen; denn es rächt sich an mir, daß ich dieses Werk in der letzten Zeit zu geringe geachtet hatte. Ich kann noch eine Menge von Adverss. daraus vorbringen.

Ich nehme fürs Mittelh. folgg. Umlaute an: a in e, â in æ, o in ő. ou in ői, u in ü (mit einigen Ausn.) û in iu, uo in ue. Nicht umlautend bleiben: e, è, ei, ê, i, î, ie und o; blos bei | letzterm (dem o) zweifle ich, es scheint zuw. auch in ő umzulauten. Außerdem gibt es noch ein Verhältniß des è zum i, des o zum u, das aber jenem Umlautsprincipe nicht gleich ist.

Von Herzen gegrüßt.

J. Grimm.

Den Köpke [2]) haben Sie, was ich an sich billige, nicht strenge mitgenommen, sondern ihm vieles geschenkt. Einer der lächerlichsten Verstöße im Gloßar ist apsite, Abseite!

---

1) Der Adversarien.
2) Dessen Ausgabe des Barlaam und Josaphat; s. Götting. Gel. Anzeigen 1820, S. 329.

50a.

Caßel 18. März
Abends.

Ich hoffe Sie thun das nicht, was Sie da schreiben, von
dem Edinburg [1]). Rathen kann ich Ihnen nicht, aber sagen,
wie es mir an Ihrer Stelle, in Ihrem oder in meinem Alter,
zu Muthe wäre. Ich wanderte nämlich nicht aus. Das ist
ein schwieriges Ding; wenn Sie gleich kein bürtiger Hannoveraner sind [2]), ist Ihnen doch Göttingen zur Heimath und
Gewohnheit geworden. Auskommen haben Sie, mir liegt blos
an Auskommen, nicht einmal an Beßer Auskommen, denn die
Bedürfniße und kleinen, bequemen Wünsche steigen doch
immer fort. wolaga elilenti, harto bistu herti! O. I, 18, 73,
lesen Sie die folgenden Verse nach. Dort ists viel theurer und
viel zu arbeiten geben wirds ungeachtet der Aßistenten und
Amanuensen, denn sonst würde man Sie nicht berufen. Zu
Göttingen, wenn Ihre Regierung Sie für das Ausschlagen eines
so ehrenvollen Rufs billig entschädigt, können und müßen
Sie Sichs auch bequemer machen; wie viel Traditionelles und
Treffliches würde die dortige Bibliothek mit Ihnen einbüßen
und die Edinburger kommt der doch nicht bei. Ihr Lieb-
lingsstudium, unsre alte Literatur, würde unter dem Neuen
und Zerstreuenden doch Gefahr laufen, kurz Sie müßten in
manchem Außerlichen wohlhäbiger werden, innerlich aber
unruhiger, unzufriedener. Und wie sehen das Ganze Ihre
Kinder an? | Sie sind freilich mit Engländern genau und
gerne umgegangen, aber bedenken Sie auch, wie es Ihnen

---

1) Benecke erhielt im Jahre 1820 einen Ruf nach Edinburg als
Ober-Bibliothekar (Principal Librarian) der dortigen Bibliothek „the ad-
vocates' Library" mit einer jährlichen Besoldung von 500 Pfund. Die
Stelle war früher von ausgezeichneten Männern wie D. Hume, Thomas
Ruddiman und andern bekleidet. Benecke, 1789 bei der Göttinger Universitätsbibliothek angestellt, 1805 zum außerordentlichen, 1813 zum ordentlichen Professor ernannt und als solcher von der hannoverschen Regierung 1814 bestätigt, lehnte diesen ehrenvollen Ruf ab, nachdem ihm von
der hannoverschen Regierung eine Steigerung seines Gehaltes von 700 ℳ
auf 1000 ℳ Kassenmünze und laut Patent vom 12. Mai 1820 der Hof-
ratstitel bewilligt war. In dem Berichte des hannoverschen Ministeriums
an König Georg IV. vom 13. April 1820 heißt es, Benecke gehöre zu den
größten Literatoren Deutschlands, besitze eine seltene Kenntnis der Universitätsbibliothek, wie der englischen und deutschen Sprache; für den
Augenblick sei er als gelehrter Sprachkenner und Sprachforscher zweier
gerade für Göttingen so wichtiger Sprachen unersätzlich.

2) B. war 1762 zu Mönchsroth im Fürstenthum Oettingen geboren.

thun würde, den Umgang mit Deutschen auf einmal ganz entbehren zu müßen. Ich habe nie einen Engländer genauer gekannt und halte sie für verständig, edelmüthig, doch gefällt mir nicht an ihnen etwas ungemütbliches, unfrohes, faules, launenhaftes, oder wie Sie es nennen wollen. Das fällt mir im ersten Eifer über Ihre Nachricht gleich ein. Sie werden alles beßer und reiflicher berathen. Hierbei Ihr 1—23 und 149—168 von mir; Antwort aufs übrige nächstens, die ganze Woche ist mir durch einen Rothlauf im Gesicht verleidet gewesen. Wir wünschen zu hören, ob Ihre Bibl. von Mori musco capitulino mehr hat, als acht Distributionen für den 1ten und 3. für den zweiten Band? In einem der vorjähr. Stücke des quarterly review soll von unsern Kindermärchen und englischer Ammenpoesie die Rede seyn; können Sie dazu helfen? Wir grüßen beide und ich bin und bleibe Ihr treuer Freund

Grimm.

51.

Caßel 8. Januar 1821.

Liebster Freund,

den Glückwunsch zum neuen Jahr erwiedere ich von ganzem Herzen, ich hätte längst geschrieben und so vieles zu schreiben, wenn ich nicht alle meine Zeit zusammenhalten müste, um mein benöthigtes Mss. fertig zu bringen. Zum Glück geht es mit dem Drucke schläfriger, als ich mir anfangs vorstellte. Über das Buch urtheile ich so: es wird gelehrter, als die erste Aufl. aber eben dadurch werden seine Mängel und Lücken desto sichtbarer. Manchmahl wünsche ich, mich bloß aufs Mittel- und Althochd. eingelaßen zu haben um dies reiner und schärfer zu behandeln. Aber was ich aus der allgemeinen Übersicht andererseits lerne, ist doch mehr als es scheint. Unser Hochdeutsch trägt eine Menge von Gebrechen an sich, die wir aus den andern Mundarten erkennen lernen. Diese laßen sich kürzer faßen. Ich schlage meine Buchstabenlehre auf 400 Seiten an [1]), das zweite Buch oder die Flexionslehre wird ebensoviel faßen, das Ganze wenigstens 800 Seiten; Vorrede, Quelleneinleitung kann und muß wegbleiben. Ob zum |

---

1) Sie umfaßt im Drucke 595 S.

mittelh. Reimlex. ein Paar Bogen übrig seyn werden? weiß ich nicht und liegt nicht etwas inconsequentes in diesem Anhang? forderten nicht auch Otfrieds Reime ein Verzeichnis? Muß nicht über kurz oder lang eine besondere mittelh. Metrik ausgearbeitet werden? Das Allgemeine aus dem allgem. Reimverzeichn. ist bald gelernt; den wahren critischen Nutzen gewähren einzelne Reimwörterbücher über Wolfram, Hartmann, Rudolf ꝛc. ꝛc. und zwar über die allergewöhnlichsten Wörter und Formen in Vollständigkeit. Und das verlangt viele Bogen im Druck, viele Mühe in der Ausarbeitung. Geben Sie doch fleißigen und genauen Zuhörern auf, z. B. alle Reime des Iwein oder Parc. zu verzeichnen, etwa so, daß unter 3 oder 4 alle Vocale vertheilt würden, mit geringer Mühe würden sie in einigen Monaten damit auskommen und leicht könnten Sie vielfache Belehrung daran knüpfen. Nach fünf bis sechs Semestern besäßen Sie die wichtigsten Verzeichniße. Ich wünsche mir solche Schüler. |

Lachmanns Rec. des Zeune steht Jen. L.Z. 1820 n° 96. 97. aber die noch wichtigere von Hagens Nib. Ergänz.bl. n° 70 —76, sieben Blätter [1]); sie wird Hagen Noth machen und überwinden muß er die Noth, eh er den 2ten Theil erscheinen läßt.

Sie haben Lachmanns geriute: biute im a. Heinr. [2]) gut geheißen. Mir will das biute nicht in den Kopf und ich bleibe noch bei gerûte: bûte. Durch Mittheilung einiger Circumflexe aus dem Giss. hatten Sie Lachmann auf einen subtilen Unterschied zwischen iû und iu; iê und ie gebracht, dessen Widerlegung mir einen ganzen Tag weggenommen hat. Er meinte iû bezeichne den Umlaut des û, iu das ursprüngl. iu. Sie hatten ihm nur tiûr, iu, iuch, diu, senendiu, friunt, beidiu gegeben; wo ich nicht sehr irre, steht aber im Codex auch hiûte (hodie) kiûse und damit fällt die Hypothese. Außerdem ist tiure durchaus kein Umlaut und theoretisch richtig scheinen mir die Reime hiute (hodie): hiute (corio); hiure (hoc anno): gehiure (placidus); reimen sie nicht, so liegt der Grund in etw. anderm, als jener Muthmaßung Lachmanns. — Mein Aufsatz in Grotefends 3tem Stück [3]) war schon vor 1½ Jahren geschrieben; seine

---

1) Zeune's Ausgabe des Krieges auf Wartburg, Berlin 1818 und der Ausgabe des Nibelungenliedes von v. d. Hagen, Breslau 1820. Vgl. Lachmann's Kleinere Schriften zur deutschen Philologie S. 140 und 206.

2) A. Heinr. V. 265, S. 10 in Lachmann's Auswahl aus den hochdeutschen Dichtern des dreizehnten Jahrhunderts, Berlin 1820.

3) Über ein verloren gegangenes Demonstrativum der alten deutschen

Zweifel bedeuten wenig. Seine Abh. über Zahlen ist zwar
fleißig, aber nicht critisch genug; die herlingischen Abh.
lese ich nicht ¹). |
    Von Ihren adv. 111—133 zurück, begleitet von meinen
266—269. Manches von dem, was ich Ihnen bestreite, wird
vielleicht durch meine Theorie, die Ihnen ja zu Gesicht
kommt, deutlicher; möglich aber auch, daß mich eben meine
Theorie manchmahl verblendet. Fahren Sie also fort mir
zu widersprechen, solange Sie Widerspruch in sich fühlen;
wir habens ja beide nur auf die Sache abgesehn, unsre Irrthümer wird die Zeit vernichten, sobald nur mehrere aufpassen scharf wie Lachmann.
    Wünschen Sie mir Glück, daß ich den althochd. Dornen
vorbei an den ebneren Weg der sächs. Buchst. angelangt
bin. Wilhelm grüßt herzlichst mit mir
Ihr treuer Freund
Grimm.
    Können und mögen Sie mir die wichtigsten Verschieden-
heiten der schottischen Ausspr. von der engl. angeben?

52.

Caßel 14. Jan. 1821.

    Zum Beweis, daß mir mancherlei erst hintenher und zu
spät einfällt, folgende Bitte: wenn Sie meinen Bogen K
noch nicht revidiert haben, so schalten Sie doch, wo von
den Spuren des früheren t statt z die Rede ist, im Satze 5.)
hinter dem Worte allmählich zum Zischlaut ein
    Bemerkenswerth aber ist auch, daß sich der auslaut
r t statt r z in kurt (O. II. 3, 55.) und churtnassi
(exhort.) erhielt; K. N. M. scurz, churz.
und streichen um Platz dafür zu gewinnen, die ganze gedruckte Parenthesis þvahan—zwёrh
    Ists schon abgedruckt, so muß ich meine Weisheit beim
Mittelh. nachhohlen, wo die Erscheinung auch vorkommt.
    Dies Wort k u r z hat auch schon im Alth. Anlaut die

Sprache in den Abhandlungen des Frankfurtischen Gelehrtenvereins für
deutsche Sprache, Stück 3, S. 292. S. Kl. Schriften 6, 299.
    1) Die ebenfalls in dem dritten Stück befindlichen Abhandlungen
von Herling über den Gebrauch des deutschen Conjunctivs und über die
Topik der deutschen Sprache S. 33—62. 296—362.

Merkwürdigkeit des *s c*, Kero schreibt *scurcju*, wie im Angels. scort, engl. short. Fallen Ihnen ähnliche ein? Für
Schurz, Schürze (shirt) weiß ich kein kurz.

Eine zweite Bitte, die aber durchaus nicht eilt: ich
möchte wißen, wie irgend eins Ihrer neueren (seit | 1750
erschienenen schwed. Wörterbücher witterhet oder vitterhet
definirt, es ist ihnen verschieden von wetenskap und ich
denke, sie verstehen etwa das französ. belles lettres darunter. Vor hundert Jahren war ein solcher Begriff noch
nicht damit verknüpft, vermuthlich haben ihn die Acade-
misten aufgebracht.

Werden Sie mir nicht böse, ich grüße herzlich als

Ihr

Grimm.

Sie haben bûhurt, poinder ꝛc. ꝛc. so schön entwickelt
und wißen vermuthl. den Turnierausdruck woldan [1]) noch
nicht zu deuten. Ich auch nicht. Hier meine Stellen:

Ernst 5104 woldan machen
Wilh. 2, 41ᵇ 44ᵃ 106ᵇ
Stellen aus Horneck bei Petz.
woldan riten. Hagens Chronik (bei Joh. Müller

Schw. G. 1, 554.) Titurel mihi 3014 woldan rîten
4745 der woldan houwet sîne kirchenporten
(wie man sagt: der Streit haut sich eine Straße
eine Thür, macht sich Luft)

es muß ein choc zu Pferde seyn, wofür es auch andre
Wörter gäbe. Warum geben unsre Academien nicht ein
Verzeichnis der aus roman. in Alt- und Mittelh. eingegan-
genen Wörter auf? sammt einer Grammatik für solche
Wörter? Dafür senden [sie] lieber Sphix & Cᵒ nach Bra-
silien und laßen Pflanzen einpacken, was auch sein Gutes
hat, oder stellen eine linguistische Aufg. so verkehrt, daß
sie niemand beantworten mag, wie einliegende Holländer,
die ihr Programm in die Gött. Anz. eingerückt wünschen.
Geben Sies mit meiner Empf. an Eichhorn.

53.

Caßel 17. Jan. 1821.

Sie sehen lieber Benecke, daß mich Ihr letzter Vorwurf:
ich behielte Ihre adv. zu lange, getroffen hat; ich sende

---

1) Vgl. Zeitschr. f. d. A. 5, 498 fg. Kl. Schriften 7, 182.

hier wieder einen halben Bogen zurück (134—137) und habe
nun nicht mehr, als noch ebensoviel (138—143), Sie werden
mir aber bald neuen Stoff zum Nachdenken schicken.
Mit meinem kurt werde ich wohl zu kurz gekommen
seyn? bei folg. Vocal wird kurt zu kurzit O. IV. 7, 65.
Dergleichen auf der Stelle zu finden hälfe mir D. v. St.
Wörterb. [1]) denn ich habe O. mehrmals durchlesen, ohne
mir Artikel wie kurzit zu excerpieren. — Die Wichtigkeit,
auf alle Consonantverbindungen ordentlich und vollständig
zu achten, leuchtet mir täglich mehr ein; ich bin begierig
zu vernehmen, ob Sie mit meiner Ansicht der althochd.
Consonanten, (es sind freilich noch zwei Bogen zu drucken)
ein wenig zufrieden sind. Es ist schon gut, daß ich den
hochdeutschen Wirrwarr für das erkläre, was er ist; diesen
Grundsatz an der Hand können wir ihn allmählich auf-
hellen. Mich ärgert, daß Oberdeutsche unwißend aufs
Niederdeutsch schimpfen (z. B. Laßberg in seiner Vorrede [2]),
die nicht gehauen und nicht gestochen ist. Den wollten Sie
ja auch recensieren) [3]). Von welchem extraneus ist die
curiose neuliche Rec. des Cronos in den Gött. Anz. [4]), die
den Ultras schlecht gefallen wird? Politik und Kunst
kostet in unsern Tagen mehr Zeit, als sonst; wie ruhig
hätte ich vor 30, 40 Jahren hinter den Wörtern her seyn
können! Und das verfluchte Censieren!

Gr.

53a.

Liebster Freund

Ihr Briefchen vom 7ten habe ich heute den 13ten vor
zwei Stunden empfangen und antworte diesmahl wenigstens
schneller. Was mich abhält zu Ihnen zu kommen, ist nicht
Kälte des Winters, und was mich reizt, zu Ihnen zu kommen, weder Gelindigkeit der Wittrung noch Ihr Dieterich
von Stade, sondern ich muß zur Stelle bleiben, weil ich sub
dato alles mein Manuscript bis auf 6½ Zeile wegschicke

---

1) Diederich von Stade, Glossarium in Otfridum handschriftlich in
der kgl. Bibliothek zu Hannover. S. die Ausgaben Otfrids von Kelle
1, 113; von Piper 1, 276.
2) Zum Liedersaal.
3) S. Götting. Gel. Anzeigen 1822, S. 1155.
4) Kronos, genealogisch-historisches Taschenbuch für 1821; s. Götting. Gel. Anz. 1821, S. 53.

und der Setzer schwerlich zwei Bogen damit füllt. Dieser hungrige Vogel will aber gespeist seyn. Es ist buchstäblich wahr, daß ich weder concipiere, noch gewöhnlich durchlese, was geschrieben ist (außer bei der Correctur, die aber schnell geschieht). Freilich wirds auch darnach. Wenns nur erträglich ausfällt. Doch schreibe ich sehr langsam nieder, manchmahl eine Seite nur täglich; manchmahl in drei, vier Tagen keinen Buchstaben, wie eben jetzt. Die Sachen überlege ich, selten die Worte. Was beßer wäre, weiß ich wohl. Wozu sollen Sie aber noch solche Autor|geheimnisse hören? sind Sie nicht mit der Revision geplagt genug?

Die Otfriediana möchte ich hier haben und ein Semester behalten, nicht um sie zu lesen, abzuschreiben ꝛc. ꝛc. sondern um sie sehr heilsam nachzuschlagen, statt daß ich jetzt oft viertelstundenlang einzelnes suche und vielleicht finde. Können Sies auf sich nehmen? schreiben drum und viel Förmlichkeiten machen möchte ich nicht. Oder besorgte wohl Arnswald alles? Einen künftigen editor benehme ich nichts, sondern nutze ihm, geliebts Gott. Vor allen Dingen rathschlage ich mit Ihnen. Gehts nicht, so gehts nicht, höchst verseßen bin ich nicht drauf.

Wenn mich nur Groote[1] nicht plagte, er solte pure pute abdrucken und nichts deuten. Nun schickt mir auch Hoffmann aus Bonn (ein Braunschweiger)[2] eine Hds. vom Theophilus, die er edieren will[3]); das Gedicht ist nicht übel, ich habe aber 10 Jahre schon eine Abschrift davon liegen laßen, die ich ihm gerne gegeben hätte. Nun fragt er nach 100 Wörtern, meint auch, ich sollte Ihnen die Wonne bereiten und den köstl. Fund vorläufig mittheilen. Haben Sie Lust? Den Groote hab ich mir gestern durch eine Antwort vom Halse geschafft, wobei einliegende Advers. für Sie entsprungen sind.

Das Störendste sind Correspondenzen, wodurch man sich nicht belehrt und anregt; das Widrigste empfohlene Fremde, denen man schon in den ersten Minuten ansieht, daß sie einen um Stunden bringen. So danke ichs dem Eichhorn schlecht, daß er mir bei einem Monat ungefähr einen Franzosen de Grille zuwies, der am End Reisegeld

---

1) Groote's Ausgabe des Tristan von Gottfried von Straßburg erschien 1821.
2) Hoffmann von Fallersleben im ehemaligen Königreich Hannover.
3) Über zwei Ausgaben des Theophilus von Hoffmann von F. s. Gödeke Grundriß 1, S. 475.

von mir genommen hätte; mir fehlt beides Geld und andre
Möglichkeit zu reisen. Guten Abend,

Ihr
Grimm.

Wenn Hr. Thorbeke an seinen Posten reist, nimmt er
mir wohl drei Ducaten in specie für Tydeman mit?

54.

Caßel 17. Febr. 1821.

Liebster Benecke

letzthin konnte ich den drei Ducaten nicht einmahl einige
Zeilen beischreiben, heute will ich wenigstens für Ihre
letzten Mittheilungen danken. Das wäre schön, wenn Sie
herkämen! Die Eneit, die ich seit dem ersten mahl gar
nicht wieder angesehen habe, sollte ins Haus geholt und
Ihnen völlig unterworfen werden. Ich verkündige wieder
einen neuen zwar kleinen, doch merkwürdigen Fund, Hoffmann hat zu Bonn von einem Buchdeckel Bruchstücke einer
treffl. alten Hs. Otfrieds abgelöst und bereits treu abdrucken laßen [1]), mit den Accenten. Welch ein Jammer,
daß dergleichen gewiß manches im 16. 17. Jahrh. verschnitten
worden ist. Außerdem hat er mir zwei Pergamentblätter
gesandt, woraus ich in der Geschwindigkeit nichts zu machen
weiß, als einen — vierten Theil Wilhelms des Heil.

Für die Mittheilung des Bopp. Aufsatzes [2]) danke ich
bestens, wie lange darf ich ihn behalten? Er wiederholt
sich ein wenig, theilt aber interessantes mit über die sanscrit. Lautverhältnisse, z. B. die für mich sehr wichtige
Wahrnehmung, daß im Sanscrit das kurze e und o mangelt,
also gerade wie ichs, ohne jenes zu ahnen, im Goth. | ge-
funden habe! Das Sanscrit wird, wie Schlegel richtig
äußert, uns bei uns. grammatischen Ansichten zum wahren
Correctiv gereichen. Ich sehe einige Verhältnisse jetzt
schon klärer ein, als während ich die ersten Bogen meiner
Grammatik (beßer hieße das Buch: grammatische Studien;
oder hielte man so etwas für Ziererei?) niederschrieb, einiges
mag die Vorrede nachhohlen. Es muß bestimmt hervor-

---

1) Bonn 1821.
2) Über das Conjugationssystem der Sanskritsprache. Frankfurt a/M.
1816. Von diesem Buche erschien 1820 in den Annals of oriental literature eine englische Bearbeitung.

gehoben werden, daß es nur drei wahre Vocale gibt, a, i, u
und daß sich e aus ai, o aus au entwickeln. Bopp irrt
wohl, daß er jenes fehlende e und o für einen Nachtheil
ausgibt und das o im a des Sanscrit mitbegriffen wißen
will. Daß ich die gedehnten Laute und andere Diphth. auf
eine Linie stelle, scheint mir richtig; nur muß bemerkt
werden, daß sich der Character der Dialecte sehr nach dem
Vorgewicht der gedehnten oder der übrigen Diphth. bestimmt.
In jenem Fall können wir den Dialect weich (z. B. den alt-
sächs.) nennen, in diesem hart (z. B. den hochd. natürlich)
Wie werden uns die Augen noch aufgehen! zumahl durch
die Bekanntschaft mit den ind. Consonantverhältnissen; da
wird die Eintheilg. in liq. lab. gutt. nicht hinreichen. Jetzt
winde ich mich zur Noth damit durch.

Um die stadenischen Hss. [1]) und zugleich Reinfried [2])
habe ich doch an Arnswaldt geschrieben. Aus dem alphab.
Glossar hätten Sie mir meinen Zusatz S. 154 über kurt
und kurzit erweitern können? oder nicht? Nämlich I. 1, 43
steht kurtî, also inlautend. Darum also kurzit IV. 7, 65?
und vielleicht gibts mehr Stellen, die der Henker gleich
bei der Hand hat, man müste nach jedem Bogen der Gramm.
jeden Autor von neuem wieder lesen. Gut ists auf allen Fall
und rathsam, nur nicht zeitsam, (um ein neues Wort zu machen.)

Mir sind zu spät noch zwei andre wicht. Spuren der
alten tenuis beigefallen, nämlich wintar und mantal, die
folgerecht winzar. und manzal lauten sollten, gewiß aber nie
so lauteten. Vermuthl. gibts noch einige. Helfen Sie mir auch.

Überhaupt haben Sie volles Recht, wenn Sies üben
mögen, bei der Revision Zusätze einzuschalten und offene
Fehler zu tilgen; es wird Ihnen Zeit und Lust abgehen,
mehr zu lesen, als die Correcturen. Niemand übersieht
leichter, als ein Autor (dem die Fortsetzung seines Ms. an-
gelegner ist, als die Durchsicht des gedruckten) Fehler,
wie S. 175 Labialverbindungen st. Lingualverb. oder S. 193
pyrus statt pyra. Ich stecke jetzt im Angels. und werde
heut über 8 Tage beim Friesischen stehen. (Kann wohl
Eichhorn eine grammatische Rec. von Wiardas Brokmer
Willküren Berlin 1820 brauchen? sein Sohn möchte das
Juristische beurtheilen und vornen oder hinten anhängen?[3])

---

1) Vgl. den vorigen Brief.
2) Die hannoversche Handschrift des Reinfried von Braunschweig.
3) Diese Recension ist in den Götting. Gel. Anzeigen nicht gedruckt,
vermutlich weil der jüngere Eichhorn den juristischen Teil nicht schrieb.
Sie ist erst von Frensdorf in der Schrift J. Grimm in Göttingen S. 38—40
herausgegeben. Vgl. auch das. S. 36. 37.

Die grammatische Arbeit am Buch ist schlecht gerathen und muß arg mitgenommen werden). — Vater hat mir sein neues Buch über die altpreuß. Sprache | [1]) geschickt, so viel ich aber sehe mit dem was darin steht, sich etwas blamiert. Er will ein Altpreußisch als Schwestersprache neben dem Lithauischen deducieren und zwar aus einem abgedruckten raren Catechismus, der, wie mir scheint, von einem der Sprache nicht recht mächtigen schlecht aus dem Deutschen übersetzt worden ist. Aus dem fehlerhaften Gemengsel macht er eine Grammatik und eine Mundart, die sich zur Regel und Trefflichkeit der litthauischen Volkssprache, wie Lüge zur Wahrheit verhält. Der Curiosität halber muß ich einmahl Lachmann darum fragen, der aber auf Vater schlecht zu sprechen ist.

Es freut mich, daß Sie zugeben, bîl habe mit bëllen nichts zu schaffen; ich gebe zu, daß es das franz. aboi sey, aber dann hat die franz. Sprache aboyer und aboi vermengt, bîl mit bellen.

Könnte ich einmahl in einer Woche so viel im Schreiben vor mich bringen, als jetzt gewöhnl. in zweien und stände ich irgend in avance, so käme ich zu Fuß oder zu Rollwagen auf einen Sonntag angestochen. Bedauern Sie mich ein wenig. Ihr

Gr.

54 a.

Liebster Freund

Hierbei Ihr adv. 185 — 187 (die früheren kommen mit der Fahrpost noch diese Woche) und meine 365—379. n⁰ 186 ärgert mich, hätten Sies doch gleich im Ms. gestrichen!

In einer dritten Aufl. (die ich aber nicht erleben werde) oder in einer neuen Umarbeitung dürfen die mittelh. Declinationen nicht auf 1½ Bogen, sondern nur [so] auf 5 oder 6 Bogen abgehandelt werden; alles bis ins Einzelne und wohl überlegt. Es wird so viel elendes gedruckt, warum soll eine deutsche Grammatik nicht auch 5 dicke Bände ausfüllen.

Die Wortbildung und Syntax liefert unendlichen Stoff und intereßanteren, als die langweilige Formenlehre, aus der ich mich sehne.

---

1) Vgl. Götting. Gel. Anzeigen 1822, S. 1201. Kl. Schriften 4, 160 fg.

Hätte ich gewußt, daß mir statt 1¹/₂ Bogen 5 gegeben wären, so wäre die Anlage und Ausarbeitung jetzt schon gründlicher gewesen. Denn ich ziehe meine Excerpte oft nur eilig und ungenau aus.

Ist der letzte Bogen noch nicht bei Ihnen gewesen, so setzen Sie doch mül (mola) noch zur 1sten starken, bei zal. denn es ist zwar mitunter schwach (M. S. 1, 80ᵇ) aber häufiger stark (Parc. 71ᵃ von der mül). Belege brauchts dabei nicht. Vrib. 16ᶜ der Dativ müln, der zum st. und schw. paßt. M. S. 2, 248ᵇ 249ᵃ ist wohl zu beßern starke mül. umbe die mül. an der mül. der mül.

Einliegendes Ms. 885—888 senden Sie doch an Dieterichs, sie habens nöthig und ich habe nur 889 halb geschrieben, muß also schließen.

Grimm.

55.

Cassel 8. Sept. 1821.

Den gruß, liebster freund, den Sie mir neulich durch den herrn Carvacchi, bis jetzt unwürdigen eigenthümer der ēnèd¹), geschickt haben, zeige ich als wohl empfangen an, außerdem höre ich, wie lange! nichts von Ihnen, nicht einmal worte der misbilligung über meine pfuscherei in der englischen lautlehre. Meinestheils danke ich dem himmel daß es mit meiner langweiligen buchstabenweisheit nun bald zu ende geht. Über die vocale hatte ich bogenlange tabellen entworfen, hernach habe ich mit beibehaltung einiges das meiste unterdrückt, weil die umständlichkeit mehr erschwert als erleichtert hätte. Ob ich mit meinen theorien in der luft oder auf der erde hause, wird die zeit lehren: mir schwindelt nicht leicht, wie Sie von der altane her wißen und ich gedenke sogar eine etwas schwindelichte vergleichung der vocale mit den farben zuzugeben, die jedoch noch ungeschrieben ist und nur dieser tage geschrieben werden muß. Die | fremden zungen sollten erst aus dem spiel bleiben, doch hab ichs nicht laßen können und meine ἐννεὰς griechischer, goth. und alth. consonantenvergleichung scheint mir nicht das schlechteste in meinem buche, sondern künftigen etymologen heilsam, auch viele falsche herleitun-

---

1) Der jetzt in Berlin befindlichen Handschrift der Eneide Heinrichs von Veldeke. S. Bf. 62.

gen abschneidend. Durch die griech. und lat. stufe tritt
auch die althochd. stufe in rechtes licht. Gedruckt finden
Sie allen den Kram im bogen Oo.

Ich denke mir Sie nicht abgereist nach dem Schweden-
land [1]), sondern entschloßen Ihrem König alle väterliche
und großväterliche neigung aufzuopfern. Uns gegenüber bei
Arnold läßt Fiorillo oder was weiß ich wer alle neun musen
sammt Apollo transparent mahlen, die idee ist abgedroschen,
lieber hätte die societät ihren symbolischen springbrunnen
darstellen und berauschenden trank hergeben sollen mit
einer für den anlaß leicht auszumittelnden parodie des
spruchs. —

Was haben Sie in den letzten monaten altdeutsches
gelesen und entdeckt? Ich finde eine vorlesung über engl.
sprache im lectionsverz. angekündigt, die sonst nicht darin
stand. Ist das ein neuer cursus und verschlingt er nicht
die englischen privatissima wie ich und andere wünschen? |

Ist die straßburger abschrift des troj. kriegs bald fertig?
In Mones Otnit, text und einleitung, finde ich die ärger-
lichsten dinge und die unbegreiflichten behauptungen. Sie
sind manche recension schuldig, auch noch der nibelungen,
die sie ja anzeigen wollten. Falls Sie noch nichts über
Hoffmanns bonner bruchstücke niedergeschrieben haben, und
nichts niederschreiben mögen, will ich Eichhorn eine anzeige
schicken, ohne praejudiz für Ihr fach. — Versorgen Sie
doch endlich einmal [Ihre] bibl. mit Huydecopers proeven [2]),
wovon es sogar zwei aufl. giebt; ich habe sie bei meinen
arbeiten sehr gern, und gewiss sind sie noch andern nützlich
und werth. Haben Sie Morells prosod. lexicon [3]) und die
neue aufl.?

Seyn Sie so gut bei durchsicht des bogens Nn bei dem
vierten einfluß der cons. auf a. i. u und post verba: „in
oung (st. ung)" folgendes einzuschalten:

vgl. s. 337 das mittelh. unge, unke st. ünge, ünke.

Behalten Sie mich lieb, Ihren herzlich grüßenden
Jacob Grimm.

ist part. II. von den annals of oriental
lit. zu haben und mehr? [4])

---

1) nach Stralsund.
2) Balth. Huydecoper Proeve van Taal- en Dichtkunde, Amsterdam
1730. Ausg. 2. Leyden 1782—91.
3) T. Morell, De poesi seu prosodia Graecorum tractatus in dessen
Thesaurus graecae poeseos. Etonae 1762.
4) Der erste band der Annals of Oriental Literature erschien London 1820. Vgl. oben S. 141, Anm.

55a.

Es ist ein gutes buch erschienen: Schmeller die Mundarten Bayerns [1]), erster Band, enthält bloß grammatik, wobei meine arbeit meist zu grunde liegt, aber viel eigenthümliches und gut bemerktes vorkommt. Das ganze weit beßer und zumahl geordneter als Stalders dialectologie. Tragen Sie doch in Ihrer recension förmlich darauf an, daß in Schwaben, Baden, Oestreich, Hessen ähnliche arbeiten gleich geschickt angefangen und ausgeführt werden möchten und nach diesem muster. Hätte ich nur zum Lesen Zeit; aus den nordischen substantiven bin ich gottlob seit gestern wieder ins land der adjective versetzt worden. Sie haben doch nichts dawider, dass ich das goth. svêrs (honoratus, ponderosus) für unser hochd. suâr und suâri (gravis) erkläre?

Gott befohlen

Sonntag Grimm.

55b.

donnerstag abends

Schmeller habe ich ganz auf dem gewöhnlichen, langsamen buchhändlerwege erhalten; hätte ich denken können, dass Sie ihn so schnell recensiren wollten, wie schön geschwiegen hätte ich! Sie führen Ihren ersten vorsatz aber doch aus, wenn Sie Sich besinnen, welche Freude Sie dem kön. bairischen oberleutnant durch diese überraschung bereiten und wie mich Ihre geschwinde recension meiner Grammatik (und sie traf mit dem zugeeigneten Wigalois zus. auf meines bruders geburtstag ein!) damahls freute und überraschte; ich halte also was auf überraschungen. — Eben habe ich den bogen Yy corrigiert und muss mich wieder hinters ms. machen; wie viel stille mühe Ihnen mein buch verursacht, dass Sie sogar gänge in die druckerei daran wenden! Herzliche grüße von

Ihrem dankbaren freund
Grimm.

Ihre adverss. und beantwortungen meiner beschämen mich seit einiger zeit gewaltig. hierbei Ihre 188—195 wieder.

---

1) München 1821.

55c.

Ihre heute Nachmittag erst erhaltenen Adv. 196—200
sende ich gleich zurück. Ich stecke in ganz andern Nöthen
als Sie, liebster Freund, und wollte mir an Ihrer Stelle
bald geholfen haben; Sie wißen wohl wie? und jeder von
Ihrer Bekanntschaft verfällt auf dasselbe Mittel. Aber bei
mir armem Menschen ist vieles, wie es scheint irreparabel.
Der Arbeiten zu geschweigen, sollen wir plötzlich ausziehen, weil sich ein General Auditorat ins Haus legen
will, das nicht so viel wichtige Dinge abzuhören hat, als
mir im Kopfe spuken. Morgen ist die Besichtigung, wodurch sichs entscheiden wird. Mit Wilhelm Gottlob gehts
beßer; das ist seit fünf Wochen der zweite Schrecken über
ihn, er leidet an bedenklichem Magenkrampf, der bisher zur
Ohnmacht schmerzlich ist. Sein Lager ist in meiner engen
Stube und unter seinem Ächzen, unter Krankenbesuchen
und mancherlei Heilmitteln muß ich mein Ms. fertig machen,
das — danach wird, außerdem der Bibl. allein vorstehen;
der Sturmwind thut auch das Seinige. Dieser wird sich
zuerst legen und alles andere auch mit der Zeit. Donnerstag
Abends 11 Uhr.

Schmeller hat mir, nachdem ich sein Buch erst von
einem hiesigen Buchhändler empfangen hatte, dieser Tage
auch noch ein Ex. zugesandt.

Die Lotte ist Braut mit Hassenpflug, die Hochzeit aber
erst im Mai. Gute Nacht — !

Um Ihnen zu beweisen, daß ich auch für gute Freunde
oder die sich so nennen (die Verwandtschaft ist klimper-
klein, thut aber nichts nach Vogelweide: man hôchgemâc
an friunden kranc daʒ ist ein swacher habedanc) sorgen
muß, lege ich Ihnen einen Brief bei und habe vorige Woche
einen ähnlichen von einem Pfarrer empfangen, der Zulage
will und indem er von den ihm abgehenden Gönnern redet,
plötzlich ausruft: doch nein, ich habe einen solchen gefunden
und das sind Sie!

Will man solchen Leuten helfen (und es geht doch
nicht) so muß man kurze Hosen und Strümpfe in schlechtem
Wetter anziehen und zu Vornehmen gehen, die nicht zu
Hause sind, oder sich in Casinos einschreiben laßen, die ich
fliehe.

Seine Noth zu klagen ist erlaubt und tröstend. Ich
habe Mühe und Raum daran gehängt, die altnord. Adj.
möglichst vollständig anzugeben, das hochd. ist an solchen

simplicibus weit ärmer. (Nur einige wenige gebrechen dem
Norden und Sachsen, ein merkw. Beisp. ist n a ʒ humidus,
schon goth. natjan; aber im sächs. væt, engl. wet, und so
schwed. dän. vât, vaad) Wie heißt spitz mittelh.? doch
spitze? spitzic findet sich. runt ist noch ungewöhnlich für
sinewël! Kennen Sie unser scheel im mittelh? unser
schwül (? swüele).
Dies Freitag Morgens in Eile, der Himmel ist rein und
ruhig geworden.

56.

Iw. 28ᵉ der abl. mit grimme und 29ᵃ der acc. grimme;
aber halten Sie dieses für den acc. pl. masc. von grim,
grimmes (austeritas, acrimonia) oder acc. fg. fem. von
grimme? Im Wig. nehmen Sie ersteres an. Das Wort ist
nicht selten und der entscheidende nom. gen. acc. sg. findet
sich ohne Zweifel, ich habe ihn nur nicht zur Hand, glaube
aber fast ans fem. nach Analogie des alth. krimmî, abge-
leitet vom adj. krim. Die strengalthochd. Schuhmacher
schreiben mich immer

Krim

d. 19. Oct. 1821.

nom. und acc. pl. von masculinis, deren Wurzel auf
einfaches, nicht auf geminierendes l, r mit kurzem Vocal
vorher, endigt, wenn sie Ihnen in sicherer Form zur
Hand sind, theilen Sie mir doch mit. Es ist jetzt Noth
am Mann. | Ich meine z. B. Wörter wie: har (linum) ber
(ictus) chol (carbo) stil (caulis) es gibt ihrer sehr wenige,
dagegen viele neutra. Im einzelnen Unsicherheit, ob ein
solcher nom. sg. masc. oder neutr. ob er stark oder schwach
sey? denn da nach kurzem Voc. und l und r das stumme e
wegfällt, sind sich der nom. starker und schw. Form ganz
gleich, z. B. vol (pullus equi) geht schwach, gen. voln, aber
hol (foramen, Neutrum) hat den Gen. hols. chol (carbo)
steht im Wigal. 281 neutral, also gen. chols, in den meisten
meiner Citate unbestimmt im nom. sg., Wolfram aber brauchts
als ein schwaches mascul.: der chol, pl. die choln.
Kommen jene pl. masc. vor, so müsten sie dem nom. sg.
gleich seyn, der stil, pl. die stil (caules).

57.

Ihr letzter brief hat mich in angst gejagt, da Sie meiner theorie so gut als den krieg ankündigen; doch habe ich mich gesammelt [1]) und in der geschwindigkeit dem eben abgehenden ms. eine note [2]), beigefügt, die wohl nicht gar viel taugt. Immer taugt sie dazu, meine gesinnung zu zeigen; ich muss bei der theorie bleiben

1) der consequenz wegen; was vom subst. gilt, kann nicht beim adj. nicht gelten. Eine halbwahre regel ist gar keine. Ausnahmen laße ich zu, wenn sie bewiesen werden können und gegen eine an sich annehmliche regel liegt den ausnahmen selbst der beweis ob. Nicht umgekehrt. Nun aber finde ich für ein mhd. holen, holeʒ noch keinen beweis, da die hss. zwischen holen und holn schwanken.

2) auf Ihr gehör in diesen sachen gebe ich sehr viel, weit mehr als auf das meinige, da Sie mit Ihren zuhörern gewis oft die lieder und verse laut vorlesen, | ich dagegen nicht und mich noch dazu durch das stumme lesen nordischer, angels. und niederländ. gedichte verwirre, weil in den verschiedenen sprachen abweichende metrische gewohnheiten gelten. Gleichwohl glaube ich, dass wir alle manches mhd. wort mit falschem laut und ton begaben; mit der zeit werden wirs beßer lernen. Wer z. B. den unleugbaren unterschied zwischen stumpfem und kling. reim nicht achtete würde ohne arg:

M.S. 1, 156ᵃ sagen und tragen ganz auf nhd. weise herlesen

noch viel mehr außerhalb reim die alte kürze verkennend Wigal. 296 lesen:

dô kâm der tôt
und stâl dem reinen

Wir nähern uns der mhd. aussprache, wenn wir den schüler hinter kurzem voc. den cons. geminiert aussprechen heißen, z. b. in obigen wörtern:

saggn, traggn
kaimm, stall

---

1) Dazu am Rande: „wenn Ihnen bloß die fraglichen adj.formen zuwider sind, so ist die sache von keiner grossen ausbreitung, in ganzen gedichten trägt sich der fall nur ein paarmahl zu, in einigen gar nicht".

2) Am Rande: „ich lege sie hier bei und bitte sie nach durchlesung an Dietrichs zu besorgen, wenn sie des abdrucks nicht ganz unwerth scheint. Eine andere note zur schwachen decl. bringt dorthin gehörige beispiele aus den texten. (daʒ smal, daʒ breite erinnern Sie Sich mehrmals gelesen zu haben".)

nur dabei bemerken, daß dies mittel die wahre aussprache |
etwas vergröbere, denn lëbe, grobe, rite, himel lautet nicht
völlig wie lëbbe, grobbe, ritte, himmel, sondern lebᵇe, grobᵇe,
wiewohl sich hin und wieder wirkliche gemination ent-
wickelte, z. b. in nhd. ritte, himmel. daher auch unser nhd.
nimm (sume) nimmt (sumit) etc. Die nhd. sprache, wie ich
ausgeführt habe, behandelt die alten kürzen auf dopp. weise,
theils geminiert sie den cons. theils verlängert sie den vocal.
Das alte mittelmaß geht ihr verloren.

3) nach diesen principien kann in der that das synco-
pierte holʒ, barʒ, lamʒ wenig befremden, da wir schon das
unsyncopierte holeʒ, bareʒ, lameʒ aussprechen müsten beinahe: holleʒ, barreʒ, lammeʒ. Ja vielleicht lehren wir richtiger den kurzen vocal aussprechen, wenn wir auch in fällen,
wo keine syncope eintritt, sie fingieren; also

sagn, tragn

um nur dem nhd. sâgen, trâgen auszuweichen.

4) ich zweifle, daß Sie in der ganzen sammlung der
M. S. eine bestimmte widerlegung meiner theorie finden
werden; zweifle aber nicht, | daß Sie bei durchlesung der-
selben mit rücksicht auf die verhandelten fragen, aufschlüsse
über metrum und scansion entdecken, von denen ich zur
stunde noch nichts weiß.

4) Ihr grund daß dem abschreiber kein holeʒ, lameʒ,
schmalen etc. aus der feder gegangen wäre, hätte es sich
nicht in der wirklichen aussprache gefunden — beweist zu
viel. Dann dürfen wir beinahe nichts beßern, weil j e d e r
vorkommende fehler in der späteren sprache und mundart
irgend einen wirklichen halt haben mag. Dann dürfen Sie
kein handschriftliches chan, pareʒ in kan, bareʒ ändern.
Durch das z. b. in den Nib. hss. öfter vorkommende sale,
sales, smalen, holen, gire, giren etc. wird eben das holeʒ,
holes etc. verdächtigt, da die reime durchaus für birn, rirn,
Wirnt entscheiden. Man schrieb aber häufig riren, Wirent,
also auch holez. — T a r n k a p p e, nicht tarenkappe; wollen
Sie Nib. 1361 lieber scandieren: die t a r e n kappen truoc?

5) Scharfe grünze zwischen ahd. und mhd. nehme ich
gewis nicht an, leider mangeln uns reine, sichere denkmähler
aus jahrh. XI. XII. In XII mag freilich holer, holeʒ, holeme,
bareʒ, bareme, barere etc. gegolten haben; wer im XIII. ein
holem, barer, barem annimmt, der (und nicht ich) m a c h t
e i n e n s p r u n g, indem er den abfall des h i n t e r n e nicht
allmählig erfolgen läßt. Und erst gegen das XIV. oder
im XIV. | trat meiner ansicht nach jenes hôlem, bârer,
bârem ein.

Noch eins. Sie wenden ein: dichter wählen gern alterthümliche formen. Wo sich bei einem mhd. dichter eine solche neigung zeigt, will ich sie anerkennen, glaube aber, dass sie gerade in volksmäßigen liedern, wie Nib. Bit. Gudr. wahrgenommen werden wird, nicht bei höfischen dichtern, wie Wolfr. Gotfr. Conr. Rud. etc. Diese meiden gerade absichtlich alles was nach volk und alterthum schmeckt, und befleißigen sich feiner ausdrücke und formen. Wir wollen aber die grammatik der gebildeten sprache aufstellen. In den Nib. gebe ich ein helede (im einschnitt) zu, nicht im Tristan etc. Vale.
Cassel den 9. Dec. 1821.

58.

Caßel 27. Juni 1812 ¹).

Wenn die Hochzeit meiner Schwester gewesen ist, und sie soll in 14 Tagen gehalten werden, hoffe ich einmahl bei Ihnen vorzusprechen. Doch hängt es zum Theil noch von Dienstgeschäften ab; wir bekommen ¹/₃ oder ¹/₂ der Wilhelmshöher Bibliothek und wöchentlich treffen Kisten ein, worüber dann langweilige Verzeichnisse aufgestellt, abgeschrieben, die Doubletten gesondert, die andern Bücher eingetragen werden müßen. Gegen Tausend Nummern sind bereits eingerückt, welches uns, da wir am Raum beengt sind, genug Mühe und manche Umstellung verursacht. Die neuen Acquisitionen sind größtentheils Mittelgut und nichts ist darunter, woran mir besonders gelegen wäre. Zu einem Bibliothekar, wie ihn Ebert idealisiert, bin ich ohnehin nicht gemacht, habe aber doch vorigen Sonntag für Schröder zwei Pandectentitel in zwei Handschriften verglichen.

Am dritten Theil der Mährchen habe ich nur wenig Theil, d. h. zufällig hin und wieder allerhand angemerkt; ich wollte wohl, Wilhelm hätte einiges genauer behandelt, er ist aber durch seine Kränklichkeit im letzten Jahr | genug entschuldigt; Gottlob, seit dem er instinctmäßig selbst auf ein einfaches Mittel verfallen ist und die Pillen und Pulver aufgegeben hat, befindet er sich beßer und der Anfall kehrt nicht wieder oder Spuren davon werden sogleich gedämpft. Das Mittel ist: warme Milch, welche ihm der

---

1) So statt 1822, wie sich aus dem Inhalte ergibt.

Arzt bei seinem Magenübel früher sogar verboten hatte, als etwas zu fettes.

Sollte Ihre Bibliothek zufällig ältere Kinder und Feenmährchen in deutscher Sprache besitzen, als die S. 409 zuerst genannten, so theilen Sie uns solche mit. Perrault muß doch wohl einmal in der ersten Hälfte des 18. Jahrh. übersetzt worden sein: Georgi hat sogar: 1669 Perrault historische Fabeln nebst den Sittenlehren. Was ist das für ein Buch? Welches ist Ihre älteste Ausgabe von Perrault contes de ma mere l'oye. Fallen Ihnen nicht einige Stellen aus dem 13. Jahrh. ein von Christus und Sanct Peter? Ich meine mehrere gelesen zu haben, finde in dem Augenblick nur alt meisterg. buch 26ᵃ.

Für die grammatischen Berichtigungen danke ich schönstens, Sie werden sie noch im Nachtrag genutzt | sehen. Aber für Ihre große und lange Mühe mit der Revision der Druckbogen weiß ich so wenig zu danken, als ich darum zu bitten gewagt hätte; Ihre Theilnahme an mir und Ihre Lust an der Sache erklärt uns alles. Dieser Tage erwarte ich nun die letzte Correctur.

In Laßbergs Liedersaal steht doch brauchbares und ich wünsche daß er ihn fortsetzt. Das beste Stück ist n⁰ 50 der Ehrenkranz. im Eingang eine schöne poetische Naturbeschreibung, den Vf. möchte ich wißen, er fällt ohne Zweifel ins 14 Jahrh. wie schon die vielen angebrachten lateinischen Wörter zeigen. Man sieht aber, daß auch dies Jahrhundert noch etwas vermochte.

Vorausgesetzt, daß der S. Galler Tatian auf Ihrer Stube liegt, beantworten Sie mir doch mit umgehender Post, ob 15, 5 ir diurida, 60, 3 allu iru steht? Sie brauchen nur um diese Lesarten ein Couvert zu machen.

Dobrowsky institutiones linguae slavicae Vindob. 1822 habe ich doppelt auf dem Halse; können Sie ein Exemplar für den Ladenpreis brauchen? oder habens Sies schon?

Ihr Grimm.

59.

Cassel 25ᵗᵉⁿ Sept. 1822.

Eine frohe Nachricht, daß Sie Ihre lexikographischen Sammlungen neu verarbeiten wollen; da werden Sie unterweges eine Menge neues entdecken, auch Zeit dazu kann

sich ergeben, wenn Sie das Winterhalbjahr sich nicht so
alle Stunden besetzen wollen, ich meine wenigstens der er-
freulichen Anregung findet sich an Ihrem Arbeitstische mehr,
als wenn Sie ein Stockwerk darunter Zuhörern rudimenta
beibringen. Gegen die Grundsätze in der Vorrede des
Wig.[1]) weiß ich nichts zu erinnern; einige Unsicherheit
und einige Irrthümer muß dieser Plan wie jeder zulaßen.
Das ist eben das Wesen eines guten Plans, daß er das
Ganze befruchtet; umgekehrt, einzelnes richtiges kann man
auch bei schlechtem Plan entdecken. Die Klarheit und Erkennbarkeit der Stammwörter wird in manchen Fällen noch
subjectiv bleiben, mit dem Fortschritt der deutschen Etymologie immer objectiver werden. Um ein Beispiel zu
geben: welcher Lexicograph hätte sonst angestanden, das
Subst. Mehl mit dem Verb. mahlen unter eine Wurzel zu
bringen? Jetzt aber wißen wir, daß hier e nicht Umlaut
des a ist, folglich Mehl nicht mit mählt, der 3ten Person
von mahlen denselben Vocal besitzt. Folglich berühren sich
mël und maln im Vocalverhältnis gar nicht. Wir wißen
ferner, daß mël früher mëlo hieß, folglich aus ihm ebenso
wohl Melb hätte werden können, als gelb aus gëlo geworden
ist. Wir hüten uns also jetzt malan, muol und mëlo, mële-
wes, mëlwes zus. zu faßen, gesetzt das - w wäre hier
bloße zur Wurzel getretene Bildung, so sind wir noch nicht
im Reinen über diese Bildung. Es scheint mir unerläßlich,
daß in unsrer deutschen Etym. die Vocale wieder zu der
ihnen gebührenden Ehre gelangen, wir sind keine Hebräer.
Das Gesetz der Ablaute regelt schon die meisten Wurzeln
und muß sie regeln. maln, muol, malan führt auf kein ë;
sollte mëlo d. h. milo dennoch verwandt seyn; so liegt dies
so tief im Brunnen, daß unser Einer noch nicht hinabreicht.
Der Grundsatz der Klarheit und Erkennbarkeit der Wurzeln
scheint einigermaßen unverträglich mit dem der alphabetischen Anordnung nach Wurzeln. Wir werden der Wurzeln
mehr annehmen müßen, als man denken sollte, und jetzt
noch zu sondern haben, was sich später einmahl vereinfacht.
Indessen | glaube ich mit Ihnen, daß bereits die Zahl der
klaren Wurzeln und Ableitungen überwiegt und Vortheile der Anordnung mit sich führt, wogegen die allerdings
größere Sicherheit der dürren, allgemein alphabetischen
Classification nichts bedeutet.

---

1) Vgl. S. LIII der Vorrede zu Wigalois, wo B. die Ordnung nach
dem Alphabete der klar erkennbaren Stammwörter für die nicht nur
bessere, sondern die einzige erklärt,

Von dem glossographus regiomontanus [1]) müßen Sie, nach allem was ich höre und sehe (er hat mir zwei Briefe geschrieben) beßere Meinung faßen. Er hat Jahre lang mit seltenem Fleiße über dem Werk geseßen und es wird für die althochdeutsche Sprache entschieden wichtig werden. Ich schreibe dies ausdrücklich, damit Sie Ihre abschlägige Antwort noch versüßen können, etwa durch Anbieten der (noch in meiner Gewahrsam befindlichen Abschrift der Lücke im Tatian, welche Ihre Bibl. seit lange besitzt. Es ist viel daraus zu lernen.

Den trocknen Zuschnitt meiner Grammatik habe ich nie verkannt; doch welche Gr. auch anderer Sprachen läßt sich leicht weglesen? Einzelne Excurse laßen sich wohl so eindringlich ordnen, wie Sie z. B. den Art. über wan im Wig. abgefaßt haben. Allein wohin hätte auch der Versuch dazu nicht geführt! Das zus.drängen hat auch sein Gutes, es erschwert die Übersicht da, erleichtert sie dort. Umgekehrt excerpiert man ja auch ein Buch in doppelter Absicht, bald um das Ganze des Autors, bald um Einzelnes auszuheben. Ein Paar Schemata kann sich jeder zu einzelnen Abschnitten meines Buchs selbst machen und sie stellen wie er will. Ein Quartformat wird vielleicht zuträglicher seyn, wenn einmahl das Publicum ausführliche Arbeiten über uns. Sprache verträgt; dann kann man alles augenfälliger geordnet und doch ebenso zusammen in der Hand halten. — Was die Fehler betrifft, so finde ich ihrer täglich auf allen Seiten, wenn Sie hierher kommen, sollen Sie sehen, wie mein Handexemplar schon beschrieben ist. Aber es freut mich genug, daß für die meisten Berichtigungen, wie sie mir zufällig aufstoßen, doch schon Ort und Stelle vorliegt, das Gerüste steht. Ich kann vielerlei jetzt gleich brauchen, womit ich sonst nichts anzufangen wuste.

Hierbei Ihre Advers. 305—319 zurück, die frühern Nummern sind noch nicht fertig beantwortet, ich danke herzlich für Alles und bedauere manches nicht früher gehabt zu haben. Ein dritter, dem unsre Papiere zu Gesicht | kämen, würde den Unterschied zwischen unsrer Weise merken. Ich lese hastiger in stetem Bezug aufs Einzelne. Sie ruhiger und den Sinn des Ganzen mehr im Auge. Sie sind offenbar critischer, ich, ob ich gleich viel von Critik schwätze, würde noch gewaltig in die Enge gerathen, wenn

---

1) Graff. — In einem mir vorliegenden Briefe, dat. Königsberg 11. November 1822 bittet dieser Benecke um die auf der Göttinger Bibliothek befindliche Abschrift des ganzen Tatian.

ich nach meiner Manier ein Gedicht herausgeben sollte; was hülfe es, wenn ich einzelnes gut machte oder doch beßer, als ein anderer? Wie bei mir innere Eile und Arbeitsamkeit mit heimlichem Gefühl vitae properantis ad mortem zus. hängen, mag auf sich beruhen, doch befällt michs zu Zeiten, mein seel. Vater ist auch nur 45 Jahr alt geworden; was ich thun und leisten könne, will ich nicht gern verschieben, nachdenklich werde ich dadurch nicht, ich bin viel eher unbefangen und leichtsinnig. Aber damit hats keine Noth, daß Sie das Ende meiner Gramm. nicht erleben sollten und wenns mit den fünf oder sechs dicken Bänden Richtigkeit hätte, so bliebe Ihnen immer noch Zeit, wie man bei uns sagt, spazieren zu gehen und mit meinen Knochen sich Äpfel von den Bäumen zu werfen.

Herzlich soll es mich freuen, wenn Sie als Nebenarbeit eine neue Ausgabe des Wigalois veranstalten können. Wie ich über das denke, was ich etwa Dienliches dazu beigetragen habe, oder noch beitragen werde, sehen Sie aus dem Vorhergehenden.

Das Blatt über Glet und die zwei Mährchen kommen hierbei zurück; wenn aus der letzten Quelle mehr fließt, so soll es uns sehr willkommen seyn. Von Ihren Rec. fehlt mir noch die Selbstanzeige des Wigal. [1]), doch ist die Zeit schon zu lang, als daß Sie mir die Nummer noch schaffen könnten? Wollen Sie ein Ex. von Lachmanns Rec. des Otnit? [2]), ich besitze sie doppelt. Dieser Tage habe ich auch einen großen Brief von Lachmann erhalten.

Wilhelm grüßt herzlich.

Ihr Jacob Grimm.

60.

am 31. Oct. 22.

Hierbei folgt, was Sie mir doch bald abfordern würden, Ihre Handschrift der Tatianischen Lücke, dankbar zurück; sodann das altfranz. Bruchstück; ich habe darin gelesen, aber den Gegenstand des romans nicht herausgebracht, weil französische Copisten die Gewohnheit haben, die Namen der

1) Götting. gel. Anzeigen 1819, S. 713.
2) Jenaische Allgem. Literaturzeitung 1822, No. 13—16. Vgl. Lachmanns Kl. Schriften zur deutschen Philologie S. 278 fg.

Haupthelden nur mit Anfangsbuchst. zu bezeichnen. Ich sehe also nur, daß die auf diesen Blättern stehenden Helden Y., der Held R. heißt, auf Yscult ist also nicht zu rathen. Deutsche Schreiber folgen meines Wißens nie diesem Gebrauch. Auch rücken sie nie Anfangs und Schlußbuchst. der Zeile so ab. Übrigens scheint die Hs. diplomatisch alt genug, gewis aus dem zwölften Jahrh. noch; vgl. d̊ für de, ÷ für est, 7 für et; wenn ich Zeit hätte, schriebe ich mir das Ganze gerne ab.

Ich lege adv. 614—660 hinzu und ein Briefchen an Dietrich.

Gr.

61.

Treuen herzlichen Dank![1]) Da wo Ihr Lob weit hinausläuft über das mir gebührende Maaß ist es mir gerade am werthesten; ich fühle, daß Sie noch mehr Antheil nehmen an mir, als an meiner Arbeit, daß beides Ihnen selbst unbemerkt sich mischt. Vieles auf der Welt geht mir hinderlich und nicht so, wie ich sehnlich wünsche, doch giebt es auch Stunden der Vergütung, zu solchen stillen Freuden rechne ich den Erwerb Ihrer biederen Freundschaft. Schlägt eine solche Stunde an, so mache ich gern hinaus ins Freie und bedenke alles, was ich lieb habe, diesmal in der kalten, reinen Luft erinnerte ich mich lebhaft des 24. April 1819, wo ich unter Nachtigallenschlag und ausbrechendem Laub in ähnlichen Gedanken herumgieng. Ich wünsche mir, wenn ich älter werde, ebensowarm und begeistert für etwas schreiben zu können, als Sie thun. Sie haben aber auch in unsern Sachen wieder manches treffende glücklich gesagt. Wegen der critischen und schlichten Ausgaben verstehen wir uns. Ich meine es ungefähr so: ich möchte nur eine critische liefern, liefert aber ein anderer eine schlichte, so wird mir die weit lehrreicher, als meine critische, aus jener lerne ich neues, in dieser gebe ich, was ich schon weiß. Die Monumenta boica sind eine planlose ungenaue Sammlung, allein die große Masse ihres Inhalts überwiegt an Werth und Brauchbarkeit weit Langs regesta. Das Quellwaßer in schlechter Einfaßung löscht mehr den Durst, als eine

---

1) Für Beuecke's Anzeige der zweiten Auflage des ersten Theils der Grammatik, Götting. Gel. Anz. 1822, S. 2001.

verständige Anweisung, wie man es führen und trinken
müsse u. s. w. — Auch Wilhelm, der mich brüderlich liebt,
hat sich sehr gefreut. Immer
Cassel 18. Dec. 1822.   Ihr
                                               Grimm.

62.

Cassel 1. Jan. 1823.

Heute Morgen zwei oder drei Minuten nach zwölf Uhr
ist Ihre Gesundheit, lieber Freund, von mir ausgebracht
und von Wilhelm und Hassenpflug mit angestoßen worden.
Die Weihnachtsferien habe ich Slavica gepflogen, daher
beifolgende adversaria sehr dünn sind.
Lachmanns metrischen Brief[1]) theilen Sie mir gelegentlich einmahl mit. Ich hatte ihm, ohne Beifügung Ihrer und
meiner Ansicht, damahls eine strenge Übersetzung der
Zeilen Wigal. 787—791 abgefordert. Folgendes schreibt er
mir hier: „etwa so? ihn gesach ir nie decheine Nullum eorum
unquam vidi, gewurhte (gen. plur.) an zungen, operum
(dico) lingua et carmine factorum, quod foret ita etc. als
an diesem mære, nämlich als disiu vrouwen geworht.
Besseres weiß ich nicht: die Hauptschwierigkeit liegt in
der Beziehung von ir decheine. Das Pronom. wird zwar
oft frei bezogen wie Ms. 1, 119.ᵇ tintschiu zuht gât vor
in allen: aber dort geht doch vorher lande vil, die besten
und vrömder site".
Nun aber streicht er das alles wieder aus und setzt
dazu: „Dumm Zeug". Sie sehen, daß auch andern als mir
die Stelle schwierig ist. |
Ihre Num. 383 ff. mit vielem Dank zurück.
Von Laßbergs Liedersaal soll Th. 4 (Nibelungen) seit
Monaten heraus seyn; hat er ihn Ihnen geschickt? Ist
Ihnen Neuigkeit, daß Hagen Frühjahr auf Kosten seiner
Regierung (hierüber und über Göttingen) nach Paris reisen
will, theils zur Fortsetzung der Briefe an seine Frau (der
aus Paris mehr interessantes zu melden ist) theils um die
Maness. Sammlung bis auf den letzten Tüpfel auszunutzen,
das Ganze soll dann neu gedruckt werden? Lachmann

---

1) Vom 24. November 1822; von mir veröffentlicht in der Germania
17, 115.

hat unsere Eneit in Berlin bei Wilken gesehen und von
andern höre ich, daß sie die preuß. Bibl. für 250 ₰ gekauft
hat. Das hätten Sie nicht gegeben, ich aber si tacuissem
hatte sie umsonst quasi aufgedrungen — geschenkterweise
bekommen. Unverändert auch im Jahr 1833, wenn wir
beide leben

Ihr Grimm

hier auch Braun [1]) zurück und Ihr fragm. rotherianum [2]);
(wie schön und nett!)
in Eschenbachs [3]) Auct. ist Parc. und Tit. 90 ₰ weg-
gegangen.

63.

Cassel 5. Jan. 1823.

Nein, liebster Freund, die Stelle über scene wyse vermag ich nicht. Ich habe es weder gelesen noch angemerkt
und um es anzumerken wäre mir wyse für opus sicher
genug aufgefallen. wîse heißt sonst modus, aber nicht opus,
es steht also wohl für genus, species, Stoff? schön kann
sehr gut bunt, varius (vair) und das heißen, was früher vêh,
fêch genannt wurde. Mein Nachblättern im Nestor und in
einigen deutschen Stadtrechten hat nichts gefunden. Auch
in den Statuten des deutschen Ordens und der liefländ.
Chronik nichts. Sollte Du Cange unter pulchrum opus auf
die Spur bringen?
Eichhorn hat ja meiner Anzeige des Beowulf [4]) große
Ehre angethan! Gelegentlich berichtigen Sie doch folgende
Druckfehler: S. 6. Z. 6 v. u. l. Fylde-Vom. S. 8. Z. 15
das Punctum oder Comma (? mein Abdruck ist undeutlich)
hinter astâh zu tilgen. S. 10. Z. 14. l. Folkesagn. S. 11.
Z. 5 v. u. l. cniht-vesende.
Bei diesem Anlaß: Jahrg. 1822. p. 1441 Z. 7 v. u. l.
einigen andern rechtschaffenen Leuten. Dadurch daß das
Wort rechtschaffenen in meiner Feder oder beim Setzer
stecken geblieben ist, wird das ganze Geschwätze lahm.

---

1) Chr. Braun, Die Religion der alten Deutschen. Mainz 1819.
2) Das hannoversche Bruchstück des Rother, abgedruckt in Maß-
mann's deutschen Gedichten des zwölften Jahrhunderts S. 232—234.
3) Verschrieben für Eschenburgs, der 29. Febr. 1820 starb.
4) Bjowulfs Drape herausgegeben von Grundtvig; Götting. Gel. Anzeigen 1823, S. 1. Kl. Schriften 4, 178.

Wenn Ihnen eine dieser Tage abgeschickte Anzeige von Dobrowsky institutiones [1]) unter die Hand kommt, haben Sie doch die Güte da, wo des slavischen brzda (frenum) gedacht wird, das althochdeutsche prittal, angels. bridol schicklich einzuschalten. |

Dieser Tage fielen mir zufällig Rabeners Briefe (die von Weiße herausgegebenen) in die Hände, zogen mich an und ich las sie mit Vergnügen alle durch. Der Briefwechsel mit den kleinen Mädchen Charitas und Barbara ist höchst anmuthig und geschickt, ganz ohne alles Läppische, Kindische und Fade, was ein neuerer Dichter würde in diese Materie geschafft haben. Hernach, wie stechen Rabeners Schreiben von den manchmahl mitgedruckten Antworten, z. B. Cramers ab, der auch gern witzig wäre. Dieser Rabener war ein unbefangener, scharfer Kopf, ich gäbe um seine verlorenen Schriften (im Dresdner Bombardement verbrannten sie unersetzlich; der gottlose siebenjährige Krieg, einer der nichtsnutzesten, die die Geschichte kennt, hat überall Unheil gestiftet, in Verfaßung, Sitte und Literatur) gern das Meiste der Anderen aus seiner Zeit, namentlich den mir speciell fatalen süßlichen Gleim. Auch den Uz mag ich nicht, wohl aber den Gellert. Welche geachtete Leute waren aber damahls Schriftsteller und Dichter, selbst Friedrich der Gr. kümmerte sich um ihren Ruf und wie vergnügt treiben sie es unter einander. Rabeners Sprache ist zierlich und unveraltet, von einzelnen aber guten Wörtern (wie argdenklich f. argwöhnisch nach der Analogie von nachdenklich) abgesehen. —

Gott befohlen

Ihr Grimm.

64.

Cassel 2. apr. 1824.

Liebster freund, mit tübelin haben Sie völlig recht, der reim übel: tübel steht sogar in meinem lexicon, ich hatte nicht nachgeschlagen. Ihren willkommnen excerpten aus der Zeisberger hs. [2]) verleihen Sie doch dadurch noch größern

---

1) Götting. Gel. Anzeigen 1823, S. 186. Vgl. Kl. Schriften 4, 186.
2) Der Weltchronik des Rudolf von Ems, welche aus dem Nachlasse des Bibliothekars Zeisberg in die gräfliche Bibliothek zu Wernigerode gelangt ist. Vgl. Zeitschr. f. d. Phil. 9, 461.

werth, dass Sie nur die blätterzahlen dazu bemerken, ich
kann dann ungefähr unsere hs. nachschlagen, die mir viel
schlechter scheint und die vielleicht kein einziges der von
Ihnen ausgezeichneten wörter hat, sondern dafür schlechte
lesarten. Diesem werke Rudolfs ist in den meisten abschriften arg mitgespielt worden. Die beiden ersten stellen
habe ich an den namen Cain und Tubalcain leicht aufge-
schlagen. Statt wîtsweife und irrende liest unser cod. 22ª
wainent sewftent u. irrent! und 22ᵇ mit nadeln und mit
spinnen (!): nun rain würchen reichen! Der beleg für
gejas (gährte) ist mir sehr lieb. Kinden ist bei N. chindôn,
prolificare. sintfluot verdient allen vorzug vor dem nhd.
sündflut, obgleich N. sintvluot hat so scheint doch sinvluot
mons. 357 eigentlich ahd. und sin- das in andern wörtern
wie sin-gruene, sin-wêl, sin-hol vorhandne augment. Ags.
sin-niht, | nox perpetua, tenebrae. An sünde (peccatum)
nicht zu denken. Ob das t in sint-vluot, wie ich vermuthe,
noch mit den goth. sinteins perpetuus zshängt, wird sich
demnächst ermitteln laßen, es wäre ein gebliebenes, nicht
in n z verwandeltes n t mehr, und durch die dunkelheit der
composition gerechtfertigt.

Ihren auftrag an Wilhelm habe ich nicht bestellt, sonst
erkaltet sein recensiereifer und Eichhorn quält mich wieder.
Wilhelm ist ungern genug daran gegangen. Hier einige
druckfehler die er gelegentlich anzuzeigen bittet, auch
wünscht er das verzeichnete buch geliehen.

Ich habe Ihnen durch Eichhorn ein vollständ. Exemplar
der Wukischen Lieder [1]) übermacht; er empfiehlt sich Ihnen
unterthänig (sic).

Wegen Ihrer reisekosten nach und von Nürnberg hegen
Sie keine sorge; sie fahren zu sechsen in compagnie, sogar
mit zwei Blumenbachen [2]) auf einmal und es wird sparsam
gelebt.

Die neusten parlamentssitzungen haben die edelste politische haltung, wogegen sich die kleinliche zänkerei der
franzosen beschämt verkriechen sollte (Constant that mir
ordentlich leid, als sich niemand zu ihm setzen wollte, so
wenig er sonst mein held ist) und nun gar unser hölzerner,
kriechender bundestag, der sich nach und nach aller guten

---

1) Der von Wuk Stephanowitch herausgegebenen serbischen Volkslieder. Vgl. Grimm's Recension des dritten Teils derselben in den Götting. Gel. Anzeigen 1823, S. 1761 und Kl. Schriften 4, 197.
2) Dem bekannten Naturforscher † 1840 und dessen Sohne Georg
† 1855.

elemente entledigt hat! Wie weit steht Canning über Castlereagh.

Gott befohlen

Gr.

beifolgende mir nicht sehr wichtig scheinende abh. über die Walachen soll ich im namen des Verfaßers (Sabas von Tökely) [1]) Ihrer bibliothek verehren.

was ist mons. 400 muscat agipiso? musca Sie sagen ad v. g e r i g e n e: „hier hätten wir also gerigene analog dem gesihene" vix concedo, da jenes vom subst. rëgen stammt und ein subst. sëhen noch nicht zu weisen ist.

65.

Cassel 7. Juli 1824.

Liebster freund,

heute schickt Ihnen Luis abdrücke Ihres bildes, ich wünsche daß es Ihnen gefällt, rechts vor mir ist es bereits eingerahmt. Wer weiß ob die speculation ihm was einbringt? jetzt kosten die platten, abdrücke etc. schon an hundert thaler auslage. Wir haben ihm gerathen einen titel zu den 6 bildern drucken zu lassen und auf einzelnen blättern einige lebensnachrichten dieser virorum illustrium, (selbstbiographien wären doch nicht zu erbitten gewesen). Es ist geschehen und Dieterich hat das werk in commission genommen. Förderlich und nicht ungeziemend müste sein, wenn Sie eine kurze anzeige in die Gel. Anz. machen wollten und das gute davon sagen was Ihr gewißen erlaubt. Ähnlichkeit und charakteristische auffaßung läßt sich rühmen. Nur haben Sie die Güte nebenbei zu bemerken, daß radierte blätter wenig gute abdrücke gestatten, liebhaber also | die sich spät melden, nicht mit den besten versehen werden können. Die guten werden auch im preise steigen. Jetzo kann man das ganze heft auf einmahl oder die einzelnen blätter kaufen.

Hugo[1]) sieht etwas malitiös aus; auch hätte er die hand aus der hose laßen sollen. Der alte Eichhorn lächelt

---

1) Sabas von Tökely, Erweis dass die Wallachen nicht römischer Abkunft sind. Halle 1823.
2) Der bekannte Rechtslehrer, seit 1768 Professor in Göttingen, † 1844.

zu viel, sah aber beim sitzen gewis nicht anders aus und hat doch etwas ehrliches. Bei Ihnen tadle ich den mantelwurf, doch die hauptsache, d. h. das haupt, scheint mir recht gelungen. Der junge Eichh. scheint mir am schlechtesten gearbeitet, die aufgabe war aber schwer. Von den Blumenbachen ist der eine (nicht der mit dem todtenkopfe) der beste.

Mit der grammatik rückt es leise fort; diese wortbildungslehre wird erst einmahl bei der umarbeitung gut werden, jetzt verhält sie sich fast noch — — [1]).

66.

Liebster freund,

Herr Dieterich ist so gefällig Ihnen außer diesem briefe den Willeram und zwei bände Isis mitzubringen, wofür ich herzlich danke.

Zu der bevorstehenden hochzeitsfeier [2]) wünsche ich Ihnen und der braut alles glück. Wäre noch die Flemingsche poesie mode, so kämen sonette mit wortspielen zum vorschein, den warmen freundinnen ließen sich klagen in den mund legen, daß sie kühl werde.

Dem Hoffmann habe ich unrecht gethan. Seine versuchte herstellung [3]) hat einiges gute und gelungene. Besitzen Sie abschrift davon, so will ich Ihnen nächstens meine bemerkungen dazu geben.

chumih crispus verstehe ich nicht ganz, ungeachtet chûmîges tortuosi, flexibilis dahinter folgt. Denn wenn auch mühsam, krank, was chumîc gewöhnl. heißt, tortuosus bedeuten soll, so ist doch crispus wieder was anders. Eher könnte cippus eine gewundene seule sein? aber warum chumich f. chumîc?

Dies in zu spät ausbrechender sommerhitze, unter peinigendem kopfschmerz und in eile geschrieben am 1. sept. 1824.

Fallmerayer hat mir nochmals den einlieg. brief gesandt, den Sie einsehen und zerreißen mögen. Ich halte ihn für ehrlich und hoffe daß er den Clavijo nun erhält.

Gr.

---

1) Das folgende Blatt ist abgerissen.
2) Der Tochter Beuecke's. Das Wortspiel ist durch den Namen des Bräutigams (Kühl) veranlaßt.
3) Des Georgsleiches 1824.

67.

Cassel 3. Sept. 1824.

Pertz ersucht mich einige perg.blätter aus der kaiser-
chronik, die ich durch Sie erhalten habe, an Dr. Massmann
nach Wolfenbüttel (addr. Bibl. Ebert) abgehen zu lassen,
der ihrer dort zu einer collation bedürfe.

Diese blätter sind ohne zweifel noch in Ihren händen
und ich bitte auszurichten, was ich nicht vermag. Ich kann
sie ein andermahl lesen.
Das fragm. aus Gregor [1]) sende ich mit dank zurück.
Abschrift des ganzen nach der straßburger hs. zu erlangen
ist nicht schwer; | es kostet Sie nur einen brief an Görres
(in Straßburg). Das original mag sein, wo es wolle, e r
besitzt seit zehn, zwölf jahren abschrift.
Ist Nares glossary gut? es soll zu Stralsund nach-
gedruckt erscheinen [2]). Sonderbar.
Wenn nur einer die mhd. praepositionen nach Graffs
muster ausarbeiten wollte! es gäbe aber ein dickeres
buch. Wann hat wohl die partikel s u n d e r angefangen
praeposition zu sein? Graff kennt sie im abd. nicht und
im mhd. steht sie bei allen (wiewohl nicht häufig). Aber
des Lips. psalm. kennen sundir unrcht, sunder saca 58, 5.
72, 13. |
Schmid scheint nicht alles ordentlich gelesen zu haben
z. b. spalt 1 zeile 14 stehet gewis nicht c r e d e m i c h, die
folgenden sind verschoben; etwa:
daჳ wil ich wiჳჳen endelich;
dô bedâhten sie sich
und sagtenჳ als ich iu ê
wie sieჳ funden ûf dem sê [3]).
Merkwürdig ist bald darauf: seltsæne gewinne und noch
merkwürdiger auf folg. spalte
des kint gesundes (? kindes)
die endworte der dritten spalte laßen sich zum theil leicht
ergänzen [4]).
die einlage sein Sie so gut an Dieterichs zu besorgen

---

1) Gregorius von Hartmann von Aue.
2) Rob. Nares, A Glossary. Stralsund 1825. Eine zweite Ausgabe
dieses Werkes ist London 1859 von Halliwell und Th. Wright besorgt.
3) Vgl. Hartmanns Gregorius 853 L.; crêde mich ist richtig.
4) Hier fehlt die Unterschrift.

11*

67a.

Liebster freund, ich habe in meinem letzten briefe etwas vergeßen. Von Wien aus bin ich angegangen worden bei Ihnen anzuklopfen, ob Sie umständliche recensionen für die jahrbücher ausarbeiten möchten? Dann soll eine förmliche einladung nachfolgen. Sie zahlen dort weit mehr honorar als andere institute, und das äußere ist, wie Sie wissen, sehr anständig. Hören Sie nichts von Lachmann? er wird bald kommen. Bliebe er nur noch vierzehn tage aus! denn leider geht unser auszug diese woche wieder nicht von statten. Wir stecken in einer kette und harren bis die vordern glieder sich lösen.

Haben Sie außer Ulr. Trist. 1447 (Groote 1445) i e r g e n, n i e r g e n sonst bei mhd. gelesen? Gewöhnlich stehet iender, niender. Aber jenes ist auch ahd. iergen W. 3, 1. und wergin häufig bei O. also = io-huergin, nio-huergin. aber iender, niender findet sich auffallend im ahd. gar nicht. Wie müste es heißen? iohuandar? daraus hätte iowander, icwander werden müßen! Kurz das iender, niender ist mir dunkel.

Ihr

Gr. |

eben bringt man mir Ihren gestrigen brief. Sie haben in Ihrer anzeige so wirksam für Graff gesprochen [2]), daß ich meine stimme nun wohl gar nicht erschallen zu laßen brauchte? [3]) In der that ist die feder auch erst anzusetzen, denn ich wuste mit meinem aufsatze nicht wohin, ehe mir vorige woche ebenfalls der weg nach Wien eröffnet wurde. Das buch verdient unser lob und enthält viele vortrefflich ausgeführte sachen. Die anordnung ist mir nicht die bequemste. Die absonderung des â n o gebe ich ihm nicht zu; es ist gegensatz von m i t, das er ja selbst nicht ursprünglich auf das raumverhältnis bezieht. Wie erklären Sie âno, êr und sît räumlich? êr läßt sich mit êristo = vuristo zus. bringen, und sît etwa mit sîta (latus)? — Graff hat manche fehler in der gramm. berichtigt. Streichen Sie doch

---

1) Jahrszahl abgerissen.
2) Über dessen Werk, die althochdeutschen Präpositionen. Königs-berg 1824. S. Gött. gel. Anz. 1824. S. 721.
3) Doch s. Wiener jahrbücher der literatur bd. XXVIII; Kl. Schriften 4, 229.

auch gelegentlich 625, 21 das vuoʒ-sendo, welches vuoʒ-
vendo oder fuoʒfendo heißen muß. Daß meine mühle still
steht, liegt bloß an Dieterichs, die das ms. liegen laßen
und sich einbilden, ich arbeitete frisch fort, damit sie hernach doppelt so viel wöchentlich liefern könnten! In eile

68.

Cassel 30. Oct. 1824.

Ich bin, liebster freund, heute vor acht tagen morgens
neun uhr glücklich hier angelangt. Ein inneres gefühl hatte
mich gemahnt mit der rückreise nicht länger zu zaudern,
denn noch sonnabend wurde Wilhelm krank und die drei
folgenden tage wuchs das übel, so dass ich besorgt wurde.
Seit mittwoche trat entschiedene befserung ein und alle
gefahr ist verschwunden, nur noch, weil er vier bis fünf
tage beinahe ganz ohne nahrung zubrachte, große mattig-
keit vorhanden. Die andre Woche wird er wieder auszu-
gehen im stande sein. Dienstags ganz unvermuthet traf
unser Lachmann ein, wie Sie nun schon näher durch ihn
selbst gehört haben werden. Ich brauche Ihnen daher nichts
von dem erfolg seiner reise zu erzählen, nichts von dem,
was er Ihnen mündlich über die wallersteiner Nib., über
Docen, Schmeller, die E. H. [1]), Füglistaller, Laßberg, Stalder
etc. gesagt haben wird. Von seiner ausbeute hatte er nichts
bei sich, aber es entgeht uns nichts davon. Sein Coffer
wird an mich adressiert; ich habe die schlüßel dazu behalten
und darf alles mir wichtige abschreiben. Vorzüglich reizen
mich Notkers inedita, die collation von Keros regel, die
keronischen und die noch ältern sangaller glossen (aus dem
7. jahrh.) Da der druck schwerlich bald erfolgt (Füglist.
ist — faul), Arx aber dem Lachm. die bedingung gemacht
hat „nit üszegebe", so liegt uns natürlich daran diese˙quelle
vorläufig gebrauchen und citieren zu dürfen. Lachmanns
freundschaft und schnelle mittheilung der kaum eroberten
schätze ist so schön und hat mich so gefreut, dass ich es
ihm gar nicht ins gesicht gesagt habe. In vierzehn tagen
langen die sachen an. Da ich nun voraussetze, dass auch
Sie, lieber Ben., danach lüstern sind und billigerweise Lach-
mann derselben nicht allzulange entbehren darf; so | schlage

---

1) = Evangelienharmonie.

ich Ihnen vor, daß wir uns gleich in die abschriften theilen.
Ich sende Ihnen notkeriana oder glossen zu. Während Sie
diese copieren, copiere ich (vielleicht mit Wilh.) das übrige;
dann wird alles an Lachm. zurückgesandt und wir tauschen
nun mit einander aus, so daß wir alle, Lachm. Sie und ich,
nach einigen monaten alles besitzen und uns über einzelnes
besprechen und alles gleichförmig nutzen können. Nicht
wahr?
Wie viel böcke werden in der grammatik aufhüpfen!
Führe nur ein blitz aus der luft und zerschlüge unsre cata-
logsabschrift! Graffs reise ist, wie er mir eben schreibt,
aufgeschoben bis in mai. Überhaupt meine ich, wird sie
durch Lachmanns erfahrungen und ausbeuten unnütz, beinahe unnütz. Zu München liegen viel glossen, aber Docen
will sie alle bald herausgeben, wozu soll sie Graff abschreiben? Die E. H. läßt Scherer diesen winter drucken
— bloßen text, ohne alles (wie schon vor zwölf jahren hätte
geschehen können; übrigens liegt zu Bamberg eine abschrift).
Die sangallensia kann nun Graff von Lachmann haben.
Cramers glossen habe ich vorgestern richtig empfangen.
Hinterher that mir fast leid, daß ich sie Ihnen mitgebracht
oder Sie Sich so schnell hinter die abschrift gemacht haben [1]).
Darüber ist anderes zu fragen und zu besprechen vergessen
worden. Fragen wollte ich Sie unter andern über die
sonderbaren mit dem praet. gebildeten interjectionen: gesach
dich got! erga3 dir got! Theilen Sie mir doch mit, was
Sie sich seit Boners herausgabe weiter dazu angemerkt
haben. Ihre erklärungen genügen mir nicht recht, am
wenigsten erga3 dir | durch: gott helfe dir. gesach und
erga3 sind deutlich praeterita. Es scheinen mir ursprünglich die redensarten: gesach dich got = gott hat dich
gnädig angesehen, gott steht dir bei. erga3 dir got = fahre
hin, du von gott verlassener, got hat dich vergefsen. Wir
sagen noch heute: gott hat dich verlassen, du bist von
gott verlassen für: apage nequam! vae tibi! Nur begreife
ich den dat. dir nicht. ergë33en wie vergë33en erfordert
wohl den gen. der person oder den acc? (erke33en sî, obli-
viscatur K.) Bedeutet ergë33en mit dem dat. einen ver-
wünschen, einem fluchen? Ahd. quellen kennen die redensarten nicht. Hätten wir doch mehr lebendige ahd.

---

1) Dazu am Rande: „umsomehr, da ich gestern finde, daß alles
schon gedruckt ist, es sind die gl. lindenbrog bei Ecc. 991—1002!
offenbar aus ders. hs. die damahls zu Hamburg war? einiges läßt sich
befsern.

quellen; für ein paar gesänge aus freier brust ließen wir gern die glossen liegen und den Notker dazu. Für Graff bleibt übrig — Wien und etwa Oxford? — Lye hat kein ags. friskan = engl. frisk. Überhaupt so treffend der stamm für unser hochd. frosch passt, so fällt doch auf, daß die Engländer gerade frog sagen und nicht frosh. Nächste woche erhalten Sie auch wieder eine correctur; das eis ist gebrochen. Wir beide grüßen Sie und unsern Luis, der sich durch seine abwesenheit einige unruhige nächte erspart hat. Noch wiederhohle ich meinen herzlichen dank für die freundschaftliche aufnahme

Ihr

Grimm.

Lesen Sie was Orchowsky über das sächsische zwei Guldenstück schreibt, das ich ihm von Reuss (ohne den Wohlthäter zu nennen) mitgebracht hatte. Ich belege dadurch Hrn Reuss die richtige Besorgung. Drucken Sie das briefchen mit einer oblate zu. Mir legt O. aller einwendung ungeachtet den titel Mr. le Directeur bei.

69.

Wir freuen uns alle Ihrer glücklichen rückkehr und senden tausend grüße. Nach Berlin sind sie also doch wieder nicht gekommen? das hält schwer.

Vor allem schicke ich Ihnen Chmels brief zurück. wenn Sie ihm antworten so dringen Sie doch in ihn um eine nähere Nachricht von dem Hugdietrich etc. etc. in seiner handschrift, denn stücke des Heldenbuchs auf pergament sind selten. Herr Graff wird ihm hoffentlich unbedingten und freien gebrauch dieser hss. gestatten.

Wackernagels abhandlung [1]) muß man ordentlich aufmerksam durchlesen, denn die manier ist schwer und etwas gesucht, aber es ist viel scharfsinniges darin, obgleich das ganze unvollständig und einzelnes unrichtig scheint, z. b. § 5. daß die subjunctiven sätze immer zu negativen hauptsätzen construiert seien. Daß in diesen subj. sätzen nur einfaches ne ohne nicht steht, ebenso bei mac, touc etc. bei ruochen, wusten wir längst; doch einiges andere, wenn es

---

1) Über die mittelhochdeutsche Negations-Partikel ne in Hoffmanns Fundgruben T. 1.

bei näherer prüfung stich hält, war mir neu, z. b. pag. 10 das bloße ne nach leider.! Die hübsche bemerkung über das ausfallende o b gehört freilich zuerst dem Lachmann.

Ich soll ihm umständlich schreiben, was ich auch thun will, sobald ich nur kann; die recension bleibt Ihnen also aufgehoben.

Meine beurtheilung des Ulf. ist zu Wien bereits gedruckt [1]), den Ihnen zugedachten abdruck habe ich aber noch nicht.

Der König von England hat unserer bibliothek durch seinen bibliothecar Barnard den catalogus bibl. regiae London 18.. — 1829 in fünf folianten, prachtvoll gedruckt zugeschickt. schade um druck und papier, deren eine solche arbeit nicht werth war.

Kommt im Iwein vor:

en wiht [2])

und weder in negativem sinn, verbunden mit noch, also für neutrum?

Das mhd. für wâr muß ahd. sein, aber ich find es nicht. haben Sie Wolframs für unbetrogen auch aus andern dichtern angemerkt? |

Das niene aus nihtne ist dem Wackern. p. 8 schwerlich einzuräumen, auch Hagen gl. Nib. gibt ihm diesen ursprung. pf. Chuonr. 201 liest die pfälz. hs. von nihte hiez und sicher richtig. Der gen. bei niene ist freilich schwer zu erklären.

So viel, d. h. so wenig für heute, ich habe nur noch zeit hinzuzusetzen daß ich bin

22. Oct. 1829.   Ihr treuer J. Gr.

70.

den 6. dec. 1829.

Liebster Benecke,

Sie werden sich wundern zu vernehmen, welche Anfechtungen ich in den letzten tagen zu bestehen gehabt habe. Man machte hier noch ernstliche versuche, uns zurück zu halten, mir wurden dieselben 1000 ⚹, dem Wh. sogar 600 ⚹ zugesagt, mir die erste, dem Wh. die zweite biblio-

---

1) Wien. Jahrbb. der Lit. Bd. 46. Kl. Schriften 5, 51.
2) Dazu von Benecke's Hand: weder wiht noch enwiht.

thecarstelle, völlig unabhängig von dem übrigen museum, d. h. von Rommel. Alles überaus annehmlich und mit unsern neigungen und festgeschlagnen wurzeln im lande stimmend, wenn es nur geschehen wäre vor ertheiltem abschied und bevor alles in Hannover festgemacht war. Man hat zwar scheingründe und scheinbeispiele vorgebracht, der alte landesherr verdiene den vorzug, wenn er dasselbe biete und früheres unrecht gut machen wolle. Wir sind aber standhaft gewesen, haben nicht auf unsre neigung, vielmehr auf unsre pflicht gesehen und dem ersten, wie dem zweiten nochmaligen abgeordneten abgesagt, | und ganz bestimmt abgesagt, ohne Sie vorher um Ihre meinung zu fragen, ob es allenfalls noch gehen könne. Es schien uns nicht honett, vor dem dienstantritt sich auf eine neue vocation einzulaßen. Auch hätte uns schwer auf dem herz gelegen, Ihre so vieles vergütende freundschaft und liebe nicht heilig zu achten und zu ehren.

Die andere eingegangene vocation nach München, wovon die einlage handelt, konnte ich leichtes herzens sogleich ablehnen.

Das wird dennoch wahr bleiben, hier in Cassel sehe ich nach etwas aus; in Göttingen, München verliere ich mich unter vielen andern.

trahunt sua quemque fata; sequar.

Ich danke für die gesandten abdrücke und bin mit herzlichstem gruß

Ihr

Gr.

können Sie mir mhd. innenan, ûʒenân, obenân etc. liefern? ein obenân steht in Gotfr. minnelied, ein ûʒenân im Ls. [1]), der sinn ist von innen, außen, oben.

---

1) d. i. Laßbergs Liedersaal.

Wilhelm Grimm

an

Georg Friedrich Benecke.

1.

Ich bin so frei, verehrtester Freund, Ihnen hierbei ein Exemplar von meinem Buch[1]) zu übersenden mit dem Wunsch, daß Ihnen einiges darin wohlgefallen möge. Mein Bruder, in Briefwechsel mit Ihnen, hat Ihnen mehrmals für so viele gütige Mittheilungen und Freundschaftsbezeugungen schriftlich, auch einmal persönlich danksagen können, ich habe ihn eben so lebhaft gefühlt ohne Gelegenheit gehabt zu haben ihn auszudrücken, sehen Sie hier jetzt wenigstens den guten Willen dazu. Wollen Sie eine Recension des Buchs in die Anzeigen liefern[2]), so wird mir das sehr angenehm und belehrend seyn; ich weiß zwar, daß Übersetzungen selten darin angezeigt werden, vielleicht finden sie sich aber durch den Kommentar zu den Heldenliedern, welcher das merkwürdige Verhältniß der nordischen und deutschen Poesie in einer Sage zu erläutern strebt zu einer Ausnahme von der gewöhnlichen Regel veranlaßt. |

Von den Schätzen der altnordischen Poesie, zu welchen wir glücklicherweise gelangt sind, hat Ihnen mein Bruder schon geschrieben; wir gedenken vorerst die Sämundische Edda zu bearbeiten und dazu sind uns die Nordiska Kämpa Dater von Biörner, die Hagen schon länger als ein Jahr in Berlin hat, vorzüglich nöthig; ich bin also so frei die Bitte zu wiederholen uns von diesem das Buch, so bald es möglich ist kommen zu laßen. Könnten wir Ihnen doch auch einmal einen literarischen Dienst erweisen.

Ich bitte Sie meiner freundschaftlich zu gedenken und meiner aufrichtigen Hochachtung versichert zu seyn

der Ihrige
Wilhelm C. Grimm |

---

1) Altdänische Heldenlieder, Balladen und Märchen übersetzt, Heidelberg 1811.
2) S. Götting. gel. Anzeigen 1811, S. 2041.

Ich füge meines Bruders Briefe einige flüchtige Worte
hinzu, von meiner sächsischen Reise soll Ihnen ein nächstesmal weitläuftig berichtet werden. Von großer Bedeutung
habe ich wenig entdeckt doch einiges, besonders für meinen
Meistergesang. Könnten Sie mir, theuerster Freund, durch
den Postwagen senden:
Keating history of Ireland. Dublin 1723 f⁰.
Owen's welsh Dictionary, welches Sie dort bis zum
Buchst. I. haben.
so wäre es mir gar lieb. Die von Hagen zurückgehaltenen
Kämpadater hat, wie ich sehe, schon Wilhelm erinnert. In
Ihrer eigenen Bibl. findet sich: ballades and lyrik poems
of Walter Scott. Edinburgh 1806. woselbst pag. 72—133.
über Thomas the rhymer, wo ich nicht irre. Ihre freund-
liche Gewohnheit Bücher zu leihen erstreckt sich wohl auch
hierauf; ich kann Ihnen dafür mit der fourth edition von
des beliebten Dichters lady of the lake, Edinb. 1810 auf-
warten.

Ganz Ihr
J. Grimm.

Fernows Studien [1]), die Sie mir
einmal versprochen hatten, brauche ich
nun nicht mehr, da ich sie in Weimar
gelesen habe.

2.

Caßel 20. März 1812.

Ich danke Ihnen recht sehr, geehrtester Freund, für
Ihre gütige Recension meines Buchs in den götting. Anzeigen. Es hat mich gefreut, daß es Ihnen im Ganzen gefallen und Sie mit meiner Ansicht zufrieden sind. Jetzt
arbeiten wir beständig an der Edda und dem Reinhart
Fuchs abwechselnd. An 30,000 Verse aus den französ. MSS.
sind schon copirt, nachdem wir die mannichfachen Resultate sehen, die daraus kommen vergeßen wir die sauere
Arbeit. Was die Edda betrifft so erscheint sie bei Cotta.
Sein Sie so gütig eine | ausführlichere Abhandlung als An-
zeige mit Proben in dem Morgenblatt No. 65 ff. zu lesen [²)
und Ihre Meinung uns mitzutheilen.

---

1) C. L. Fernow, Römische Studien T. 1—3. Jena 1806—8.
2) S. Kl. Schriften 1, 212 fg.

Ich wage kaum ferner um die Kämpa Dater zu bitten, da ich wohl einsehe, daß Hagen sie mit Fleiß und nicht redlich zurückhält und Sie nicht weiter etwas machen können. Ich habe deshalb nach Kopenhagen geschrieben, aber etwas daher zu erlangen, ist aus allerlei Gründen schwer, selbst wenn man es dort schon hätte, was aber hier keineswegs der Fall ist.

Dagegen bin ich so frei für folgende Bücher Ihre Freundschaft in Anspruch zu nehmen: |

1. Heimskringla edr Noregs konunga Sögur auct. Snorro Sturleson herausgegeben von Schöning. Haf. 1777 ff. in Fol. Von den 3 Bänden wünsche ich vorerst den 1sten zu haben. Ich glaube gewiß, daß Sie diese Edition haben.

2. Dobrowsky Beiträge zur Geschichte der böhm. Sprache u. Lit. Prag 1792. S. Auch in den neuen Abhandlungen der böhmischen Gesellschaft. Th. 1.

Beide Bücher sollen bald mit Dank zurückfolgen.

Jetzt werden Sie die Ferien bald anfangen. Wenden Sie diese freie Zeit dazu an, einmal hierher zu kommen, Sie könnten mit Villers, den wir zu grüßen bitten, der wohl auch kommt, Gesellschaft | machen. Dadurch erfüllen Sie ein längst gegebenes Versprechen. Wir hätten die Freude mit Ihnen über manches in der Altdeutschen Literatur sprechen zu können, was sich doch nicht so ausführlich schreiben läßt.

Seyn Sie von uns beiden herzlich gegrüßt. Mit aufrichtiger Hochachtung und Freundschaft

der Ihrige

W. C. Grimm.

3.

Caßel am 29. Febr. 1813[1])

Ich bin so frei, lieber Freund, dem Brief meines Bruders [2]) ein Blatt beizulegen mit ein paar Bitten, die Sie wohl so gütig sind zu erfüllen.

1. Auf anliegendem kleinen Zettel sind zwei Strophen aus einem altschottischen Lied aufgeschrieben, worin mir der unterstrichene Ausdruck H o l l i n - sack unverständlich ist. Aus I h r e habe ich unten verschiedene Worte bemerkt,

---

1) So im Original. 1813 ist kein Schaltjahr.
2) Vgl. oben S. 55. No. 21.

wornach Vermuthungen leicht sind, aber Sie können, falls es Ihnen nicht ohnehin schon bekannt ist, dort etwas näheres darüber nachschlagen. Ich vermuthe auch, es ist der Namen einer Gegend oder eines Orts, wo etwa besonderes Linnen zu Hemden verfertigt wurde, so wie das im Altdeutsch bekannte lündische Tuch, die modernen geographischen Register geben aber keine Auskunft.

2. In Fischers typograph. Seltenheiten K. 4. St. 125 steht aus einer alten Reimchronik eine Stelle über Dieterich von Bern. Das Buch ist nicht hier und ich bitte Sie darum, mir die, wie ich denke, ganz kurze Stelle abzuschreiben, mit der Bemerkung aus welcher Zeit die Chronik ist, falls dort etwas angegeben worden.

3. In der Chronik des Thwroz [1]) (b. Schwandtner script. rer. hung. I) C. 13 steht folgendes: cujus tandem sagittae truncum ipse Detricus (de Verona) urbem ad romanam dignitatis imperatoriae in curiam pro documento certaminis per ipsum cum Hunis commissi in fronte detulisse, et propter hoc immortalitatis nomen usurpasse narratur, Hungarorumque in idiomate halhatalan Detreh dici meruit; praesentem usque in diem. Die Stelle steht auch bei Cochlaeus in vita Theoderici und heißt da: Halathalon de Treh. Daß ein Unsterblicher damit solle angedeutet werden und Detreh = Dieterich ist, ist leicht zu errathen, aber ich mögte gern wißen, was es genau und wörtlich heiße; Sie können mir wohl aus dortigen Hilfsmitteln Auskunft geben, oder man könnte auch hören, was geborne Ungarn dazu sagen, wo ich nicht irre, kennt Villers einige und der fragte sie wohl; von der Sage selbst die zu Zeiten des Thwroz der im 16. Jh. lebte, noch gegenwärtig war, werden sie freilich nichts mehr wißen, wiewohl ein solcher Zufall sehr erwünscht wäre. |

Den Lohengrin von Görres werden Sie in Villers Exemplar nun auch lesen können, in der Einleitung ist eine freie Umsicht, die zu manchen scharfsinnigen und geistreichen Combinationen geführt hat, die einen immer erfreuen, und worin überhaupt seine Stärke besteht; bis zu dem Punct voranzuschreiten hätte ich nicht immer Muth genug gehabt, darum aber auch gewiß nicht so viel leisten können, vielleicht aber im Detail manches anders ausgeführt.

Unser Gloßar zur Edda ist jetzt zum 4ten mal glücklich durchgearbeitet und beträgt leicht an 35 Bogen freilich sehr weitläuftig im MS. Wir werden Sie bitten müßen uns die

---

1) = Thwrocz. Vgl. d. Heldensage 163. 164.

hier fehlenden Idiotika zu leihen, die wir alle, so weit wir
sie bekommen können, dafür durchgehen wollen, versteht
sich nach und nach, so daß wir sie Ihnen auch bald wieder-
schicken, das erste wäre der nun fertige Stalder, der holstein. Schütze ist hier. Haben Sie die Vatsdäla S. von Wer-
lauf [1]), die eben heraus gekommen, bestellt? wir hoffen sie
in diesen Tagen durch den dänischen Gesandten, der gestern
Abend zurückgekommen, mit vielem andern sehnlich erwar-
teten zu erhalten. Wird Abrahamsons [2]) Bibliothek verkauft, so machte die Bibliothek ja wohl Bestellungen, wir
haben um einen Catalog geschrieben.
Leben Sie wohl und denken Sie wohlwollend und freundschaftlich an mich. Von Herzen
der Ihrige
W. C. Grimm.

4 [3]).

Hierbei kommen, lieber Freund, die gebrauchten Bücher
mit Dank an Sie zurück, den Priskus und Stalder wird
H. Bauer in acht Tagen nachliefern, ich habe im letztern
noch einiges zu lesen; es hat sich doch manche angenehme
Bestätigung und auch Aufklärung gefunden; mehr Arbeiten
in der Art würden merklich fördern. — Ich habe mich eben
auch beschäftigt in der ungarischen alten Sagengeschichte
noch einmal nach Spuren unseres Heldenepos zu suchen und
manches willkommne gefunden, die script. rer. hungar. mi-
nores von Korachich Budae sind nicht hier, sollten unter
den neuen Quellen, die er gibt, eine sein, welche von der
alten hunischen Zeit vor dem Einbruch der Magyaren im
9. J.H. spricht, so mögte ich das Buch gern haben. Dann
bitte ich auch um Pauli Orosii opera hist. ed. Havercamp
1738 und um den Socrates scholasticus von W. Reading,
sind Hoeschelii eclogae legationum und die vita Attilae
vom Caelius Calanus Dalmata in Belii appar. ad Hist.
Hung. Dec. 1. Mon. 3. Dec. 11. Mon. 1 keine Folianten,
so bitte ich sie auch beizulegen; es soll alles so bald als
möglich wieder heimkommen; werden Sie nicht bös, daß es

---

1) = Vatnsdœla saga edid. Er. Chr. Werlauff. 1812.
2) Werner Hans Fredrich Abrahamson († 1812), besonders durch
die von ihm in Gemeinschaft mit Nyerup und Rahbeck herausgegebenen
Udvalgte Danske Viser fra Middelalderen bekannt.
3) Ohne Datum.

so viel ist, und wo es nicht angeht, theilen Sie. Ich fühle
recht den Vortheil dort zu seyn um Einzelnes vergleichen
und nachsehen zu können. Da von Recensionen die Rede ist, will ich meine Sünde
bekennen und sagen, daß ich auf die in den Heidelb. Jbb.
über die altdän. Lieder etwas geantwortet habe [1]). Deshalb
weil sie auch von Gräter ist und er darin es eigentl. darauf abgesehen unsere Edda verdächtig zu machen, und
eine ganz wunderliche Einbildung hat. Er versteht von
den Sachen eigentlich nicht viel, hat hier und dort herum-
gefahren, ohne strengen Fleiß zu besitzen, und ist höchstens
mittelmäßig, nirgends gut. Wir sind ganz exemplarisch
nachsichtig gegen ihn gewesen, allein er glaubt als Anony-
mus sicher zu seyn und meint er könne urtheilen. Und
wenn er nur noch | etwas beßeres gewußt hätte, als daß
kein Geist in dem Buche sey, nämlich Fehler entdeckt;
das einzige, was er anführt ist falsch, und die isländische
Stelle, worin er ein bloses Versehen bemerkt, versteht er
offenbar selbst nicht, da sie wirklich einige Schwirigkeit
hat; außerdem hat er sich blos noch an einem und dem
andern Druckfehler, da ich das Buch leider nicht corrigiren
konnte, erholt. Eine scharfe Rec. selbst ohne Lob, deßen
er doch auch ausgestreut hat, würde mir, wenn sie nur aus
Lust an Wahrheit so wäre, gar kein Leids anthun. Ich
habe nun selber alle Fehler, die andere privatim mir mitgetheilt und ich bemerkt haben, angegeben und werde
Ihnen die kleine Schrift, die auch eine Übersetzung einiger
schottischer. Balladen enthält, wann sie fertig ist, zuschicken. Übrigens, wäre sie nicht gleich im Anfang Fe-
bruari in zwei oder drei Tagen geschrieben, so würde ich
sie jetzt auch gelaßen haben, und was alles in der Rec. gestanden, es würde mir gar unbedeutend vorgekommen seyn;
die Rec. von Delius hat uns nicht bekehrt, und ich zweifle
ob wir je durch diesen gebeßert werden. Die Isländ. Buchstaben zur Edda sind nun geschnitten aber der Druck wird
vor anderem nicht so bald zu sich selber kommen. Leben
Sie wohl und denken Sie freundschaftlich an mich
          der Ihrige Wilhelm C. Grimm.

---

1) Drei altschottische Lieder in Original und Übersetzung aus zwei
neuen Sammlungen. Nebst einem Sendschreiben an Herrn Friedrich Da-
vid Gräter, Heidelberg 1813. S. Kl. Schriften 2, 104 fg.

5.

Caßel am 28ᵗᵉⁿ März 1814.

Werther Freund, Ihren Brief vom 15. d. M. mit Hagens
Edda habe ich richtig erhalten, der meinige mit dem holländ.
MS. ist so spät angekommen, weil Hr. Bauer beständig
seine Abreise aufgeschoben hat. Wenn ich Ihnen bisher
noch nicht geschrieben, so ist blos die Unruhe und Bewegung dieser Zeit Schuld, die mich besonders trifft; zwei
meiner jüngeren Brüder sind im Feld, ein dritter in München
noch krank, gottlob wieder beßer, sonst wär er auch schon
mitgezogen, dazu kommt der Antheil, den ich an der großen
Sache selbst nehme; allerlei anderen Sorgen, die ich früher
nicht gekannt, kann ich mit bestem Willen nicht immer aus
dem Wege gehen, endlich muß ich mein Amt versehen, was
ich sonst auch nicht nöthig hatte [1]). Inzwischen das alles
nimmt mir den Muth nicht im geringsten; ist erst die
Hauptsache, ein wahrhaftiger Friede gewonnen, so wird uns
nach dem Reich Gottes das übrige von selbst zufallen und
dann wollen wir uns ernstlich um unsere eigene Wirthschaft
bekümmern; auch was den Arbeiten ist geschadet worden
soll mit leichter Brust und freiem Athem reichlich nach-
geholt werden.

Der Jacob schreibt mir am ordentlichsten und reich-
lichsten; was seine politischen Mittheilungen betrifft, so
wäre ein vertrauliches Gespräch hier nöthig und es dürfte
kein Brief seyn. So viel ist gewiß, alles Unglück schlägt
uns in der wunderbaren Zeit, wo Gott sichtbar wirkt, zum
Glück aus, ohne die einzelnen Nachtheile und den kurzen
Rückzug hätten wir wahrscheinlich einen schlechten Frieden
und deutsches Land, der schöne Elsaß, wär noch in den
Händen des Widersachers geblieben und damit die Macht
nach wenigen Jahren Erholungen uns im Süden wieder zu
überfallen. | Gottlob der böse Zeitpunct ist herum und
hoffentlich wird das Übel jetzt von Grund aus curirt und
mit ihm selber nicht mehr unterhandelt. Indeßen ist seine
völlige Besiegung und die Einnahme von Paris selbst nicht
so leicht, als wir manchmal gedacht haben und die Franzosen bleiben ein kühner und nicht gering zu achtender
Feind, zumal seit es ihm, wie es scheint, wenigstens theil-

---

1) W. Grimm war seit Februar 1814 als Sekretär an der Kasseler
öffentlichen Bibliothek angestellt.

weise gelungen ist, das Volk zum Aufstand zu bringen.
Die Verheerungen der Cosacken, Croaten und Böhmen sind
nicht gering und wiewohl etwas natürliches in dieser per-
sönlichen Rache liegt, so haben sie doch unglaublich geschadet, ohne das wären uns die Thore von Paris längst
geöffnet, denn es ist schon zweimal ein Aufstand gewesen,
welchen zu stillen er selbst einmal kommen mußte. Es
sind noch Anstrengungen nöthig, über uns Heßen wird die
Geschichte nicht klagen können, 16000 Mann stehen schon
ganz bestimmt im Feld und Depots marschiren beständig
nach.

Daß ich unter diesen Kriegsgedanken die ruhigen
Stunden zu unsern Arbeiten doch benutzt habe, können Sie
denken, ruhen gleich unsere Wälder, welcher Scherz mir
selber zuerst eingefallen ist [1]), so sollen sie zu ihrer Zeit
auch wieder grünen, so gut sie vermögen; und manches
andere, wenn es fertig ist, wird Ihnen auch nicht ganz mis-
fallen. Von dem MS. des Titurel habe ich schon geschrieben,
außerdem befindet sich zu Carlsruhe eine Papierhs. in 12
von 1337 von Bruders Philipp Marienleben und aus dem
MS. des Walther von Aquitanien bestätigt sich die Ver-
beßerung Ospirin, es liest überall nicht anders. Ferner
ein Cod. membran. mit einem Gedicht „von der Megde Ma-
rien" hundert Blätter in fol. also groß genug. Meister-
gesänge, die litzelsche PapierHS. vom Stricker u. dgl. |

Zu Basel hat sich auch manches gefunden. Ein großes
Gedicht von etwa 32,000 Versen von der heil. Martina
durch einen bisher noch unbekannten Dichter: Hug von
Langenstein. Es sind mittelgute Stellen darin und
merkwürdige Wörter: eine ziemlich große Stelle aus dem
Schluß habe ich hier und könnte sie, falls es Ihnen interessant wäre, mittheilen. Ferner Amici et Amelii historia
lat., (ist Amis u. Amiloun bei Weber II und hängt mit
Engelhart u. Engeldrut zusammen) der Apollonius von Tyr-
land, Barlaam und Josaphat lat. und Ulrichs von Eschenbach Werk, lauter Pergamenthss. Er [2]) ist leider nur zu
kurze Zeit da gewesen, um ordentlichen Gebrauch davon
zu machen; in Frankreich bis Troyes ist nirgends etwas
erhebliches aus den Bibliotheken gewesen. Hilft Gott
ferner, so wird es in Paris beßer seyn.

Für Ihre Bemühungen zu Gunsten des armen Heinrichs danke ich schönstens. Der Druck wird nicht eher
anfangen, bis zwei Hss. benutzt sind, die bekannte Vati-

---

1) Vgl. Jacobs Brief 23.   2) Jacob; s. dessen Bf. 29.

kanische[1]) und dann eine zweite die sich glücklicherweise
und noch zu rechter Zeit entdeckt hat in Ungarn. Nämlich
in Schlegels Museum Novemberheft 1813 wird ein MS.
(unter dem Namen Gesammt-Abentheuer dem Conrad von
Würzburg, offenbar unrichtig, zugeschrieben, wiewohl einzelnes von ihm herrührt) beschrieben, das sich zu Colocza
befindet[2]), worin sich unser Heinrich und was uns fast
noch wichtiger, auch unser Reinhart Fuchs (No. LIII) vorkommt. Ich habe also ohne Verzug an Schlegel geschrieben
und den Verfaßer der Anzeige um eine Abschrift gebeten .
von beiden Stücken. Der König im Bade, ist, wahrscheinlich politischer Bedeutsamkeit wegen, abgedruckt; wär nur
der Raum, den die umständliche und doch unnöthige Beschreibung des MS. wegnimmt zu etwas beßerm, d. h. zu
genauerer Inhaltsanzeige der einzelnen Stücke verwendet.
Schade daß der Codex dort ver'graben liegt. Wär es auch
möglich ihn geliehen zu erhalten, so wären die Transport-
kosten zu groß.

Sie schreiben kein Wort, ob Schlegel dort bei seinem
doch nicht kurzem Aufenthalt nichts auf der Bibliothek in
der altdeutschen Literatur gethan. Wie ist es denn mit
seinem Codex der Nibelungen, den er besitzen und neu entdeckt haben will, warum behandelt er das so geheimnißvoll
und wie hat er sich darüber gegen sie geäußert? Haben
Sie die Schrift von Rühs gegen uns gesehen?[3]) Sie werden
darin lesen, daß er uns ganze Folianten Fehler geschenkt
hat; was mir eigentlich das liebste darin war. Seiner Nieder-
trächtigkeit kommt blos seine Unwißenheit gleich; schade,
daß der Gegenstand an sich so unbekannt ist, sonst könnte
man leicht jedem das Urtheil überlaßen. Glauben Sie wohl,
daß unter allen seinen Bemerkungen nichts trifft als ein
falsches Citat und ein in der That nicht bedeutender Irrthum, den er, indem er ihn verbeßern will, zweifach selber
begeht? Gräter hatte ihn in der Jen. L.Z. recensirt und
diese Critik hängt er uns ohne Umstände auf; ich höre aber
auch von Berlin, daß seine Freunde und Bekannte zu verstehen geben, er sey nicht recht bei Trost.

Vor dem Schluß einige Sprachbemerkungen, welche die
goldene Schmiede betreffen. — —[4]).

---

1) Jetzt Heidelberger 341.
2) S. Koloczaer codex altdeutscher Gedichte hsgg. von Johann Nep.
Grafen von Mailáth und J. P. Köffinger. 1817.
3) Vgl. W. Grimm Kl. Schr. 2, 137 fg.
4) Es folgen hier Bemerkungen über die Bedeutung einiger mhd.
Wörter, wie dillestein, tunc, begedemeu u. a.

Nun leben Sie wohl, lieber Freund, schieben Sie Ihre
Antwort nicht zu lange auf und behalten Sie mich in freund-
schaftlichem Andenken. Von Herzen
der Ihrige
W. C. Grimm.

6.

Caßel 1. Jan. 1815.

Ich habe Ihren Brief, lieber Freund, mit der Einlage
richtig erhalten und danke Ihnen, daß Sie so gut gewesen,
sich wegen der dän. Lit. Ztg. noch weiter umzuthun. Je
eher sie ankommt, desto lieber wird es mir seyn; es ist
mir nämlich blos um etwaige critische Bemerkungen, die
eingestreut wären, zu thun, da sieben Bogen unserer Edda
endlich gedruckt sind, könnte es leicht zu spät werden.
Mit Verwunderung habe ich die Einlage angesehen, unter
derselben Aufschrift (nur mit dem Zusatz bei dem kurheß.
Minister Grafen von Keller) sind Briefe von mir und andern
richtig angelangt; ich werde ihn indeßen mit den Gesand-
schaftsbriefen der Regierungen in diesen Tagen absenden
und wollen Sie mir in Zukunft Einlagen anvertrauen, so
sollen sie mit meinen Briefen denselben sichern Weg
gehen. — Jacob schreibt, daß er den Codex [1]) auf drei
Tage geliehen erhalten. Zur Hälfte ist er völlig ungedruckt und ungenutzt; die zweite Hälfte hat Bodmer in
Chriemhilden Rache gegeben. Denken Sie: er enthält 48
neue Strophen zu vier Zeilen [2]), darunter sehr wichtige und
es ist die Nothwendigkeit klar, die Nibelungentexte rein
für sich zu behandeln und nicht aus allen eine gewiße
theatralische Ausgabe zu liefern, die aus allen wählen will,
und einen Text erzeugt, der nie war und vielleicht nicht
seyn konnte. Docen hat in der Recension von Hagens
Ausg. schon recht gut darüber gesprochen. |
Hierbei erhalten Sie eine Anzeige von der Fortsetzung
der altdeutschen Wälder [3]), vielleicht ist sie Ihnen schon
zu Gesicht gekommen, ich habe sie erst in dieser Zeit mit
dem ersten Correcturbogen von Frankfurt erhalten. Da ich

---

1) Die Handschrift C des Nibelungenliedes.
2) Vgl. Acht und vierzig neue Lieder aus den Nibelungen nach der
Hohenemser Handschrift B. Altd. Wälder 3, 1 fg.
3) S. Kl. Schriften 2, S. 502. 503.

Sie als Mitarbeiter betrachte, so lade ich nicht besonders dazu ein; es versteht sich, daß uns alles, was von Ihnen kommt, werth und angenehm ist. Können Sie etwas zur Beförderung des Unternehmens thun, so bitte ich Sie geradezu darum, indem ich an den sichern Nutzen denke, welchen es der Sache bringt, so gering auch unsere Arbeit mag anzuschlagen seyn. Kommt es diesmal nicht in Gang, so wird es schwer fallen, zum drittenmal es wieder aufzurichten. Sobald das neue Heft fertig ist, wird es sich bei Ihnen einstellen; ich habe darin einige Stücke aus einer Gotha. Hs. erklärt [1]).

Glauben Sie wohl, daß ich schon an sechs Wochen aufs neue am armen Heinrich gearbeitet und so manches früher auch geschehen und Jacob daran gethan, doch noch nicht ganz fertig bin? Indeßen wird der Druck in diesen Wochen anfangen. Es verdient aber auch diese Mühe und ist durch Inhalt, Darstellung und Sprache ausgezeichnet. Es hat für seinen kleinen Umfang schwierige Stellen genug und die Erklärung der Sage wächst einem unter den Händen. Bei der Behandlung des Texts werden wir nach einigen besondern Grundsätzen verfahren.

Habe ich nicht schon einmal bei Ihnen angefragt, ob die Bibliothek schon die Vatndäla ok Finnboga rama saga hat? [2]) ich möchte sie gern durchsehen. Biörn Haldorsens isländisches Wörterbuch, von Rask besorgt, habe ich in 2 Quartanten bekommen; es ist gut, gibt aber für die poetische Sprache fast gar keine neue Auskunft. So oft ich die Heimskringla und Lye-Manning gebrauche schlägt bei mir das Gewißen, daß wir sie so lange behalten; aber sie sind bis jetzt noch gar nicht zu entbehren, haben Sie darum noch Nachsicht und erneuern Sie unsere Scheine. Ich hoffe immer, niemand dadurch hinderlich zu seyn und auf jeden Fall sind wir hier in der Nähe. Kaufen Sie Hagens Übersetzungen der Wilkina und Wolsunga Saga, so bitte ich sie mir zur Durchsicht zu leihen, ich nehme sie nicht, weil ich sie nicht weiter brauchen kann. Auch Büschings Geschäfts Reise [3]) möchte ich einmal ansehen.

Für unsere deutschen Angelegenheiten hoffe ich noch immer Gutes. Was lebendig da ist, kann nicht getödtet werden, also auch nicht der allgemeine Wunsch und die im Volk sich offenbarende Stimme Gottes. Wie es in Wien

---

1) S. Altd. Wälder 2, S. 49—88.   2) Vgl. Brief 3.
3) J. G. Büsching, Bruchstücke einer Geschäftsreise durch Schlesien
B. 1. Breslau 1813.

zugeht, darüber scheint mir ein Brief (vom Jacob im Vertrauen) im Rhein. Merkur Nr 169 ziemlich richtige Auskunft zu geben.

Nun noch ein fröhliches Neujahr, erhalten Sie mir Ihre alte Freundschaft so wie ich mit herzlicher Gesinnung bin
Ihr treuer Freund
Wilhelm C. Grimm.
Ich sende Pauli's Schimpf u. Ernst 2 voll. in Fol. zurück.

Der erwähnte Brief von J. Grimm lautet im Rheinischen Merkur vom 27. December 1814 so:

„Aus Wien 14. Dec. Polen und Sachsen sind eigentlich die Hebel, welche den trägen Klotz in Bewegung bringen; die teutsche Verfaßung, statt in der Mitte zu stehen, wird abhängig danach behandelt. Seit acht Tagen ist die Spannung wegen Sachsen immer gestiegen, und steht jetzt so, daß die Erklärungen bald ausbrechen müssen. Castlereagh hat nachdrückliche Weisungen erhalten, und soll auf Sachsens Unabhängigkeit dringen; Oesterreich hat Preußen erklärt, daß es die unterbleibende Wiederherstellung von Sachsen nicht mit gutem Auge ansehen werde, und noch lauter spricht Bayern. Wrede redet in dem Tone, den er in der Schule Napoleons gelernt, von entweder oder Krieg. Würtemberg soll für Preußen gewonnen seyn, wenigstens hält der Kronprinz dazu. Die Preußen sind ärgerlich und betrübt, meynen, Preußen, das so viel in Polen einbüße, werde ohne die Einverleibung Sachsens, schwächer als jemals dastehen; Humbold hat geäußert: das bestimmte Reden für Sachsen sey beßer, als die bisherige Verschwiegenheit, nun könne Preußen sich doch entscheiden, ob es Sachsen aufgeben oder mit den Waffen behaupten wolle.

Es ist zu glauben und zu hoffen, der gute Geist wird walten, Preußen Sachsen fahren laßen, und bloß ein Stück der Lausitz, Wittenberg sammt Jüterbock davon nehmen. Ein Krieg in Teutschland unter Teutschen, unmittelbar nach ihrer Gemeinschaft zu einem glücklich geführten äußeren Krieg, den sie bloß als Teutsche gewonnen haben, wäre Sünde gegen allen treuen Glauben des Volkes, und von einer Verderblichkeit ohne Maas. Was liegt Teutschland daran, daß Preußen eine Million Pohlen weniger hat, worunter ein Drittheil Judenseelen, ein Drittheil Franzosenseelen stecken. Preußen wird fühlen, daß es bloß in Teutschland stark, daß der Zwang gegen Sachsen ein Unrecht ist, und daraus nichts Frommendes springen kann. Jeder Staat ist am stärksten dann, wenn er seine leibliche und natürliche Macht walten läßt, nicht wann er zweifelt, und meynt, er müßte noch fremdes daran flicken. Will etwa der böse Geist in Oesterreich und Bayern zukünftig fahren, daß sie die acht Millionen Preußen nicht ruhig und unangetastet lassen wollen, so werden noch andere acht Millionen Teutschen sich zu den Preußen schlagen und ihnen helfen. Je weniger jetzt der Preußen sind, desto mehr hat jeder Einzelne von ihrem Ruhm zu zehren, und desto herrlicher stehen sie da; durch Gewalt über Unschuldige werden sie vielmehr schwächer. Pohlen war unrecht erworben, so gehe es wieder dahin. Das eigentliche germanisirte Pohlen bleibt ja unbestritten bey Preußen. (Nach einem Vorschlag sollen Krakau und Thorn Freystädte werden.)

Da sich vielleicht Rußland gegen Preußen jetzo lau erzeigen könnte, weil sich Oesterreich und England in Ansehung Polens gegen Rußland nachgiebig bewiesen haben, könnte auch dadurch die Anhänglichkeit Preußens an Rußland untergehen, und beide Staaten in die nothwendige Kühle zu stehen kommen. Das wäre schon viel werth. Rußland muß durchaus seinen halb französischen Ton uns gegenüber ablegen, und uns selbst gewähren laßen. Kein teutscher Staat soll mit einem fremden näher verbunden seyn, als mit andern Teutschen.

Oesterreich und Bayern, die für die Unabhängigkeit Sachsens sprechen, steht es freylich schlecht an, daß sie Würzburg und Aschaffenburg, ohne die öffentliche teutsche Reichseinstimmung in ihrem Rieder Vertrag gerade so behandelt haben, wie sie jetzt wollen, daß nicht mit Sachsen geschehe. Oder fragt man das gemeine Reich und die Völker des linken Rheinufers, welchen Herrn sie haben wollen? Sind diese schlechter als Sachsen, das seinem König zu Gefallen warlich nicht wieder hergestellt wird?

Dies alles sollte jetzt noch zur Sprache kommen und es wäre zu wünschen, daß Preußen, indem es Sachsen fahren läßt, Mainz und mehr am Rhein erlange. Durch diese Länder wird es selbst immer mehr milder und teutscher werden, und seine Minister bald lieber alle andern Gedanken denken als teutschen Krieg.

Was bisher über teutsche Verfaßung hat gearbeitet werden können, mag man aus diesen lang verhaltenen, jetzt aber laut werdenden Privaterbitterungen sehen. Indessen

13

hat diese Langsamkeit das Gute gehabt, daß man die Albernheit des vorgehabten unteutschen Plans einsieht, und nunmehr von österreichischer wie von preußischer Seite zuzugeben scheint, daß alle teutschen Stände ohne Ausnahme zu
gleichem öffentlichen Recht gelangen. Man müßte also die
bisher ausgeschlossenen in drey oder zwey große Kreiße
bilden, und soll dann die Zukunft schon sehen, daß Diese
die größere Rührigkeit, die besten und thätigsten Teutschen vervorbringen werden. Man laße z. B. Oesterreich
und Preußen jedem zwei Stimmen, Bayern, Sachsen, Hannover, Würtemberg und Baden jedem eine Stimme, wären
neun Stimmen; sodann aber bilde man aus dem übrigen
noch 2 Stimmen, nämlich 1) eine r h e i n i s c h e (oder wetterauische) wozu die beiden Hessen, Nassau, Waldeck, die
Thüringer und Frankfurt. 2) eine n i e d e r s ä c h s i s c h e,
wozu Mecklenburg, Braunschweig, Oldenburg, Lippe, die
Hanseestädte. Diese halten dann ihre besondern Kreißtage
und senden blos e i n e n gemeinschaftlichen Gesandten zum
Bundestag; diese haben e i n B a n d mehr, ein Kreisband
und das soll ein Vortheil werden. Man kann auch anders
eintheilen, z. B. Würtemberg und Baden in eine s c h w ä ·
bische, Sachsen und Hannover in eine s ä c h s i s c h e
Stimme binden".

7.

Cassel 29ten Octbr. 1825.

Hierbei, liebster Freund, sende ich Ihnen mit dankbarem Herzen die Bibliotheksbücher zurück, nämlich:
Irish Dictionary
Lund Beskrivelse over Färöerne
Strom Beskriv. over Söndmör. 2 voll.
Die Abhandlung über Elfen[1]), die mir in den letzten
Monaten mehr Zeit weggenommen hatte, als ich dachte und
wünschte, ist gottlob fertig und soll vor Ihnen erscheinen,
sobald sie anlangt.
Auch die beiden Baseler Hss. folgen anbei. Die hl.
Martina habe ich durchgelesen u. ausgezogen, es gehört
große Geduld dazu, denn an langweiligem Wesen ist darin

---

[1]) Irische Elfenmärchen übersetzt von den Brüdern Grimm. Leipzig 1825.

kein Mangel. Aus den Bonerschen Bildern habe ich mir
vieles abzeichnet, was in meinen Kram paßt.

Die Aushängebogen von dem Iwein und den Nibelungen [1])
habe ich mir so eben angesehen, manches überrascht auf
den ersten Blick, z. B. zuhtlos, hêrlich, das üe, der
Gebrauch des P. u. C. neben B u. K. Dieses Schwanken
zwischen dem Grammatisch richtigen u. einem gewißen,
nicht zu erreichenden Ideal, das Ursprüngliche genannt, |
macht zwar die critische Bearbeitung auf eine eigene Art
interessant, aber auch so schwierig, daß immer eigene Cou-
rage nöthig ist, um daran zu gehen. Große Kühnheit (eine
solche scheint mir das üe, wodurch ist bewiesen, daß so
gesprochen wurde?) wird sich neben großer Furchtsamkeit
finden u. die Entscheidung gewaltig von augenblicklicher
Stimmung und Ansicht abhangen. Doch das sind nur ober-
flächliche Gedanken, ich kann über nichts bis jetzt urtheilen
als über das Äußere, da gefällt mir der Iwein gut, die
NibelungeNot aber nicht, sie sieht sehr unnatürlich aus u.
als wenn es lauter boutsrimés wären.

Wir sind alle wohl, meine Frau grüßt Sie freundschaftlich und ich bin von ganzem Herzen
Ihr Wilh. Grimm.

Von den Hausmärchen ist eine kleine Ausgabe erschienen, die nur 50 ausgewählte Stücke enthält, ein paar
sind ganz umgeschrieben, an den andern ist wenig geändert,
außerdem sind 7 Kupfer von Louis dabei d. h. nach Zeich-
nungen von ihm. Ist Ihnen das geringste daran gelegen, so
sagen Sie nur ein Wort und es soll sich einstellen.

---

1) Den Ausgaben von Lachmann.

Personennamen.

Die Zahlen verweisen auf die Seiten.

Göttingen, Druck der Dieterich'schen Univ.-Buchdruckerei (W. Fr. Kaestner).